JAVIER VALDEZ CÁRDENAS

PERIODISMO ESCRITO CON SANGRE

JAVIER VALDEZ CÁRDENAS

PERIODISMO ESCRITO CON SANGRE

Antología periodística:
Textos que ninguna bala podrá callar

Selección, prólogo y notas:
César Ramos

Periodismo escrito con sangre

Primera edición: julio, 2017

D. R. © autor: Javier Arturo Valdez Cárdenas
D. R. © 2017, César Arístides Ramos López, por la antología
D. R. © 2017, Griselda Inés Triana López, por la titularidad de los derechos patrimoniales del autor

D. R. © 2017, derechos de edición mundiales en lengua castellana:
Penguin Random House Grupo Editorial, S.A. de C.V.
Blvd. Miguel de Cervantes Saavedra núm. 301, 1er piso,
colonia Granada, delegación Miguel Hidalgo, C.P. 11520,
Ciudad de México

www.megustaleer.com.mx

D. R. © Penguin Random House / Amalia Ángeles, por el diseño de cubierta
D. R. © ilustración de portada: detalle del mural de Gran OM & El Dante
D. R. © Cristian Díaz, por la fotografía del autor

ISBN: 978-607-315-814-5

Impreso en México – *Printed in Mexico*

El papel utilizado para la impresión de este libro ha sido fabricado a partir de madera procedente
de bosques y plantaciones gestionadas con los más altos estándares ambientales, garantizando
una explotación de los recursos sostenible con el medio ambiente y beneficiosa para las personas.

Penguin
Random House
Grupo Editorial

Índice

Prólogo

La escritura perdurable de Javier Valdez

> *¡Qué sencilla es la muerte: qué sencilla,*
> *pero qué injustamente arrebatada!*
> *No sabe andar despacio, y acuchilla,*
> *cuando menos se espera su turbia cuchillada.*
>
> Miguel Hernández

El 15 de mayo de 2017, bajo un sol implacable en la ciudad de Culiacán, fue ejecutado el periodista Javier Valdez Cárdenas. Obvio es decir que el asesinato fue un gesto salvaje de la delincuencia organizada para callar la voz incomoda que señaló con el mismo rigor y valentía los ajustes de cuentas y ejercicio sanguinario de quienes participan en la guerra del narco, así como las alianzas con policías, funcionarios, políticos y demás miembros de esa estructura implacable que responde con balas al razonamiento.

El cuerpo de Javier fue captado por numerosas cámaras y pronto llegó a muchísimos lugares del mundo, en plena calle, muy cerca de donde se encontraban las oficinas del periódico en el que trabajaba y del cual fue fundador, *Ríodoce*, abatido, con su sombrero tan cerca de él como el dolor, su cuerpo explica, corrobora, que decir la verdad es un acto de justicia y también la posible firma de la sentencia de muerte. El cuerpo de Javier entre la sangre y la tristeza también revela más cosas:

Por desgracia no es el primero ni el último de los periodistas muertos en nuestro país por mostrar verdades crueles e incómodas a la sociedad, días antes su amiga y también corresponsal de *La Jornada*, Miroslava Breach fue aseinada, meses antes Max Rodríguez, Rubén Espinosa, Regina Martínez… los motivos y los nombres son interminables. Es lamentable que la indiferencia se adelante a la justicia para enfrentar la barbarie, Javier Valdez y los suyos ahora son una cifra más, un expediente que nació gastado, sucio, muerto. Son ahora un número ascendente de periodistas, reporteros, fotoperiodistas, analistas sociales, críticos de una realidad política manchada por la corrupción y los excesos baleados o desaparecidos; un número más de periodistas muertos en este país donde prevalece la violencia, la impunidad y la desfachatez política.

Conocí a Javier Valdez en 2009, el primer contacto fue telefónico, nos enlazó la editora y novelista Orfa Alarcón, con la aprobación de nuestra gerente editorial, Patricia Mazón, buscábamos una voz que atendiera a las mujeres que participaban en el narco o sufrían su marcha fúnebre, mujeres que vivieran en las entrañas de esta barbarie como esposas, narcas, madres, víctimas, justicieras, levantadas, torturadas. Queríamos ir más allá de las amantes de los narcos, sus compañeras excelsamente maquilladas, sus novias impulsadas al cielo infernal por la ayuda de cosméticos y cirugías. Queríamos saber de seres humanos más terrenales, mujeres que abrieran su corazón para decir su verdad: en qué momento advirtieron la amenaza, cuándo fue que su hermano se metió al tráfico de drogas, a quién mató su novio, qué le hicieron los policías, dónde perdieron sus sueños, o mejor, dónde fueron levantados, violados, torturados…

La valentía y el impecable oficio periodístico de Javier Valdez fue quien reveló esas voces y esos ámbitos dolorosos.

Semanas después de nuestra comunicación por teléfono visitó la Ciudad de México y nos encontramos. De inmediato su presencia y simpatía llenaron el ambiente; sencillo, encantador, malhablado, travieso, era un niño grande, muy grande. Al verlo no pensabas que ese hombre cubría ejecuciones y levantones, la desolación de madres en busca de sus hijos, la derrota de los hermanos al descubrir el cadáver del padre. No imaginabas que en ese ser de alegría y abrazos había un lugar para la pesadilla, el horror de nuestra cotidianidad marcada por la violencia, y la muerte.

Con el equipo de Editorial Aguilar, entonces del grupo Santillana, trabajamos muy de cerca *Miss Narco*, el libro de Javier Valdez Cárdenas que lo posicionó como un periodista notable, implacable y conmovedor. El éxito del libro nos entusiasmó a todos, se desmarcaba de la frivolidad de algunas publicaciones que se ocupaban de la mujer en el narco para exaltar las operaciones al cuerpo femenino, sus avatares eróticos y los desenlaces fatales de estas mujeres voluptuosas. *Miss Narco* se hacía a un lado de ese contexto, incluso cuando habló de las reinas de belleza prevaleció la amargura, la desolación detrás de los reflectores y mostró los rostros de jóvenes soñadoras, de hermosa sencillez, ilusionadas, abolidas, abolladas, algunas muertas.

Después atrapó los criterios del mundo editorial con otro libro "premonitorio", de amargos presagios: *Los morros del narco*. Justo cuando conversábamos sobre el segundo libro de Javier en editorial Aguilar y discutíamos la pertinencia de hablar sobre la participación de los niños y adolescentes en esta actividad extrema, se dio la detención de un niño narco dedicado a ejecutar al enemigo. Un niño de trece años más o menos, capaz de decapitar, dar muerte con la adrenalina en cada poro en cada cabello, en cada espacio de piel temblorosa, un niño verdugo.

Hablamos con Javier, estábamos ante una zona minada, un territorio de guerra creciente. Resultaba trágico y lamentable atender la vida de estos niños cuya inocencia vacilaba entre habitar el trauma o navegar en el estupefaciente. Así armó Valdez Cárdenas su segundo libro con nosotros, retrató a niños sicarios, se acercó a criaturas cuyos ojos extraviados buscaban en la sequedad del barrio la fe muerta, ofreció a los lectores los perfiles de tantos niños desdichados y con ello la certeza que nos deja helados: en ese contexto de abandono, miseria, promiscuidad y carencia es muy difícil, tal vez imposible que los niños elijan el colegio, la lectura, la esperanza de una vida mejor. Si vieron a su madre ultrajada, a su padre violento y alcoholizado, si a la mano está la droga, sin duda la puerta al abismo es más grande y no se requiere pasaporte al inframundo, a la noche más oscura del alma.

Después, con la incorporación al equipo de Aguilar de los editores David García y Andrea Salcedo, quienes también trabajaron directamente con él y aprobaron en cada libro su destreza y aciertos no sólo en la pluma —cada vez más afinada, puntual y emotiva—, también en los conceptos y rumbo de sus crónicas/reportajes/retratos de inmensa calidad humana, aun en las zonas más áridas, surgieron los libros: *Levantones*, *Con una granada en la boca*, *Huérfanos del narco* y *Narcoperiodismo*. La mención de sus títulos me permite acercar a los lectores algunas consideraciones útiles para comprender la labor periodística de Javier Valdez Cárdenas: su evolución como periodista y los temas que destacan en su oficio.

El perfil del narcotraficante ha cambiado, hace algunas décadas eran hombres de vida discreta, lejos del mundanal ruido, ocupados en sus negocios y mantener un bajo perfil social, ajenos a la ostentación y los escándalos. Ya su vida era al límite como para tentar los reflectores y la posibilidad de delatarse o los delataran. Aquella vieja guardia creció y dio paso a otros integrantes. Muertos los padres, tíos, abuelos narcos, los jóvenes vieron la oportunidad de asentarse en los negocios de la familia, en el tráfico de drogas, la red de contactos, los acuerdos con narcos y políticos, con funcionarios y representantes de la ley. Con el asentamiento de cárteles llegaron las divisiones, la creación de otros grupos de narcos, las venganzas, la lucha por el territorio. Los miembros de las bandas, con cada vez más jóvenes en sus filas, dejaron el perfil en la penumbra que mantenían sus mayores y con actos de venganza, mantas, pintas, música alegórica de su nuevo territorio infernal, dejaron que las personas vieran su rostro. El mundo es de los jóvenes, dicen, y los narcos incendiaron la aldea social.

No haré una exégesis del fenómeno del narcotráfico pues Luis Astorga, Eduardo Buscaglia, José Reveles, Diego Enrique Osorno, Guillermo Valdés y tantos otros han realizado una tarea muy completa al respecto, sólo apunto algunas características que permiten situar a Javier Valdez Cárdenas en este orden del caos: la violencia no tiene límites, las ejecuciones se multiplican sin importar la luz del día o que los sitios de los asesinato sean concurridos. A cualquier lugar que se dirija la mirada en este país, en mayor o menor grado, la delincuencia organizada tiene su despacho, suntuoso o humilde, luminoso o macabro, todo lo abarca el crimen, todo lo devora y su amenaza es implacable, indetenible, un botón de muestra: en alguna ciudad, en algún poblado es asesinado un periodista, los encargados del orden ofrecen protección a la familia y disponen de algunos elementos para resguardar la seguridad de los deudos. Y sí. En esa calle donde vivía la periodista o el reportero, a un lado, enfrente, a unos pasos, en la esquina… vive un narco al que todo mundo conoce; enfrente hay una casa de seguridad, patrullas hechizas recorren las calles con diabólica lentitud.

En ese mundo de vértigo y bruma, de calor agobiante o lluvia sucia se movía Javier Valdez Cárdenas. Su propósito: darle voz a los desposeídos, a las mujeres rendidas, a los huérfanos, a las madres que se resisten a enterrar, con los restos de su hijo, a la justicia. En este contexto Valdez Cárdenas, "El bato", como le decían sus amigos, buscaba a las rastreadoras, entraba en su dolor; le preguntaba a los niños en qué ocupaban sus horas de orfandad; conversaba con policías receptores de tres, cinco, siete o más balazos, quienes aún se preguntan cómo sobrevivieron; aguardaba la respuesta de los drogadictos mientras miraba en sus pupilas la angustia, el trastorno existencial, el abandono, la desilusión…

A esas madres valientes se acercó Javier, mujeres que iban del forense a la comandancia, las que bebían rabiosas sus lágrimas para no olvidar; también a los taxistas que en busca del sustento para sus hijos vieron asomarse en la madrugada, de una troca silenciosa y lenta, la majestad de un cuernos de chivo; a los hermanos del levantado, del muchacho que no pudo pagar la deuda, no se puso a mano con "el bueno" y ahora muerde y remuerde el gusto amargo de la tierra, seco y reseco entre hierbajos, muerto y vuelto a morir arrumbado en cualquier pedazo del monte; a los padres de la enfermera alegre y de gran corazón cuya ayuda desinteresada la distinguía entre sus compañeros, a esa joven de mirada brillante cuya bala indiferente anidó en su cabeza para cerrar sus ojos tan llenos de luz...

Tres temas son esenciales en la obra de Javier Valdez Cárdenas: la infancia sin amparo, desolada y ahogada en los vicios, en la pobreza y la desesperanza; la condición femenina desde el punto de vista de la madre del narco, la hija del narco o la pareja del traficante, y la fractura familiar, los agujeros en el alma que deja no sólo la ráfaga en los cuerpos, también el enfrentar la muerte del padre, el hijo, el ser amado, cercano o no, delincuente o no, la ruptura familiar con su larga lista de complicaciones que van del dolor profundo y perdurable a las necesidades económicas si el padre, la madre o el hijo eran los surtidores.

Dos libros dedicó Javier a la condición infantil y sus tribulaciones: *Los morros del narco* y *Huérfanos del narco*, además en sus otros volúmenes asomaban su tragedia niños desamparados, niños asesinos, niños drogados, niños inmersos en la vida miserable, la violencia y el destino fatal. Valdez Cárdenas, padre también, padre amoroso, lograba rescatar del rostro triste e infantil un perfil de honda aflicción, el encuentro con los niños resultaba devastador y de una ternura amarga, difícil de digerir.

Ocurría lo mismo cuando se acercaba a la joven que estuvo metida en el espejo de la fascinación violenta, cuando hablaba con la esposa del narco que la llenó de lujos, de celulares y perfumes caros, de ropa y bolsas de marca, que la llenó de relojes, alhajas carísimas, que la llenó de moretones, humillaciones y golpes al cuerpo y al alma; doblegaba la tristeza cuando atendía la voz de las madres ahogadas en su lucha por encontrar a sus hijos ejecutados o levantados, desaparecidos en el humo de los fusiles, en la sonrisa del sicario. Javier Valdez entraba en los rencores de las mujeres, en sus deseos marchitos, en las pasiones estrujadas de aquellas muchachas en flor que la delincuencia organizada redujo a cenizas, llanto y resentimiento.

Periodista y padre de familia, fue testigo del quiebre de ese núcleo frágil que constituye la familia, si moría el hijo, la sombra negra entraba en el hogar para llover desgracia sin freno, si la víctima era la hija, la dulzura dejaba su paso al resquemor, el odio, la sequedad del pastizal más seco en lugar de corazón. Los padres no conciben la vida sin sus hijos y la muerte de una hija los invitaba a morirse en vida, a dejar su espíritu en la tumba de su pequeña. Javier Valdez Cárdenas sabía lo que implicaba la fractura familiar, el suplicio del huérfano, el cuchillo existencial del hombre que no pudo salvar a su hermano porque ante todo, más allá de justicias y ausencias, al morir el ser querido arrastra hacia la tumba también a quienes compartieron con él o ella la comida, la construcción de la casa, el sueño de una vida mejor y menos dolorosa, el polvo, el terregal, el cuerpo arrastrado por los sicarios, el momento culminante de la ejecución.

Javier Valdez amaba a su familia y por eso conocía del dolor de quienes pierden al pilar del hogar, a la alegría del domingo en la mañana, a la mujer emblema de unión y perseverancia, por eso escribía de niños, mujeres, familias encriptadas en la violencia más perversa para revertir los exorcismos, para mostrarnos el gesto sincero, la palabra dicha desde la angustia, la mirada de polvo y las lágrimas eternas, con eso quería acercarse a nuestra comprensión, a nuestro corazón.

Con Javier Valdez el trabajo editorial fluía y siempre resultaba aleccionador. Sus crónicas, indagaciones, entrevistas, la búsqueda del dato duro se acompañaban, insisto, de una intención profundamente humana para tomar conciencia de las injusticias y la impunidad. Era un autor ejemplar. Bondadoso y a veces sentido, como esas novias de la adolescencia a las que no respondemos de inmediato sus mensajes y en el acto preparan su berrinche. Era sentido y generoso. Divertido y bueno. Como pocos autores, la verdad muy pocos, podías bromear, comprender su tristeza infantil porque no le contestabas sus mensajes. Memorables eran los días de cierre de sus libros, una vez que nos aprobaba el texto le enviábamos para su visto bueno la cubierta de su libro con textos y fotografía de autor incluida. La revisaba de inmediato, proponía minucias y se la enviábamos de nuevo, sólo para estar de acuerdo con el cierre: minutos después sonaba el teléfono –a veces nosotros le marcábamos– y una carcajada que era una fuente de dicha se escuchaba con gozo. Envuelto por la sonoridad de su gran risa nos decía con groserías que le había gustado mucho la foto de Brad Pitt con sombrero blanco que habíamos puesto en el lugar donde iba el retrato de "El bato".

Ese hombre feliz, festivo y generoso era Javier Valdez Cárdenas, siempre dispuesto a la broma, siempre atento a las palabras de sus interlocutores, irrespetuoso y encantador, preciso y notable en su forma de hacer periodismo, con esa energía de quien se guarda sus aflicciones –claro que las tenía–, sus preocupaciones y penas, para convidar a los demás la parte avasallante, risueña de su ser digno y valiente.

Esta antología reúne una serie de trabajos periodísticos que muestran el oficio y la evolución de este escritor tenaz y certero. Armarla no fue sencillo, hice a un lado crónicas impresionantes y reportajes entrañables, traté de verlo con ojos críticos y dejé historias memorables, profundamente humanas, todas conmovedoras. De la primera revisión salieron 800 páginas aproximadamente, después cerca de 500, este es el resultado final. Como en toda antología habrá quienes consideren que faltan textos, traté de ceñirme a sus temas y preocupaciones, al encuentro frontal y emotivo con personas que arman el escenario de la delincuencia organizada y desde varios ángulos. El orden de los textos es cronológico y al final se señala el libro de origen.

El propósito es ofrecer un ejemplo de lo que este cabrón y gran bato dejó para nosotros: la crónica desde el infierno, el retrato desde la búsqueda de los muertos, el gesto de un México bárbaro, donde la vida se derrite bajo el calor implacable o se pierde en las aceras de grandes ciudades donde los edificios ocultan el levantón, el arponazo o la ejecución… Los textos son lecciones de periodismo, de constancia en el trabajo de la escritura, de trabajo tenaz y valiente; sin duda, lecciones de vida incuestionables.

El 15 de mayo de 2017 fue asesinado en Culiacán, Javier Valdez Cárdenas, nos quedamos con sus libros valiosos, con sus testimonios intensos y esa carcajada que todo lo abarca; nos quedamos con su honestidad y bondad, con ese abrazo fuerte, celebratorio y el ejemplo de que a la escritura desde el corazón no la silencian los balazos.

Claudia

Claudia tenía 35 años. Nació en un pueblito cercano a la serranía, en un pequeño valle del municipio de San Ignacio, Sinaloa, a poco más de cincuenta kilómetros del puerto de Mazatlán. Emigró muy joven a la ciudad para estudiar la preparatoria y luego Ciencias de la Comunicación.

Su último puesto en las tareas periodísticas lo tuvo en un noticiero de radio, de emisión matutina, a mediados de los 90.

"Ella me decía, insistentemente, 'si me entero que te quieren matar, te aviso. Si me entero, me llega la noticia, te llamo. Pero te tienes que ir en ese momento, a la central de autobuses, al aeropuerto. Fuera de la ciudad, del estado, del país... si me entero que te quieren a matar' y vea lo que pasó", contó un reportero, amigo de la víctima. La identidad de este periodista se mantiene en el anonimato, por temor a represalias.

Claudia estaba preocupada por este amigo suyo, quien había publicado reportajes sobre el narcotráfico en Culiacán: esa maraña que se extiende a servidores públicos que operan como cómplices del crimen organizado, los policías que hacen el trabajo sucio, como ajustes de cuentas, y los sicarios "sueltos" que, jóvenes y ufanos, matan por capricho o por nimiedades, en cualquier calle o plaza comercial, frente a la familia, junto a niños y mujeres embarazadas, dueños de vidas, concesionarios únicos de la muerte.

"Alguna vez", agregó el periodista, "ella comentó que todo estaba muy podrido, y se lamentó por los altos riesgos que corre un reportero, sobre todo porque el gobierno y la policía, encargados de aplicar la ley, están al servicio del narco".

Los ataques contra periodistas son frecuentes. Un caso es el del reportero Alfredo Jiménez, quien trabajaba en el diario *El Imparcial*, de Hermosillo, Sonora, y había laborado en los rotativos *Noroeste* y *El Debate*, en Culiacán. Jiménez se encuentra desaparecido desde los primeros días de abril de 2005. El periodista había publicado reportajes sobre los narcos y su complicidad con el gobierno local.

"Claudia hablaba y parecía temblar", comentó el periodista entrevistado, "cada que se acordaba de casos como el de Jiménez, pero no lloraba, su forma de llorar era amar a sus amigos, cuidar a los suyos, solidarizarse con sus broncas, guarecerlos, abrazarlos, darles sombra y cobijo, y palabras de aliento, dinero, *ride*, un desayuno, una *baguette*, una comida, el café, el boleto para el cine.

"E insistía: 'Hay mucha gente en la calle, desmadrosa. Ves que están matando muchos chavos. Son morros cagados, algunos de ellos de 15, 16 años. Plebes. Plebillos que no saben ni qué es la vida. Que quieren lana, mucha lana. Traer esas camionetonas. La pistola nueve milímetros fajada. El cuerno a un lado. La música en la altura de los decibeles. Las morras pegadas, encima, sobándoles las verijas. Enjoyados, con una colgadera de oro por todos lados. Borrachos, cocos, mariguanos, que le entran al cristal y a la heroína. Que les dicen a sus jefes siempre que sí. Que andan de aprontados. Son chavos que están locos. Plebes, muchachos que siempre circulan acelerados, rebasando, cruzándose en el camino, que disparan sin importar si hay algún inocente a un lado, si alguien que no tenga nada qué ver pueda ser alcanzado por los proyectiles. Ellos disparan y ya.'"

Claudia era de mediana estatura, morena clara, bien formada: caderas como mausoleos corvos, piernas firmes y torneadas, y un talle que nadie quisiera dejar de recorrer.

Quienes la conocieron aseguran que la mayor virtud de Claudia era su inteligencia: esa mirada que parecía languidecer cuando su boca se abría para expresar lo que sentía, atrapaba los ojos de otros, tiraba de sus cerebros, daba toques eléctricos en los sentidos de sus interlocutores. Claudia era segura. Tenía la seguridad que le había dado el conocimiento, sus lecturas, ese estante de libros exprimidos y esa perspectiva crítica, terca, de cuestionarlo todo, dudarlo, y sospechar. Cuando hablaba lanzaba dardos: dardos envenenados, son como virus que llegan al otro y lo contaminan, cooptan, tambalean y enferman. Palabras y conocimiento que hacen dudar. Sus interlocutores, cuentan amigos y familiares, se alejaban de ella, como heridos, trastabillando, ladeados, pensando, hurgando, y al fin cuestionando. Cuestionándolo todo.

Gabriel García Márquez y José Saramago eran sus favoritos. Pero igual llegaron a sus manos libros que disfrutó y recomendó, como aquel de Arturo Pérez Reverte, por su historia de la narca aquella, Teresa Mendoza, Eduardo Galeano, Mario Vargas Llosa y Rubem Fonseca.

Tenía además una preocupación social. Rabia frente a la opulencia y la frivolidad, y era generosa y solidaria ante la desgracia, la pobreza y el dolor.

"Ella pensaba que todo esto podía cambiar, que las cosas podían mejorar, pero estaba segura de que la gente debía hacer algo, asumir su responsabilidad, actuar, moverse, manifestarse, criticar, y no conformarse", dijo uno de sus hermanos.

Claudia, en su calidad de comunicadora, patrulló las calles culichis con su grabadora, esa bolsa en la que cargaba su vida y la libreta para anotarlo todo. Así conoció el mundillo político local, la truculencia entre los protagonistas –periodistas, dirigentes, funcionarios, jefes policiacos, buscachambas, besamanos, culopronto y demás especímenes hedientos–, y los ubicó bien, a cada quién en su lugar, para detestarlos e incluirlos en la galería del horror, su personalísima colección de maldiciones, condenas y condenados.

Pero no se arredraba. Andaba de chile bola, de arriba para abajo, asumiendo la dinámica miserable de todo reportero, sea bueno o malo: comer a deshoras, desayunar aprisa, tomar mucho café, leer al vapor los boletines oficiales. Luego vinieron desvelos, malas pagas, dolores estomacales por la colitis, ceño fruncido por la gastritis.

"Ni modo, así es la chamba", decía, resignada.

La ciudad de Culiacán ardía. Cuarenta y cinco grados centígrados a la sombra. El chapopote parecía derretirse. Los que esperaban la luz verde del semáforo peatonal parecían desvanecerse. Los carros, vistos a lo lejos, casi se evaporaban: derretidos, amorfos, fantasmas de metal y motor, de plásticos y fierros, gusanos de humo, con llantas y frenos, cristales y música estereofónica.

Era octubre de 2007. Sinaloa tiene un promedio diario de dos o tres asesinatos. La mayoría, por no decir que todos, están relacionados con el narcotráfico. Algunas autoridades estatales han dicho que "al menos" un 80 por ciento de estos homicidios tienen nexos con el crimen organizado, específicamente con el tráfico de drogas. Sin embargo, la cifra puede llegar al 90 por ciento. Y más.

Tierra del AK-47, también conocido como "cuerno de chivo". Fusil dilecto y predilecto: muchas canciones en torno a esta arma se han compuesto, los gatilleros le declaran su amor y algunos, en los narcocorridos, le confieren vida propia. Primer lugar en la lista de armas homicidas: el cuerno. Y en segundo, tercero y cuarto quedan armas calibre .45, .9 milímetros y .38 súper.

Un mes antes, en septiembre, se habían sumado a las estadísticas 54 homicidios, en un estado que en promedio acumula 600 al año y que ve cómo se disparan las ejecuciones en diciembre y enero, cuando muchos que han emigrado a otros estados y países, como Estados Unidos, vuelven esperando que sus deudas hayan sido perdonadas u olvidadas. Pero no, las cuentas siguen pendientes, listas para ser cobradas.

En la entidad hay un operativo especial que se llama México Seguro, en el que participan efectivos del Ejército Mexicano, de la Policía Federal y corporaciones locales. El objetivo es bajar el índice de criminalidad, especialmente los homicidios, ganarle terreno al narco, decomisar armas y drogas.

Pese a esto fueron 54 asesinatos en un mes.

El periodista Óscar Rivera fue asesinado el 5 de septiembre después de salir de Palacio de Gobierno. Rivera se desempeñaba como vocero del operativo del ejército y las fuerzas federales. Ese día circulaba en una camioneta Suburban cuando fue atacado a balazos de carro a carro sobre la avenida Insurgentes, a una cuadra de la Unidad Administrativa, sede del gobierno estatal.

Un día antes, en El Habal, Mazatlán, un grupo de gatilleros masacró a cuatro integrantes de una familia. Los pistoleros mataron a Alfredo Gárate Patrón, a su esposa Alejandra Martínez y a sus dos hijos, ambos menores de edad.

El 6 de septiembre fue ejecutado de un balazo en la cabeza Ricardo Murillo Monge, quien era el secretario general del Frente Cívico Sinaloense, organismo ciudadano que dirige Mercedes Murillo, hermana del hoy occiso, dedicado desde la década de los noventa a promover y defender los derechos humanos.

Es el narco y sus semillas del terror. Por eso los narcomensajes y los perros decapitados que le dejaron al general Rolando Eugenio Hidalgo Eddy, comandante de la Novena Zona Militar, no sólo frente al cuartel, sino en sectores céntricos. Dos de ellas tenían la leyenda "O te alineas o te alineo. Gral. Eddy. O copela o cuello", y "… sigues tú, Eddy".

Son los dueños de las calles, de los restaurantes, de las chavas. Los que siempre tienen que estar encabezando las filas de los automóviles frente al semáforo en rojo. Los que rebasan por la derecha, ponen las luces altas y sacan la fusca ante cualquier reclamo. Los que jalan del gatillo, jalan a la muerte, jalan la vida, la aceleran y violentan. Los que mandan y matan.

El país se desmorona. Se va por el resumidero. Las cloacas ganan. Andan en las calles sus personeros, representantes plenipotenciarios.

Felipe era oficial del ejército. Pertenecía a un cuerpo élite entrenado sobre todo en Estados Unidos, de nombre Grupo Aeromóvil de Fuerzas Especiales, de siglas GAFE. Su especialidad: francotirador. Pero ya no estaba en calidad de militar, sino como parte del Grupo Especializado Antisecuestros, de la Procuraduría General de Justicia de Sinaloa.

Su padre había sido policía pero él tenía que ser militar. Y lo fue y llegó lejos. Llegó hasta Claudia: lectora, criticona, insumisa.

Se casaron y formaron una pareja contrastante: él, militar; acostumbrado a las armas, la disciplina, el orden; ella, ex periodista, que se había destacado por su urticaria frente a la frivolidad y a la sujeción, que se había caracterizado por rebelarse contra el gobierno y los ricos y las billeteras repletas.

Él cerrado, callado, frío, pero afable y derecho. Ella abierta, plena y diáfana. Entregada y romántica. Preocupada por la ciudad, el país y el mundo. El hambre y la contaminación. Él metido en sus armas, el cargador, los cartuchos, insignias y uniformes.

Felipe tenía a su objetivo en el centro de la mira telescópica: era un tipo fornido, sombrero tejano, botas, bien vestido, en medio de un sembradío de maíz con plantas de baja estatura. Un capo pesado. Jefe de jefes.

Avisó por radio. "Lo tengo, espero órdenes. Ordene. Espero." Silencio.

Volvió a decir por el aparato de intercomunicación: "Lo tengo en la mira". Otra vez el silencio, pero no tan largo. Y luego la orden. "Aborte. Aborte." Preguntó para confirmar. La orden fue ratificada.

Traía las rayas de las arrugas que la tensión marcó en su frente. Los dedos todavía sudorosos. Le brincoteaban los párpados. Pero seguía con los dedos firmes, las muñecas, el antebrazo y el hombro.

Era su especialidad: francotirador. No se explicó por qué le habían dado reversa al operativo, si lo tenía en el centro de la mirilla, nada más para jalar el gatillo. Pero era militar. Órdenes son órdenes. Habían preparado todo durante semanas, meses. Por fin lo tenían ubicado. Se sintió desconcertado por la orden dictada en sentido contrario. "Ellos sabrán, nosotros hicimos lo que nos tocaba. Tendrán sus razones."

Desarmó todo. Metió en el maletín el fusil. Los otros militares que iban con él guardaron el equipo. Despejaron el área. Lo hizo mientras se preguntaba por qué. Por qué el ejército no hace nada: si tiene tanta información, si tiene ubicados a los narcos. Por qué.

Habían tenido un operativo anterior: impecable. Atoraron a uno de los jefes en la carretera. Iban en convoy. No pudo ver nada, fue una sorpresa. De repente, sin darse cuenta, ya tenía a los militares rodeándolo.

Lo encapucharon y se lo llevaron. Limpio. Un detenido, cero bajas, cero disparos. Y otra vez esas dosis descomunales, inundantes, de adrenalina.

"Él, cómo extrañaba eso", comentó uno de sus allegados. "Sentir el acero del fusil en los dedos. Sentir el silencio, el momento, la orden. No por nada era de los mejores francotiradores."

Las forniaturas, las condecoraciones ensartadas en ese uniforme de gala. La escuadra colgando, la cara rayada, camuflaje, los pasos hirviendo, corriendo, persiguiendo, tumbando monte en cada pisada.

Pura nostalgia. La vida de casado lo estaba aburriendo. Casado y fuera del ejército. Ahora era un oficial de la policía especializada, tenía una mujer adorable que, metida en la cocina y ocupada con los niños, lo esperaba. Ella era cabrona. Y así le hablaba él: "Oye, cabrona." Y le quería ordenar. Pero ella era insumisa y contestona. "'Por qué', 'Por qué debo hacerlo, por qué tengo que hacerte caso', le preguntaba Claudia, y pues él titubeaba, ya no sabía qué contestarle", comenta sonriente su amigo, el periodista.

Felipe había dejado de abrazar el acero frío del fusil para abrazar a sus dos hijos pequeños. Fuera de la milicia, de las armas, no era él. Otro, animal y monstruo lo habitaba. Ese otro le reclamaba qué hacía ahí, que se moviera, que se arriesgara.

Otra mujer se le atravesó. Mujer de alas. Mujer y alacrán. Ajena, prohibida. Era de armas tomar, estaba acostumbrada a mandar, a estirar la mano y pedir. Su padre, el jefe aquel, un capo de mediano nivel, le cumplía todo: el más mínimo detalle tenía que ser satisfecho. Los caprichos eran como su respirar, consentirla era darle felicidad a su reina, su diosa, su princesa, su chiquita, su amorcito, la dueña de su vida, la que lo tenía entero, vivo, contento.

Cumpliendo sus peticiones, aún las más caprichosas, la joven acumulaba en su trayectoria un vehículo del año, lujoso y deportivo, varios viajes al extranjero, incluído París y Las Vegas, y una Hummer que la esperaba en la cochera de su casa, para cuando se enfadara del automóvil nuevo, y un clóset lleno de ropa sin estrenar.

Conseguía todo lo que quería. Cuando prefirió andar con un hombre casado y su padre se enteró no le dio la contra. Estaba enamorada, a pesar de que se trataba de un ex militar, un ex agente de la policía local, con familia e hijos. Lo hizo su amante. De su propiedad.

Felipe, embrujado. Acelerado, sintió abrazar de nuevo el fusil, miró la mirilla. Otra vez la emoción. Entablaron una relación tormentosa donde el principal elemento eran los celos. En un arranque ella sacó un cuchillo y se lo ensartó una, dos veces, por la espalda. A pocos centímetros del pulmón. "Cerca, cerquita", le dijo el médico. "Te salvaste."

Felipe sintió que se salvaba, pero de la rutina. De nuevo sentía la adrenalina.

Según las investigaciones y las versiones de personas cercanas al caso, Claudia supo de ese incidente pero no por él. Le llegó la versión vía auricular: ella misma, la mujer alacrán, se lo contó. Le dijo que había sido ella quien le había ensartado el cuchillo a Felipe y que si no lo dejaba iba a matarla, con sus hijos. Como hija de un narco, la caprichosa, creía que se merecía y debía tener todo, incluso Felipe era de su propiedad, y no estaba dispuesta a compartirlo.

Al parecer, Claudia procedió con calma, pero las amenazas continuaron, primero en ese tono, y luego subieron de volumen. La identidad de esa persona se mantiene en reserva porque forma parte del expediente en manos del Ministerio Público, aunque sigue en los estantes empolvados e impunes.

El siguiente paso que dio la hija del narco fue destrozar la cochera de la vivienda de Claudia y Felipe: una madrugada, la mujer estrelló su camioneta en contra del portón de la fachada, dañándola totalmente, y alcanzando jardín y barandales.

Claudia interpuso una denuncia por daños en propiedad ajena ante el Ministerio Público, cuyo personal le advirtió que había muchos casos parecidos en la ciudad. "El agente le dijo: 'Vamos a ver, vamos a investigar, usted no se preocupe'", recordó un familiar de Claudia, quien describió al funcionario desganado y con poco interés en el asunto. El funcionario quedó perfectamente acomodado en el sillón, del otro lado del escritorio. Con una sonrisa cínica y una expresión macabra: "Hay muchos casos de estos, usted sabe, es Culiacán, mucha gente pesada, pero vamos a investigar."

Y nada pasó.

Claudia siguió en lo suyo: su casa lujosa, en lo alto de la ciudad, sus libros, los niños, la comida, la escuela.

Quiso trabajar. Empezó comprando joyas y relojes para vender. Le vendió a las ricas de alcurnia de la ciudad. Sus ventas alcanzaron a una que otra narca. Y siguió repartiendo el dinero entre sus padres y amigos, los del rancho que vivían necesitados, los conocidos, los jodidos que apreciaba. Y continuó siendo como siempre: nada en ella era frivolidad, todo era corazón, torrentes sanguíneos y pasión. Libros, grandes películas, lecturas, viajes, familia y amistades.

Y Felipe aún tenía su lado oscuro. Seguía teniendo contactos en el ejército, los narcos y la policía. Dejó de formar parte de la Unidad Antisecuestros e ingresó al cuerpo de escoltas del entonces gobernador Juan Millán Lizárraga. En el 2004, debido a una investigación federal en la que apareció su nombre, fue detenido por agentes de la Subprocuraduría de Investigación Especializada en Delincuencia Organizada (SIEDO), de la Procuraduría General de la República (PGR).

Claudia metió todo en su defensa. Abogados y familiares hicieron mucho por liberarlo. "Es un abuso, una injusticia", gritaba ella. La investigación por enriquecimiento ilícito fracasó y las autoridades federales lo liberaron dos meses después, luego de haberlo mantenido arraigado en la Ciudad de México. "Sus bienes", se dijo, "eran producto de una herencia familiar."

La hija del narcotraficante siguió llamando. Claudia ya no quería contestar el teléfono. Sabía que era la misma letanía: las amenazas de muerte en contra de ella y los niños, las advertencias, casi a carcajadas, de que se iba a quedar con Felipe, porque él era suyo y de nadie más.

Felipe estaba entre dos fuegos, dos cuerpos. Claudia no le reclamaba pero sí le dijo, hirviente y segura, que tenía que tomar cartas en el asunto, según contaron algunos familiares. "Ella le exigió a Felipe que la obligara a dejar de molestarlos y que no metiera en el asunto a los niños, que no se metiera con ellos, que hiciera algo."

La otra era rabiosa y mandona, droga, demencial y cavernaria. Claudia, inteligente, tranquila, a la defensiva, firme, lejos de la guerra selvática que aquélla quería iniciar, pero acorazando su hogar, sus hijos.

Claudia y Felipe continuaban con su vida de matrimonio normal. Un día iban por los niños, a casa. Era octubre. Octubre siempre es rojo. Octubre son los atardeceres rojos. La luna inconmensurable, ufana y fascinante, seductora, en lo alto, arriba de edificios y semáforos, más allá de montañas y de antenas y de cables. Y ese atardecer: rojo, amarillo, azul, verde, anaranjado, blanco.

En octubre el firmamento se incendia. Allá, a lo lejos, donde se acaba la tierra y copula la arena con el mar, y las olas van y vienen, allá, en la puesta de sol, adonde nadie llega, algo se incendia. Algo arde. Esto es lo bueno de vivir en Culiacán: octubre, esa luna, los atardeceres.

El amigo de Claudia, el reportero, contó que a principios de octubre, en medio del vendaval cotidiano de la violencia, de los proyectiles y los orificios sangrientos, volvió a decirle que se cuidara, que se fijara en lo que publicaba. Y le repitió: "Si me entero de algo, si sé que te quieren matar, te voy a avisar, para que te vayas en ese momento… lejos, lejos de la ciudad, a otra ciudad, otro país."

Claudia y Felipe iban juntos en la Pilot blanca. Esa que ella se quería comprar, pero con su dinero, no con el de él. Era el día 16. Un vehículo comenzó a seguirlos. Era otra camioneta, negra. Unos testigos afirman que era Cherokee y otros que Trail Blazer. Tres, cuatro sujetos. Se les emparejaban, les hacían señas.

Cuentan que se hablaron, que platicaron o discutieron. Los vecinos dijeron a los agentes de la Policía Ministerial que les pareció escuchar gritos. Felipe ya estaba fuera del gobierno, sin radios ni armas. Ella le dijo algo, le gritó, masculló: "Nos van a matar."

Los perseguidores sacaron pistolas por las ventanillas. 20 disparos, quizá más. Los agentes encontraron casquillos calibre .38 y .9 milímetros. La mayoría de los impactos fueron en la espalda, cabeza y tórax.

Los cuerpos quedaron ahí, en la cabina de la camioneta. Recostados, inertes. Fríos.

El 5 de diciembre de ese año, el padre del ex militar, un hermano y su madrastra fueron ultimados a balazos en el interior de una casa, a pocos metros del lugar donde fue ejecutada la pareja.

En las indagatorias de la Coordinación de Homicidios Dolosos y el Ministerio Público especializada en este tipo de casos, en Sinaloa, se incluyeron varias líneas de investigación. Sobresale una de ellas: las amenazas de muerte recibidas por la hoy occisa.

Y varios días después de que le dieron la noticia a la joven hija del narco, se fue. Su padre la mandó a donde ella quiso, le puso casa, le dio dinero. Versiones extraoficiales señalan que vive en otra ciudad, pero dentro del país, aunque otras fuentes aseguran que emigró al extranjero.

El amigo de Claudia, el reportero, escribe para sí, no para publicar: "Dijiste que me ibas a avisar y siempre pensé que tú irías a mis exequias, pero ahora que estás muerta, no te puedo enterrar. Soy un zombi: no hay salvación. Somos como premuertos, como precadáveres. Y ya todos estamos casi muertos."

Del libro *Miss Narco*

Cabe en este espacio repetir la anécdota siniestra del atentado: mientras cerrábamos la edición del libro, Javier Valdez Cárdenas nos informó que por aquellos días de septiembre de 2009, la madrugada de un lunes habían arrojado a las instalaciones del semanario *Ríodoce* una granada de fragmentación que ocasionó sólo daños materiales; un aviso, un mensaje macabro de delincuencia.

La "Güera"

Le dicen la "Güera". A sus 15 la vida la arrastró. Le dio lo que quiso y hasta lo que no: sus infiernos y oasis. Empezaban los noventa y aquel tipo, llamado Arturo, la cortejaba a distancia. La esperaba cuando entraba al trabajo, a las cinco y media de la mañana, y cuando salía, en ocasiones, a las cinco de la tarde. Ella era cajera de una tienda de autoservicios ubicada en el centro de Culiacán. Él estaba ahí, junto a la camioneta que le habían dado en el trabajo. Pasaba por su casa, en una marginada colonia, aventando piedras expulsadas por la fricción de las llantas con el terregal, levantando polvo para llamar la atención.

Él decía que trabajaba en una tortillería. Su patrón, de nombre Roberto, tenía ese y otros negocios y acostumbraba a sacar de sus bolsillos, no de su billetera, fajos y fajos de billetes.

Arturo la esperaba a la salida y la encontraba cuando llegaba al supermercado, en el centro de la ciudad. Arriba de la camioneta, a un lado, con la puerta del conductor abierta y la música de banda en las bocinas, esparciendo sonidos. Nunca le habló. La miraba y la miraba. Obseso y con esa media sonrisa. Lascivo hasta en las muecas.

Un día la subió a la fuerza. Entre juego y juego, la acomodó en el asiento y la llevó a su casa. Ella bajó, temerosa, sin decir una palabra. La siguiente fue la vencida: con la ayuda de su patrón la subió de nuevo a la camioneta, con engaños, violentamente. La "Güera" terminó en uno de los ocho cuartos de un rancho ganadero, a media hora de la ciudad, en las cercanías de la comunidad conocida como La laguna colorada, en la capital sinaloense. Era una casa grande. El cuarto en el que estaba ella encerrada tenía una pequeña ventanilla por donde le pasaban agua y comida.

Llorando, suplicó que la dejaran ir. El personal que la custodiaba, según recuerda ella, le contestó que no, que ya le había avisado a su mamá que estaba con Arturo por propia su voluntad. Al cuarto día la sacaron para llevarla a una pequeña ciudad, a hora y media de donde estaban.

En el camino pararon. Arturo y ella entraron a un motel. Ahí él la violó. Y empezaron en ese rincón de cuatro por cuatro, entre películas pornográficas y baños que olían a mugre acumulada, los abusos y golpes.

Luego se trasladaron a la casa de los padres de él. Era una familia conflictiva. En medio de las borracheras, que eran habituales, el papá matón acusaba a la esposa de acostarse con medio mundo, pero especialmente con uno de sus hijos. A la hora de dormir padres e hijos querían tener un cuchillo, armas de fuego a la mano. Uno de los hijos menores, se esmeraba en esconder todo objeto punzo cortante y pistolas, que en la casa abundaban, para evitar desgracias.

Ahí permaneció ella varios meses. Arturo la golpeaba y su madre, que era brava cuando se trataba de enfrentarse con cualquier otra persona que no fuera su esposo, la agredía también.

"Ella me decía que si Arturo me pegaba ella también lo iba a hacer… y me soltaba cachetadas, cintarazos, y me aventaba cucharas, sartenes y tenedores, para golpearme", contó la "Güera".

Pasaron tres meses. Y hasta ahí llegaba Roberto, el tortillero, con los fajos de billetes. Arturo no trabajaba, pero habían convenido con su jefe en que éste lo sostendría hasta que domara a la mujer y pudiera llevarla de nuevo a la ciudad donde antes vivían.

El tortillero presumía de ser narco: traía unas camionetas Ford del año, alhajas que le colgaban del cuello y de la muñeca derecha, oro que repartía brillos y sonidos mientras caminaba, cinto piteado, pantalones de mezclilla y botas de piel de anguila.

Arturo, con su pistola fajada, se perdió alrededor de tres meses, en la sierra. Allá sembró mariguana, que luego bajó a la ciudad para su venta. Al volver, llevó a la "Güera" de regreso a la ciudad donde la había conocido. Estaban cerca de la casa de los padres de la "Güera", pero ellos, que tenían la versión de que ella se había ido por su voluntad con el tipo ese, no le hablaban. Ni la madre, con quien la "Güera" tenía cierta cercanía, ni los hermanos, con quienes se había llevado tan bien.

Ahí la escondió Arturo, como su juguete, como el objeto que le pertenecía, su mueble, su camioneta, una factura: en un cuarto, casi atada, detrás de la puerta que no cruzaba a menos que fuera con su autorización y estando él en la casa, y sólo entonces podía bañarse, pero acompañada por él, y salir a lavar, pero en su presencia. Porque no quería que nadie la viera, ni que saliera al patio, ni que se asomara por las ventanas y puerta.

El pasado de abusos de los tíos tenía aterrorizada a la "Güera". Los tíos le mostraban el pene, queriendo abusar de ella y de sus hermanos. En ese lapso, entre los ocho y los 12 años, sus parientes fueron tercos en tocarla a solas, a oscuras, y ella en acusarlos con sus padres. Pero no le hicieron caso. Igual que ahora.

La "Güera" estaba sola ahí, a expensas de ese sujeto que decía que la quería, pero que no dejaba de burlarse cuando le servía la comida, igual que su madre. Ambos le aventaban los platos, le tiraban la comida, a carcajadas, entre festejos crueles. Él lograba dormirse en cuanto acomodaba la cabeza en la almohada, pero bajo ésta mantenía una escuadra nueve milímetros.

"Recuerdo que su madre le decía 'un día, sin que te des cuenta, esta mujer va a agarrar la pistola y entonces te va a matar… no te confíes', pero yo no me animaba, no podía, me daba miedo de que se despertara porque a cada ruidito, al menor sonido o movimiento, él abría los ojos", dijo la "Güera".

Arturo le lloraba después de golpearla, le decía que la quería y luego se perdía por meses, en la siembra del enervante, en la sierra del municipio de Badiraguato. Ella lo llegó a extrañar tanto como le temía. Arturo llegó varias veces con otras mujeres, pintarrajeado y con huellas de bilé en cuello y camisa, cínico y drogado.

La "Güera" tuvo un niño. En un ataque de ira e histeria se peleó con la mamá de él y logró huir. El niño, de apenas unos meses, le había sido arrebatado. Ella fue a la casa de una amiga, quien avisó a los hermanos y a la madre de la "Güera", quienes fueron a reclamar que les entregaran el niño, a lo que finalmente accedieron los familiares de Arturo.

En la colonia mataron a uno que formaba parte de la banda de Arturo. Él y sus secuaces, que trabajaban para Alfredo Beltrán, el "Mochomo", entonces operador de Joaquín Guzmán Loera, el "Chapo", vengaron esa muerte y huyeron a la sierra. Meses después, Arturo se escondió en la casa de unos parientes. Ella aprovechó para quedarse en su casa, donde estaba sola, ya que su madre se había ido a una ciudad del estado de Sonora a atender un asunto familiar. Cuando Arturo volvió a la ciudad fue por ella, ingresó a la vivienda después de tumbar la puerta, y de nuevo la violó.

Un par de meses después la muerte de varias personas que eran sus cómplices en la sierra lo sacó de nuevo de la ciudad. Ella quiso darse una segunda oportunidad: se regresó a casa de sus padres y acordó con sus hermanos esconderse varios días, no asomarse ni salir a la calle. Ellos la negarían si alguien preguntaba por ella.

De noche, en el sigilo de las sombras, la sacaron acostada en el asiento trasero de un carro viejo. La llevaron a Sonora, donde permaneció varias semanas. "Un hermano mío, a quien yo le digo 'Carnal' me dijo 'yo te doy dinero, pero vete a Los Ángeles, y allá te puedes quedar a vivir, porque si te quedas aquí te van a matar junto a él y también van a matar al niño, esa no es vida, no es vida para ti ni para tu hijo, pélate'."

La "Güera" llevaba dos meses de embarazo cuando huyó. En Los Ángeles, tiempo después, la alcanzó su hijo, que ya tenía cerca de un año. No sabía de Arturo desde que había salido de Culiacán y le llegó la noticia de que lo habían matado. "Lo mataron ellos mismos, su gente, para que no hablara, así me llegó el mitote", contó. Pero ella desconfió. No era la primera vez que le llegaban esas noticias. Temía igual que no fuera cierto, que de nuevo apareciera. Y siguió de frente.

En Los Angeles, el "Carnal" tenía carros, armas, droga y placas falsas de automóviles y documentos personales apócrifos. La agencia norteamericana antidrogas DEA supo de sus movimientos y transas. Lo videofilmaron a él y a su amigo y compañero Luis. Les decomisaron droga, cinco armas de fuego y cuatro carros robados. Los llevaron a la corte y ni ellos ni sus familiares pudieron negar los cargos, pues estaban ahí, con las manos en la masa.

La corte fue benevolente. Dos meses de cárcel y libertad condicional. Durante cuatro semanas debían, además, lavar las patrullas de la policía del condado de Rosemead. Era el año de 1995. El "Carnal" andaba en esa jugada desde los 15 y ahora tenía 22. "El fiscal y la policía le dijeron, en la sentencia, que ellos eran primerizos, que no les interesaban porque querían detener al grande, al jefe, al patrón de la banda", señaló la "Güera". Pero el "Carnal" no aguantó la libertad condicional y huyó a Culiacán.

Como ya no había quién le diera mucho dinero para ella y para sus hijos, la "Güera" consiguió trabajo en un restaurante de músicos.

Otro de sus hermanos, Rafa, le mandaba paquetes. "Ahí te encargo, 'Güera'", me decía mi hermano Rafa, por teléfono, cuando me mandaba los paquetes. En el barrio las casas tenía el mismo número, 2724, pero cada una de ellas se diferenciaba por fracciones: 2724 ¼, 2724 ½, 2724 ¾ y 2724 entero. Y cada vez los paquetes llegaban a una casa diferente, todas ellas ocupadas por familiares y gente de confianza. La dirección y el nombre del remitente siempre eran falsos. Ella ganaba entre 100 y 200 dólares por la mercancía recibida. Otro hermano, Raúl, los recogía después. Y fue Raúl quien abrió frente a ella uno de los paquetes. Eran billetes verdes que sumaban miles de dólares. Ella se espantó. Antes de que preguntara algo, Rafa la aplacó. La "Güera" manifestó que él le pidió que se callara, que le iba a ir bien. "Él me dijo que no dijera nada, y a partir de ese momento subió la paga: primero mil y luego dos mil dólares por cada uno de los paquetes que llegaba."

Luis, quien había sido enjuiciado junto al "Carnal", que ya había cumplido sus meses en la cárcel, donde era visitado por su madre y sus tres novias, empezó a cortejar a la "Güera". Él trabajaba en un taller mecánico que se llamaba Casa Latina, muy cerca del restaurante en el que laboraba ella. Se conocían desde niños, pues habían crecido en el mismo barrio. Cuando Luis supo del embarazo de la "Güera" se alegró. La cuidó durante esos meses, pero no se enteró de los intentos de ella por abortar y esos 2 mil dólares que gastó en estudios, en una clínica privada de aquella ciudad, para cumplir su cometido. Esa tarde, ya en la camilla, con todo preparado, la "Güera" se levantó y abandonó la sala. Temió dañar su matriz, no poder embarazarse de nuevo o morir en el legrado.

Luis la llevó a parir y ella lo puso como padre. Él quería que se llamara Guadalupe, María Guadalupe, pero ella decidió ponerle Lluvia.

El cortejo pasó a amasiato y ella se embarazó de nuevo. Ambos ahorraban: él de las chambas en la Casa Latina y ella de las comisiones por recibir los paquetes. Todo lo metían a un maletín, cuya combinación estaba en manos de los dos, en el que también guardaban una .380 cromada.

Luis no estuvo tan contento como con el anterior embarazo. Ni le gustó el nombre que se escogió para la nueva bebé: María Fernanda. Tomó distancia y apareció a los meses con otro cuento y otra mujer. Se llevó el maletín y la pistola, con el argumento de que tenía miedo de que la "Güera" se pegara un tiro. "Una tarde lo sorprendí en la casa, con el maletín y la pistola en la mano, y le pregunté ¿a dónde vas? Él me contestó que se iba con otra mujer, que era mayor que él, con dos hijos y el esposo en la cárcel. 'Ella es débil y tú no, tú eres fuerte y vas a salir adelante, ella me necesita' y se fue", recordó la "Güera".

Prometió seguir pagando la renta y darle su parte. Eran cerca de 40 mil dólares lo que habían logrado guardar en ese maletín. Nada cumplió. La "Güera" vio cómo se derrumbaba su reino. Tardó seis días en reponerse, salir a la calle y dejar de llorar. Entró al programa del gobierno estadunidense que consiste en apoyar a los hijos de las mujeres desempleadas y recibió ávida los vales para canjearlos por leche, huevos, frijoles y pan. Le llegó también dinero de sus amigos que movían billetes y droga. Era la lana de la venta de coca a "los tecates", como les llaman a los adictos del otro lado de la frontera, en la región californiana. La lana era la misma que ella recibía en esos paquetes y que luego se esparcía, perdida, extraviada, en otros eslabones del negocio.

Juntó de aquí y de allá: cooperacha de los familiares, los contactos, la raza. Vendió muebles, ropa y joyas. Sumó unos tres mil dólares. Y todo para regresarse a su país, su ciudad, Culiacán.

La ciudad ya era de otros. La ciudad era casa, patio, salón de fiestas y de ejecuciones, paredón y tráfico. La ciudad era de Joaquín Guzmán Loera, el "Chapo", y de Ismael Zambada, el "Mayo". Todos eran del cártel de Sinaloa. Los hermanos Beltrán Leyva fungían como socios, operadores de Guzmán. Socios y familia, parientes cercanos, compadres, amigos, íntimos y vecinos.

Vecinos también de los Carrillo, del Cártel de Juárez, que tenían su asiento y origen en ciudades contiguas, pero con quienes convivían. El padre de los Carrillo, Amado, el "Señor de los Cielos", acababa de morir durante una intervención quirúrgica con resultados tan funestos como sospechosos y truculentos. Pero la vecindad entre los Guzmán, Zambada y Carrillo se mantenía, sobrevivía y era sobrellevada en medio de jaloneos y negociaciones. Santa paz. Humo negro.

Era 1998. La ciudad estaba repartida. La "Güera" llegó y se instaló en medio de ese juego, de esa repartición de poder y movimientos. Compró televisores, una cama y un ropero, y acondicionó la recámara en la casa de su madre. Ella y sus tres hijos. Un nuevo horizonte, entre el pedregal y la polvareda. El polvo que ella vendía era surtido por sus hermanos: un gramo de noche, día o madrugada, era lo que cabía en el tapón de una pluma bic.

Pero ella no estaba del todo convencida de que era eso lo que quería. Buscó chamba, y la encontró en una lonchería, en el centro de la ciudad. El dueño la acosaba y obtuvo como respuesta el mandil que ella le aventó y que quedó estampado en su cara. Caminó cabizbaja alrededor de media hora y dio con un hotel, también en el primer cuadro, entre calles estrechas que de repente se abrían y llenaban de puestos de comidas. El encargado le ofreció acomodarla como mesera del bar del hotel. Era un cuarto pequeño con una barra de madera al fondo y una rocola vieja que se activaba periódicamente aunque no hubiera monedas depositadas. Hasta ahí llegaban agentes antinarcóticos: policías sin uniforme, de la judicial federal, con morras y putas, con coca a la carta, drogados y borrachos.

Uno de ellos la cortejó y la amenazó con sacarla de ahí a patadas, de las greñas, si no se iba con él. La "Güera" renunció a las pocas semanas y encontró espacio en un despacho de abogados. Hasta ahí llegó un empresario español, quien le ofreció darle trabajo en un hotel, en el centro de la ciudad. Ella aceptó y terminó de encargada de un turno, tras el mostrador de la recepción, para luego emigrar a encargada del bar: un rincón pestilente, húmedo, con aromas a sudor y unas luces intermitentes que en lugar de agradar espantaban.

Ahí la "Güera" se enteró de Arturo. Le llegó la noticia: andaba con una mujer que le doblaba la edad, la señora era cabrona, estaba metida en el negocio del narco, y parece que fue ella quien lo mandó matar, porque él andaba con una muchacha más joven:

"Fue a comprar cerveza y en el expendio lo levantaron, eran cuatro batos, con unos cuernos de chivo, se lo llevaron y apareció a las dos semanas, con el cráneo destrozado, eso fue lo que dijeron los periódicos", contó La "Güera".

Arturo había participado en operaciones del narco en Badiraguato y Culiacán, también en Sonora y Tijuana: ajustes de cuentas, tráfico y matanzas, asesinatos de carro a carro, entre otros ilícitos.

Arturo era moreno, pelo chino y alto. Bien parecido, coqueto, simpático y juguetón. Mujeriego y hablador. Tenía las manos planas y los dedos largos, igual que las uñas. Cuando uno de sus hermanos lo encontró, tirado, entre el monte, desfigurado, con la sangre seca y los gusanos en pleno festín, le dijo a los policías: "Sí, es él."

Juan y Esteban llegaron al hotel. Regularmente no se hospedaban en el mismo cuarto ni en el mismo establecimiento, y se veían en un restaurante diferente cada vez. Hablaron a la extensión telefónica que señalaba servicio al cuarto. Una mujer les contestó que en un momento les llevaban el pedido, y subió con dos cervezas en bote.

Esteban era el más joven. Era simpático y tranquilo, veía a los ojos, inspiraba confianza. Juan era mayor y parecía que no le cabía el cuerpo en esa silueta grandota y tosca, siempre estaba en movimiento, desconfiado, inquieto, de aspavientos y miradas de reojo.

Andaban en un Jetta gris y blanco. Nada de vidrios polarizados, para no llamar la atención. Nada de música estridente ni de arrancones ni de andar de payaso en las calles. Traían dos o tres celulares. 10 mil pesos en efectivo en la cartera. Dos, tres, cuatro identificaciones: como representantes médicos de una empresa farmacéutica, vendedores de dulces De la rosa, distribuidores de cepillos dentales o de una empresa de papelería. Todas las credenciales con nombres diferentes, falsos como sus direcciones y empleos.

Esteban recibió las cervezas de manos de la "Güera". Le dio uno de 500 pesos. "Él me dijo que me quedara con el cambio, pero era mucho, y mejor le dije que así, le di las gracias y le regresé todo."

Esa noche Esteban y Juan bajaron al bar. Después llegó un tipo cuarentón, arribó con 10 chavos, sus efebos. "El bato es joto", cuenta la "Güera". Ella no quería darle servicio porque era grosero. Le advirtió, cuando se sentó en esa mesa, con los jóvenes, que "nada de desmadres porque te la parto, te corro de aquí, a la chingada". Él pidió otra y otra y cuando pagó le aventó los billetes. Esteban se dio cuenta. Se abrió paso y le soltó el uno dos. Los otros respondieron. Ingresó Juan a la gresca. Alguien llamó a la policía. Se los llevaron a todos.

Esteban y Juan volvieron a los pocos minutos, a pie. Les habían soltado varios billetes a los polis. La "Güera" le regresó a Esteban una billetera engordada con varios de a 500, un torzal grueso y un teléfono celular que se le habían caído en medio de la gresca. Convinieron en salir a dar la vuelta pero ella puso una condición. "Le acepté la invitación a comer o a ir a cenar, pero si me acompañaban mis hijos, y él aceptó, me contestó que no había ningún problema."

En el restaurante, Esteban le dio un anillo. Él empezó a tratarla como su novia, su pareja, y hasta se apersonó un día en su casa, para saludar a su nueva suegra. Luego le mandó una televisión, muebles, dinero y ropa.

Después la "Güera" iba con él y su hermano, algunas veces con el padre de ambos, a quien respetaban y veían alto. El padre era estricto. Los trataba bien, pero a la hora de regañarlos los veía como si fueran niños.

Iban y venían a Mazatlán, a Tepic, y a ciudades de Sonora. También a Monterrey, pero no querían volver a esa ciudad norteña, por eso acudían lo menos posible: allá, en medio de una persecución que derivó en enfrentamiento, quemaron una patrulla de la Policía Municipal.

En los anuncios de los kilómetros recorridos en carretera dejaban señales, marcas, armas, dinero y parque envueltos en bolsas de plástico, entre piedras y maleza, bajo montoncitos de arena. Una Glock nueve milímetros, 30 cartuchos, dos .380, una nueve milímetros, una .45. Después recogerían el material.

Ella iba con él, abrazada, enredada. Con los retenes de la policía él le pasaba las armas y ella las escondía entre sus prendas o se sentaba sobre ellas. Nunca la esculcaban.

La "Güera" es altiva, seria, alta, cejas tatuadas, caderas prominentes, blanca como la espuma del mar, y bravía, entrona, como las yeguas jóvenes e indómitas.

Esteban iba con su familia: esposa e hijos, y nunca los paraban. Ella y él, juntos, atravesando carreteras, eran felices. A él le daba miedo la ciudad. Sabía que no era su plaza ni su casa, que ahí no los podían agarrar porque eso era morir. Perder. El fin.

Al puerto de Mazatlán llegaron a cobrar. El deudor les pidió una semana más, porque no tenía efectivo. Esteban se encabronó, sacó la escuadra y le dio varios cachazos en la cara. Entraron a la casa, sacaron joyas, relojes, alhajas y se fueron. Alguien llamó a la policía y les dispararon. La pareja traía con qué pero no contestó. Salieron de ahí sin rasguños. Escondieron tres armas y unos 50 cartuchos en un callejón con maleza, entre dos casas, en la zona dorada, y regresaron a su ciudad. Allá los alcanzó el deudor y les pidió lo decomisado, a cambio de la paga, y pagó, pero nada le regresaron.

En el retén de la federal, el de los perros insistía en esculcarlos. El supuesto agente insistía porque al parecer les habían dado un pitazo en el sentido de que un vehículo con características similares iba a pasar por esta vía, con droga y armas. La revisión duró alrededor de tres horas. Los del operativo quitaban y ponían de nuevo los asientos, el tablero y las llantas. La "Güera" estaba desesperada: la bolsa de mezclilla que le colgaba del brazo estaba copada de billetes gringos. La separaron de Esteban. Él tranquilo, vio pasar a su hermano, en el otro carro, sin problemas. Le hizo señas de que no pasaba nada, y Juan siguió su camino. El policía pretendió revisarla a ella también, pero la "Güera" se negó y a cambió sugirió que la esculcara una mujer. Sabía que no había mujeres policías ahí.

"Recuerdo que vi al comandante, que estaba a unos metros de ahí, así que me quejé con él, le comenté que teníamos tres horas ahí, que revisaban y revisaban, que no había nada, y le pregunté que de qué se trataba, que era un abuso".

El oficial traía unos lentes oscuros marca Ray Ban, blanco, alto, joven y apuesto. Volteó a verla y le festejó la altivez. El oficial la admiró y le lanzó algunos piropos. Antes de ordenar que los dejaran ir "preguntó qué perfume traía yo. Le dije que Hipnotic, y él me sonrió, como coqueteándome, y se dio la media vuelta y se fue".

Ella traía una pistola que parecía encededor de cigarrillos. Una 22 que él le había regalado. Y su anillo doble, con diamantes, que lucía en uno de sus dedos de la derecha. Llegando a aquella ciudad norteña, en una Cherokee blanca, del año, sin placas de circulación, chocaron. A pesar de que los daños eran leves, la señora que manejaba se puso histérica. Esteban le pidió que no llamara a la policía de tránsito. Le dio 40 mil pesos en efectivo a los del seguro, vendió el carro que llevaba en un taller cercano, y al día siguiente se compró uno nuevo. La noche anterior un taxista fue por ellos, los llevó a cenar y luego los llevó de regreso al hotel. Esteban le dio 500 pesos de propina.

Era el 2002. Los desencuentros entre Guzmán Loera y Zambada, de un lado, y los Carrillo Fuentes, del otro, empezaban a aflorar. Tenían que repartirse las plazas y Guzmán, recién fugado del penal de Puente Grande, en Jalisco —en el 2000, cuando recién empezaba el gobierno de Vicente Fox—, volvía para reclamar poder, territorio y dinero. Era el jaloneo por la jefatura: el norte, sus ciudades, estaban en juego. Los Carrillo decían que sí y ponían condiciones. Insistían en que Rodolfo Carrillo fuera el jefe de la plaza. Del otro lado les decían que no, que tenía que mandar Guzmán Loera.

Negociaciones sobre la mesa. Patadas abajo. Buenas intenciones, abrazos y apretones de mano. Ejecuciones a los lados, en los patios traseros, a la vera de los caminos. A los dos años, entre las víctimas estaba el propio Rodolfo Carrillo y su esposa Giovanna Quevedo Gastélum, en septiembre de 2004, en la plaza comercial Cinépolis, en Culiacán.

Esteban y la "Güera" acordaron casarse. La fecha quedó para el 14 de febrero de ese año. Unas semanas antes, él llegó para los detalles de la celebración civil. Ella había cambiado de opinión y propuso posponer la boda. Tuvo miedo. Convinieron programarla de nuevo. Esteban se fue pero le llamaba todos los días, desde el mismo número de teléfono celular. Le decía que tenía que ir con él a esa ciudad, que estaba trabajando duro, juntando, valorando opciones, para poner un hotel y abrir un restaurante. Quería que ahí vivieran juntos.

Se lo decía con seguridad y entusiasmo. Se le notaba en la voz, en los tonos, los énfasis, las ganas de salir adelante, de empezar algo nuevo, de estar con ella.

Así duraron alrededor de cuatro meses, hasta que los invadió el silencio: Esteban ya no llamó más y a sus llamadas ella escuchó apenas el "teléfono que usted marcó está fuera del área de servicio". A los días, la grabación en el aparato de telefonía celular alimentaba la desesperanza: "Este número es incorrecto, verifique su marcación."

La "Güera" está sentada en un sillón de un restaurante en el malecón. Ve cómo pasan los carros. Extraña ir en las cabinas de las camionetas, sentir las manos de él recorriéndola, juguetonas. Tocar la fusca en el bolso rebosante de billetes, meterse la .380 en el pantalón, entre el calzón, sentarse en la .45, esconder la nueve milímetros en las botas vaqueras.

"Me hubiera gustado seguir con él. Extraño ese dinero, la facilidad con que se obtenía y se gastaba. Me sentía una reina, bien chingona. Pero eso ya se fue y no me arrepiento de nada. He tenido suerte, a pesar de todos los putazos que he recibido, casi nunca me ha faltado dinero y aunque de repente, en temporadas cortas, no haya lana, luego cae y en abundancia", dice.

Mira a través de la ventana grande. Mira el río, el barandal, el adoquín rosa. Mira sin mirar. No tiene distancia ni punto fijo. Actualmente vive de la renta de brincolines y rockolas, guisa para fiestas y tiene un establecimiento de comida rápida.

Ya no vende polvo ni trae el encendedor ese que escupe balas. No se siente la reina, la chingona. No más. Y lo más fuerte que hace, lo más loco, es pistear y pistear, combinando tequila y cerveza, olvidándose de todo, de cómo terminó esa jornada etílica, con quién y cómo llegó a su hogar.

Mientras, la ciudad ya no es de uno ni de dos. Es de varios, de todos y de nadie. La pelean a palmo, entre calles y calles, cuadras, manzanas, barrios, colonias. Desde principios de 2008 la máxima es todos contra todos: los Beltrán se han separado y le declararon la guerra a Zambada y Guzmán, y del otro lado, otro frente, los Carrillo aliados con todos los enemigos del "Chapo" y el "Mayo". Tumban, matan, decapitan. Quieren todos tener más, avanzar incendiando la ciudad.

Ella dice: "Ahora no le entro, está todo muy descompuesto, hay un desmadre, una matazón… mejor así me quedo".

Del libro *Miss Narco*

Mirando al sol

María José González López ganó el certamen de belleza de las Fiestas del Sol, en su ciudad natal, Mexicali, cuando apenas tenía 17 años. Ya era poseedora de una silueta excepcional, con protuberancias, curvas y bultos de opulencia. Por eso ganó, en una contienda en la que participaron 42 candidatas, en el 2004, en el estado fronterizo de Baja California. Pero también por esa simpatía que se le desbordaba, esa sonrisa fácil, su sencillez e inteligencia.

Sus inquietudes, esa mezclilla y ropa deportiva que prefería a la ropa de moda y las pasarelas de la frivolidad, la llevaron a estudiar la licenciatura en derecho, en el Centro de Enseñanza Técnica y Superior (CETYS-Universidad), en su ciudad natal. Pero la vida le tenía reservado un sinuoso y trepidante camino. La vida y ella misma, con esas formas generosas a la vida y al viento, cocinándose mutuamente, un destino incierto, desventurado y fatal.

Cuando estudiaba derecho en el CETYS Universidad, tal como lo señalan versiones de la Procuraduría General de Justicia de Baja California e información proporcionada por algunas familias y amigos, María José tuvo una relación sentimental con uno de los socios del bar Dune de Mexicali. Posteriormente, uno de los dueños de este bar fue secuestrado por un grupo de plagiarios sinaloenses que luego fueron detenidos por los agentes investigadores de aquella entidad y declararon ante los policías y el Ministerio Público que "lo habían privado de su libertad para cobrarle piso", práctica común que usa el crimen organizado, específicamente el narcotráfico, en Tijuana y otras ciudades fronterizas, que consiste en pedir cuota a empresarios de algunos giros a cambio de dejarlos operar y "protegerlos" de otras organizaciones criminales.

Al parecer, la joven reina de belleza le confesó alguna vez a sus amigos, de los que tenía muchos, que su padre había sido asesinado violentamente. El progenitor, señalan otras fuentes de la PGJE, había fungido como agente de la Policía Judicial de esta entidad cuando fue ultimado por desconocidos. Las autoridades investigaron este homicidio, pero nunca dieron con el móvil y mucho menos con los responsables.

"Autoridades de Mexicali investigan también el hecho de que la joven, siendo reina de las Fiestas del Sol, habría comentado que su padre fue asesinado. La indagación va en el sentido de identificar el móvil del crimen del progenitor", reza la nota publicada al respecto por el semanario *Zeta*, que circula en Baja California y otras ciudades del país, como Culiacán.

La joven era bella: una hermosura extraordinaria en cada poro de esa piel tiznada y cobriza, amiguera hasta con los desconocidos, apegada a la familia y a los suyos. Además, alegre y fiestera. Así la describieron sus amigos de la escuela, los que la trataron en el certamen de reina de Las Fiestas del Sol.

A los 22 años, María José González López ya estaba casada con Omar Antonio Ávila Arceo, de 30 años, nacido en Michoacán, pero con residencia en Mexicali, donde se dedicaba a la compra y venta de vehículos usados. Y ella ya había empezado a trabajar en la grabación de su disco, allá, en su tierra. Además, había fungido como conductora en varios eventos de espectáculos y algunos relacionados con las Fiestas del Sol. Pocos saben las razones, de por qué los jóvenes se trasladaron a Culiacán, capital de Sinaloa, donde el 22 de mayo de 2008 los encontraron muertos: abatidos a tiros, abandonados sus cadáveres, en un paraje, una zona despoblada, nacionalizada por la guadaña.

El de la pareja es el caso más reciente de personas ejecutadas a balazos, con el sello del narcotráfico, en esta zona de Culiacán, al sur, entre la carretera Benito Juárez, mejor conocida como La costerita, que comunica la carretera México 15 con la de cuota, llamada La costera, que conducen a Mazatlán. Los cadáveres están a pocos metros de distancia uno de otro, junto a la barda perimetral del desarrollo habitacional La primavera: él con los ojos vendados y las manos esposadas a la espalda, y ella, joven y hermosa, con impactos de bala en la cabeza.

La Policía Ministerial de Sinaloa informó que la joven fue identificada como María José González López, de 22 años, quien fue reina de las Fiestas del Sol, en Mexicali, Baja California, en el 2004. Las autoridades de aquella entidad fronteriza informaron que durante las pesquisas habían encontrado que la joven reina presuntamente estaba relacionada con el narco, específicamente con una célula del llamado Cártel de Sinaloa.

Las cruces pueblan los caminos. Las cruces y los pedazos de cinta amarilla de "no pasar" que usa la policía para delimitar la zona en la que ocurre un crimen.

Son los caminos y carreteras que rodean el complejo habitacional La primavera: el nuevo cementerio clandestino, la zona oficial de ejecuciones del narcotráfico, páramo y baldío preferido por los sicarios.

El panteón clandestino contrasta con la opulencia de las residencias de La primavera, construidas por los empresarios Enrique y Agustín Coppel, integrantes de la familia propietaria de la cadena de tiendas que lleva su apellido y que están en prácticamente todo el país. Esta ciudad y conjunto habitacional es el edén, con lago a la puerta, un restaurante con piso de maderas lujosas, canchas de tenis, extensas áreas verdes y recreativas, y albercas repartidas por todos los rincones de este centro urbano amurallado y exclusivo.

Y del otro lado del muro fronterizo que divide La primavera de la zona baldía y polvorienta, está la otra ciudad, la de cruces de muerto, la infernal realidad.

De 2008 a lo que va de 2009 suman alrededor de 28 personas ultimadas a balazos en este sector, según datos de la Procuraduría General de Justicia de Sinaloa. Algunos de ellos, los menos, fueron ultimados en otro lugar y sus cadáveres tirados en este sector. Otros, la mayoría, fueron ejecutados aquí.

Eran adolescentes de 17 años. Otros de 25 y 30, y hasta 35 años. Muchos jóvenes, decenas, son los que quedaron sin vida alrededor de este desarrollo habitacional y en La costerita. Muchos presuntamente estaban involucrados en el mundo de las drogas y el crimen organizado. Al parecer todos fueron ultimados por supuestos ajustes de cuentas: coca, mariguana, deudas, litigios, enemistades, malos entendidos, robos, agandalles, delaciones, imprudencias. Todos acabaron ahí, tendidos, boca abajo, con manos y pies atados, envueltos en cobijas, bañados en sangre.

Las cruces marcan el camino. Cruces de madera y metal, pintadas de azul y negro. Con nombres de las víctimas, edades de nacimiento y muerte, y flores de plástico que descoloridas y resecas parecen espinas.

Al menos una veintena de estos rústicos altares están en el camino del lado oriente de La primavera, junto a la barda perimetral o frente a ella, del otro lado del sendero.

"A este lo masacraron, casi casi lo fusilaron en la barda, por eso quedó toda manchada... a aquel otro se lo llevaron para allá y luego le dispararon", dice un empleado de La primavera que hace las veces de portero en uno de los accesos laterales. Regularmente se cubre del otro lado de la puerta de acero por el que pasan las unidades de carga, pero ahora está el acceso abierto por el constante ir y venir de las góndolas.

Ahí estaba un vigilante. Del otro lado del camino de terracería había al menos cinco personas, en el interior de una camioneta de modelo reciente, con vidrios polarizados. En el interior, los desconocidos parecían platicar. Él no escuchó nada. Pero la presencia de estas personas durante varios minutos le dio mala espina.

Abrió la puerta. Eran apenas las seis de la mañana y él empezaba su turno. En pocos minutos iniciaría el trajinar de las góndolas, sacando escombro y metiendo material para la construcción de una nueva etapa de este desarrollo habitacional. Los desconocidos seguían ahí. Así que prefirió acercarse y advertirles que ya iban a empezar a pasar las góndolas.

"Les dije que sería mejor que se movieran un poco, que se fueran allá, adelantito", manifestó.

Cuando el hombre se les acercó, a paso lento y despreocupado, el conductor de la camioneta bajó el cristal de la puerta para escucharlo. Una vez que el empleado les hizo la recomendación subió de nuevo el vidrio. No dijo nada. Nadie de los de la camioneta pronunció monosílabo alguno. Se adelantó alrededor de cincuenta metros. Y luego empezaron los rafagazos.

Desde dentro, del puesto de vigilancia, otro de los empleados vio el bulto entre los matorrales. De los de la camioneta ya no se supo nada.

No es la primera vez que escucha disparos. De "cuerno", dice, varias veces. Y recuerda calibres: "El de aquel fue con una .45, aquel otro, más allá, le dieron con una nueve milímetros, lo digo porque encontraron casquillos, así lo publicó el periódico al otro día."

Los matorrales son mayoría. Sus ramas secas, de un color amarillento, tienen vida, y se cruzan y multiplican. La aridez de este monte está mudando con las lluvias y un canto ensordecedor de cigarras le va ganando en la competencia a los pájaros de plumaje rojo y amarillo.

Son caminos propicios para la muerte. Pocos transitan en medio de estos parajes de malos olores, súplicas canceladas y desolación.

Las tumbas son muchas. También los listones amarillos de la policía. "No pasar", "No cruzar", "Prohibido pasar" puede leerse, en los retazos amarrados entre ramas y árboles. Y en el centro del escenario los altares con cruces de metal y de madera, apenas pintados con los nombres, y las fechas de nacimiento y de muerte, de las víctimas.

Juan Carlos Mendoza Madueña. Nació el 24 de abril de 1989. Murió el 21 de marzo de 2009. Y la leyenda: "Dios te bendiga." En otra cruz, también de madera, puede leerse "Mario Taro". Hay veladoras cuyas mechas alguna vez estuvieron encendidas. Los vasos quebrados, polvorientos. La cera derretida, esparcida en la tierra, a pocos centímetros de las manchas oscuras que dejó la sangre y otros restos humanos. Recipientes con flores de colores: azul, amarillo, rojo, anaranjado, todos mortecinos, tristes, con pétalos puntiagudos.

Otras cruces están pelonas. Son pedazos de madera, de tablas, sin pintura y sin nombre. Unidas de prisa con un clavo viejo, que las atraviesa, enmohecidas por el óxido, empolvadas por el olvido.

Los militares pasan ocasionalmente. Igual los de la Policía Municipal, en camionetas blancas o motociclistas en pareja.

Las puertas laterales de La primavera quedan abiertas de día, para que pasen los camiones de volteo. De noche, son canceladas. Afuera, en la oscuridad, sólo viven los sicarios. El resto es muerte y sentencia.

"Pedro Quintero León", dice en otra cruz. "Nació el 8 de diciembre de 1975. Falleció el 2 de mayo de 2008. Descanse en paz." Esta cruz está pintada de negro y las letras son blancas. Es uno de los primeros saldos de la guerra cruenta del año pasado, cuando rompieron y se enfrentaron las huestes de los Beltrán Leyva con la organización de Ismael Zambada, el "Mayo", y Joaquín Guzmán Loera el "Chapo".

Más adelante hay una capilla azul, construida rudimentariamente. Un triste globo desinflado, otrora brilloso y ufano con el viento, yace a un lado, con la leyenda "Te quiero".

Otra más tiene los nombres de Jorge G. Sarabia Garibaldi, Koki, quien nació el 27 de julio de 1972 y falleció el 2 de agosto de 2008. Un "Te extrañamos" acompaña la cruz, y abajo, Luis Enrique, Gordo, quien falleció el mismo día.

Otras cruces siguen señalando el camino. A la orilla del dique La primavera, del otro lado de barda alta que delimita los terrenos del fraccionamiento, en ambos lados del camino. Los parajes llaman la atención cuando entre sus rincones visibles hay montoncitos de piedras: son las tumbas de los desconocidos, a los que cada persona que pasa tiene que abonarles pequeñas piedras como una forma de homenajearlos, como un conjuro, una forma de apartarse del sendero de lo mortal.

Don Sergio está sentado en el patio de su casa. Una casa vieja que parece ladearse, de ladrillo y cemento, pero también de lámina y madera. El patio es grande. Un gigantesco árbol de guamúchil está en el centro. Las calles son angostas y hay perros, carros viejos estacionados, gallinas y patos, ropa tendida y lavaderos con desagües al descubierto.

Es la comunidad de Los llanos, ubicada al fondo, al otro lado del residencial La primavera, al final del dique. Hay una veintena de casas, pero apenas la mitad habitadas, porque los dueños viven en la zona urbana de Culiacán y regresan los fines de semana, si acaso.

"Y qué hago", pregunta don Sergio, a manera de respuesta, cuando se le cuestiona si no la da miedo vivir entre rafagazos y cadáveres que aparecen de mañana en estos linderos.

"Seguido escucho disparos, en la noche, la madrugada, y al otro día los cadáveres, pero qué hago, nada. Aquí vivo, ya estamos aquí, ¿para dónde jalamos?", manifestó.

El gobierno, agregó, sabe quiénes son y dónde están narcos y matones, pero no hace nada. Son los mismos que compran tierras, que tienen gente armada en sus propiedades, y "nadie hace nada".

Dijo que a los dos hijos que tiene les ha dicho de los muertos, cuando se topan con ellos o saben de nuevos casos a través de los periódicos, pero muchos veces, los niños no se dan cuenta.

En el lugar donde murieron María José y su marido fueron encontrados 10 casquillos calibre .38. Ella estaba boca arriba, como queriendo ver a sus victimarios. Él quedó de lado, con los ojos vendados. Un hilillo de color rojo nacía de la cabeza de ambos, esparciéndose. A pocos metros, la carretera Costerita. Otra zona de ejecuciones.

La policía de Sinaloa encontró que los jóvenes occisos estaban en calidad de indiciados en el secuestro de una persona en Culiacán. El secuestrado, se dijo, fue encontrado a los pocos días muerto a tiros. Al parecer, el vehículo en que fue "levantado" era propiedad de Omar Antonio.

"Esto no tiene fin... por que habría de resolverse todo esto de la violencia, si hace poco hasta mataron a una mujer, cómo me pesa."

Sergio se refiere a ella, a la joven María José, de apenas 22 años, cuyo cadáver fue encontrado con el de Omar Antonio.

El anciano levanta la cara y dice que es doloroso que también la agarren contra mujeres jóvenes. Todavía, entre el monte, a la orilla del camino, están los listones amarillos de plástico que marcaron el doble homicidio. Pero aunque no ve claro, ni advierte buen futuro, todos los días, en su camioneta vieja, junto a su familia, cruza estos caminos para llegar a su casa: de la sucursal del infierno, del cementerio, a su patio, el guamúchil frondoso, el pedazo de Edén que es su casa.

La joven quedó ahí, tendida, entre tierra, maleza y basura, con sus huaraches dorados, con cintas que subían enredadas más allá de los tobillos. Y esa ropa negra, entallada, anticipando su luto. Su muerte. Tenía los ojos abiertos, como mirando al cielo, buscando al sol. Pero para ella fue todo. Cielo cerrado. Todo nublado.

Del libro *Miss Narco*

"El Señor es mi pastor"

Para ti, Rossana,
por esos jotabé que nos debemos.

"El Señor es mi pastor", repite el jefe a quien Mario (como llamaremos a este joven), cuyo vello púbico apenas termina de asomarse, califica como "un vato a toda madre". Y Mario hace lo mismo, pronuncia estas cinco palabras al tiempo que dispara su AK-47. También lo hace mientras descuartiza a tres hombres.

Mario fue descubierto por la catedrática tapatía Rossana Reguillo, doctora en Ciencias Sociales con especialidad en Antropología Social, una vehemente y apasionada estudiosa del fenómeno del narco, la violencia y el tratamiento que le dan los medios informativos nacionales. Como él, con ese y otros seudónimos, hay jóvenes de dieciséis años que están involucrados en el fenómeno del narcotráfico y sus primitivas y apabullantes formas de violencia.

Este joven tiene en ese tierno, revuelto y añejado cuerpo –por las vivencias más que por el tiempo– un corazón con 18 muescas: cicatrices de las que habla y presume, no sin dificultad ni diálogos crípticos, por sus 18 muertos, algunos de ellos a balazos, otros con toda clase de mutilaciones. Por eso forma parte de los soldados de La Familia. Los mini soldados, todos ellos niños y jóvenes menores que saben de violencia, adoctrinados para recitar de memoria pasajes bíblicos que les permitan, además de los jales o ajustes de cuentas, quedar bien con el jefe y ganarse su confianza. Son un ejército chico. Un *ejercitito* compuesto por seres humanos madurados y podridos a punta de chingazos, entrenados para matar y obedecer sin preguntar, a los que vale más "no caerles mal, porque no la cuentas". Saben de armas, tienen disciplina y reflejan, como Reguillo lo ha señalado en su trabajo, una "trilogía difícil de entender: narco, poder y religión".

Son niños curtidos, adiestrados y usados para cobrar cuotas, llevar mensajes, avisar de la llegada del ejército o de los "pinchis afis". A los más bravos se les da una paga por "bajarse a cabrones pasados de lanza" y a otros, los más avezados, para llevar el producto de un sitio a otro. Ellos no se drogan ni consumen alcohol, sólo están ahí, como un utensilio de cocina, un objeto, un gatillo o un detonador: listos para incendiar, para matar.

Es la zona conocida como Tierra Caliente, Michoacán. Tierra, reinado, plaza y diócesis de La Familia, organización criminal dedicada al narcotráfico y a la comisión de otros delitos. La también llamada La Familia Michoacana evangeliza a sus integrantes, tiene su propia Biblia o normas espirituales, y justifica muchos de sus delitos como "justicia divina", tal y como lo expresa en los mensajes que deja en los cadáveres de sus víctimas.

Algunos de sus fundadores y actuales líderes, como José de Jesús Méndez Vargas, Nazario Moreno González (muerto a finales de 2010) y Servando Gómez Martínez, apodado La Tuta, formaban parte del Cártel del Golfo y de Los Zetas, pero se separaron en el 2006. En gran medida, su doctrina tiene base en la unidad familiar, en Dios, en evitar las drogas y el alcoholismo. Han insistido en señalar que ellos no matan inocentes y que no tienen problemas con el Ejército mexicano, institución a la que respetan, no así a dos de los principales jefes de la lucha antinarco emprendida por el Gobierno Federal de Felipe Calderón: Genaro García Luna, Secretario de Seguridad Pública (ssp), y Arturo Chávez, titular de la Procuraduría General de la República (pgr).

La Familia tiene su origen en Michoacán, pero ha extendido su influencia a zonas del Distrito Federal, Estado de México, Guanajuato y Guerrero. Versiones extraoficiales señalan que opera con el Cártel de Tijuana, de los Arellano Félix, para el traslado de droga en la región. Aunque información más reciente, atribuida a la Procuraduría General de la República (PGR) y a la Secretaría de la Defensa Nacional (Sedena), indica que desde el 2009 La Familia trabaja conjuntamente con los cárteles de Sinaloa y El Golfo.

Para Eduardo Buscaglia, catedrático y asesor de la Organización de las Naciones Unidas (ONU), los verdaderos líderes de esta organización criminal están encumbrados en los ámbitos empresarial y político del país. En junio de 2009, el especialista afirmó que la infiltración de las organizaciones del narcotráfico "a través de sobornos o amenazas, en los gobiernos municipales, ha alcanzado niveles históricos", pues, según un estudio que él encabezó, el 72 por ciento de los municipios mexicanos han sido infiltrados por los cárteles de las drogas. "Por ello los procesos electorales en todo el país estarán marcados por dinero sucio y no sólo de las drogas. El crimen organizado es un asunto de dinero, de economía, no se trata sólo de ir detrás del enemigo cuando te invade", manifestó Buscaglia.

Mario nació en el municipio de Turicato, en la zona conocida como Tierra Caliente, estado de Michoacán, el 15 de febrero de 1994. Forma parte de una familia compuesta, hasta hace un par de años, por siete integrantes. El mayor, el que se llevaba bien con su apá, como llama a su padre, fue "levantado" por desconocidos, al parecer integrantes del Ejército mexicano, aunque no se descarta que hayan sido los mismos Zetas, y no fue localizado.

Entonces todo se vino abajo: una de sus hermanas se juntó con un "puto" narco pesadillo, de esos que llegaron de Morelia, la capital del estado, otra se fue a Estados Unidos y no han sabido más de ella, y el resto, con todo y padres, emigró a Morelia, "porque acá ya no se puede vivir, es un chingado desmadre. Se puso bien caliente la cosa... Muertos un día y otro también".

"Pos nada, que llegaron los putos Zetas y por el otro lado la gente del cabrón de El Chapo, y no teníamos armamento del bueno, ni en cantidades; había que andar muy listos todos y pos... fue el tiempo en que yo me inicié."

Luego de la desaparición del hijo mayor, su padre se hizo "como más chiquito y envejeció". Mario ya no lo ve. Él es el cuarto de los hijos y siente cierto desagrado por no llevar el nombre de su padre (pues lo mereció el primero, por mayor, el desaparecido). Habla de su vida reciente como si se refiriera a un pasado viejo, ancestral; como si todo lo malo hubiera pasado en la antigüedad, y los idos, sus hermanos y hermanas, sus padres, ya no vistos por él, de quienes no ha tenido noticias y apenas sabe que están en la capital de Michoacán, estuvieran muertos. Lo único tibio que mantiene a la mano, vigente, que le recuerda que es casi un niño, un hijo de familia, es esa medalla de la Virgen de Guadalupe que guarda en uno de los bolsillos del pantalón. Esa medalla, esa imagen, lo lleva al mismo tiempo, mágicamente, con su madre. Y aparecen nubes oscuras en esa mirada de niño, en esos ojos que se agrandan y empequeñecen, gritones y desconfiados a la hora de hablar de sus odiseas, su contribución, su buen comportamiento ante los jefes, sus pasajes bíblicos que estaba a punto de recitar cuando se vino aquel primer trabajo.

Su jefe, dice Mario, es un "vato a toda madre", de cerca de veinticinco años, que recita la Biblia de memoria, y de quien aprendió más de religión que con el señor cura. Ese jefe de Mario gozaba de todas las confianzas del patrón, del capo mayor, el mandamás. Él le encargaba los trabajos especiales que requerían de cierto nivel de seguridad y garantía al cien por ciento.

"Un día me tocó acompañar al jefe en un jale muy cabrón. Había que darle piso al puto de una tiendita que andaba de hocicón, muy amistado con la gente mala, poniendo dedo a la gente de nosotros. Y eso, pos sí no. Él me dijo «ándale, agarra el machete y los cartuchos y súbete a la camioneta»."

En una ocasión, recordó Mario, le tocó escuchar una conversación entre el patrón máximo y su jefe. Aquel le decía que si "todo estaba jodido" era porque la gente había dejado de leer la Biblia y de creer en Dios. Que eran hombres lo que necesitaba la lucha que habían emprendido y que el éxito llegaría pronto: tomarían bajo su control la zona serrana de Michoacán, pero también la costa y otras regiones, "y se van a chingar todos y todos van a saberse la Biblia".

Mario, que había escuchado aquella conversación, quiso terciar pero se arrepintió. Había puesto mucha atención en un pasaje de las Sagradas Escrituras y orgulloso quería mostrarles a los jefes que él había aprendido.

"Yo estaba bien emocionado y quería recitarles los versos de la Biblia que me había aprendido de memoria, pero pus ni cómo, yo apenas era un pendejo; pero eso sí, con ganas de progresar y de darle a mi tierra lo que mi tierra merecía, sacar a todos los hijos de la chingada que no creían, y…"

Ese día, Mario se quebró a sus primeros tres. Lo dice desde un rincón ensombrecido de su mente, con esa mirada tierna y retorcida, sentado en cuclillas, agavillado, ya con dosis de inocente perversidad. "Me chingué al puto de la tienda, a su hermano y a un compita que andaba con ellos y a veces con nosotros. La verdad no sentí nada, les metí el chivo como si ya supiera y mi jefe nomás se reía. Me dijo «bien bravo salistes, mi Mario». Él se persignó y dijo, en tono de oración, «El señor es mi pastor». Y la verdad yo estaba contento de que mi jefe estuviera contento. Pero lo malo vino después."

En eso, saca la medalla de la virgen, la coloca en la izquierda y la soba con la derecha. Un silencio eterno de medio minuto. La medalla arropada por esas manos todavía tiernas, cuarteadas por los gatillos y machetes, que no han florecido ni a golpes de pegar los ojos y memorizar esos pasajes plasmados en las Sagradas Escrituras.

Y continuó: "Al cabrón de mi jefe se le ocurrió llevarle un regalo al patrón: sacó un cuchillo «endemoniado», del tamaño de su muslo, y zas, zas, zas, les cortó la cabeza a los tres." Eso le recordó a Mario cuando su padrino decapitaba a las gallinas allá, en el rancho.

"Se me entumecieron las piernas y se escondió la risa. Pero todos los de la camioneta estaban muy contentos y pos ya que… yo también dije «El señor es mi pastor» mientras metía una de las cabezas a una bolsa bien negra… que era pa que no los divisáramos nosotros… eso pienso ahora, porque nosotros, de verdá, no somos como la gente mala, aquí nomás se ajusticia a quien se la ganó."

Como su corta vida, macabra, de jugo sanguinolento y piezas de piel, huesos y músculos, fueron desmembrando esos tres, luego fueron cinco, seis, siete, hasta sumar sus 18 muescas marcadas en sus órganos internos, los de su memoria y su cementerio íntimo, con guadañas del tamaño de la pierna de su jefe, ese, el cabrón, el "a toda madre".

Mario voltea a ver a su interlocutor. No parece buscar perdón. No, porque no hay arrepentimiento. Tal vez no dimensiona. Ya no. Tal vez busca que lo entiendan. Busca a su madre en los ojos del otro, en la medalla de la Virgen de Guadalupe y se sabe muerto. En poco tiempo, lo sabe, no mirará más ni sobará sus recuerdos, ya teñidos.

Mario está fumando. Le entra. Un toque, dos, tres. Con estilo, como si fuera un pasón que llegue hasta los pulmones, contamine el corazón, salpique el cerebro, despierte el recuerdo, el mejor, que guarda de su madre, a quien rescata de ese pasado antiguo.

–¿Cómo imaginas tu muerte?

Suelta el humo, estilo de vago que contrasta con su cuerpo en crecimiento. Media sonrisa, media muerte, asoman.

"Si voy a caer muerto, mejor con una bala expansiva que me reviente el cerebro pa ya no acordarme de nada. O que me hagan pedacitos, pa evitarle la pena a mi amá, el dolor de velarme. Y es que en este jale ya no alcanza con morirse." (28 de octubre de 2010.)

Del libro *Los morros del narco*

Tengo mucho que no tengo nada

Llorando, asido al brazo de aquella joven blanca, le dijo, ahogando sus propias palabras: "Ayúdame, estoy desesperado. Necesito que me encierres. Me quieren matar."

El Rey temblaba. Su apodo no podía combatir con la piltrafa en que estaba convertido, en aquel 18 de mayo de 2010. El matón aquel, escolta de capos del narcotráfico, drogo, ladrón y asaltante, había sucumbido al miedo y ahora lo tenía ahí, postrado, moqueando como un niño. Vulnerable y desamparado.

Le estaba pidiendo a su amiga Sonia que se lo llevara de ahí y lo encerrara en un centro de rehabilitación. Quería salvarse porque lo andaban buscando para matarlo. Quería curarse de su alcoholismo y su adicción a múltiples drogas.

Un día antes, un joven que conoce y que andaba en la clica —como se llama a los grupos de delincuentes que forman parte del narcotráfico— lo sorprendió tendido en la banqueta de su casa. Iba en una motocicleta. Le aceleraba y luego frenaba. Le pasaba cerca, aceleraba el motor haciéndolo rezongar. El mofle tosía con fuerza y prolongaba sus gemidos. Lo despertó el ruidazo. El tipo aquel le daba vueltas y él logró sentarse. Abrió los ojos, talló con sus manos pelo y cara. No era fácil despertar luego de días de cerveza y cocaína.

"Hey, loco, aliviánate. Levántate cabrón y más vale que le eches ganas. Te andan buscando. Te busca el patrón. Dice que te quieren matar. Aliviánate porque si no te va a llevar la chingada. A la verga", recuerda El Rey que le dijo el matón aquel.

Se fue de ahí a toda marcha. Marcó el negro de las llantas en el pavimento y se perdió en el carrerío de la Juárez, muy cerca del centro en Culiacán. Por eso se puso a llorar. Dejó la botella de cerveza a la mitad y se fue a buscar a Sonia. Sabía que lo podía ayudar.

El Rey es moreno, de mediana estatura, pelo lacio y erecto. Corte tipo militar. Tiene unas diez marcas en la piel: de tatuajes y de heridas. Un tubazo que asoma y le hizo una partidura lateral izquierda en su cabeza, un navajazo entre ceja y ceja, donde nace la nariz, una fractura de muñeca izquierda que le dejó un hueso saltado, un balazo en la pierna derecha que le rozó la tibia, y varias cuchilladas en la panza, del lado izquierdo, que le marcaron la piel como zarpazos de león.

En apariencia anda rozando los treinta años y no tiene menos de veinticinco. De esos, unos doce, quizá, limpios: inocentes, del pecho de su madre a la cuna y de ahí a la calle, los amigos, el futbol y el beis, de jugar a los trompos y las canicas. Y luego la escuela.

Pero su madre no pudo. No con todos, esos siete. No con un padre ausente que se encargó de depositar en esa cálida ranura el fluido seminal, tal vez drogado o borracho. Ido, ausente, en todos los sentidos, por eso su madre lo sacó de la escuela, porque no le alcanzaba el dinero. Luego lo metió al tutelar, cuando lo que no le alcanzó fue el orden, el control, la atención, la disciplina.

Tuvo en su trayectoria dos escuelas: las de la primaria y secundaria, que apenas influyeron en su vida, y las del tutelar y las cárceles. En su expediente acumula robos, asaltos, posesión y consumo de drogas, pero a su vida criminal agregó homicidios, portación de armas de fuego, es decir, se convirtió en un consumado matón a sueldo.

Suma ocho encarcelamientos. Tres de ellos en Tijuana, la ciudad más importante de Baja California, uno en Guadalajara, Jalisco, otro más en el puerto sinaloense de Mazatlán, y tres en Culiacán, la capital del estado de Sinaloa.

La zona en la que creció se llama El Mercadito, ubicada a pocos metros del primer cuadro de la ciudad, aunque se le considera parte del centro. Las calles son angostas, es el viejo Culiacán, pero también el más olvidado. La céntrica periferia: cantinas, narcos que bajan de la sierra para surtirse de motobombas y mangueras que utilizarán en la siembra de mariguana y amapola, jóvenes y bellas mujeres, con gorras y ropa untada que ofrecen en la calle comprar o vender dólares, hoteles del arrabal que funcionan para urgencias sexuales instantáneas, cuarterío para la prostitución, cantinas exclusivas para asaltantes y sicarios de quinta fila, casas de cambio que son almacenes de lo ilícito, negocios informales que expenden CD's de narcocorridos y DVD de películas del sicariato y grandes capos.

Aquí se expenden también perfumes caros, joyas con piedras preciosas y ropa de moda: un mercado negro de la carne femenina y los billetes verdes, calles y rincones que congregan drenaje y polución, héroes de la canabis y los fusiles AK-47, patio trasero de Culiacán y su perdición.

Un cascarón de casas y edificios viejos, ése es El Mercadito. Cuatro cuadras a la redonda, compuestas por paredes viejas, deshilachadas y a medio pintar. Herrería de óxido y olvido, fachadas baldías que sólo tienen vida cuando hay luz, porque de noche esto es peor que el arrabal.

Justamente aquí, en este sector, por la calle Juárez y precisamente dos años atrás, el 14 de mayo de 2008, agentes de la Policía Federal Preventiva y efectivos del Ejército mexicano aseguraron treinta casas de cambio que operaban de manera ilegal. Las sorpresivas acciones, que provocaron que clientes y empleados salieran corriendo del lugar, fueron emprendidas como parte de las acciones que contra el crimen organizado emprendió el Gobierno Federal en mayo de ese año, luego de la detención de Alfredo Beltrán Leyva, El Mochomo, y el ulterior desprendimiento del clan de los Beltrán Leyva de la organización de Ismael Zambada García, El

Mayo, y Joaquín Guzmán Loera, El Chapo, a quienes servían en importantes regiones del país.

La división se tradujo en enfrentamientos, ejecuciones, "levantones" (secuestros sin rescate de por medio) y asesinatos de operadores, contactos y familiares. Los líderes del Cártel de Sinaloa y los Beltrán Leyva iniciaron sus internos ajustes de cuentas. Después los asesinatos ya no fueron tan internos: alcanzaron gran parte del país, incendiándolo.

Luego de que se colocaron sellos y calcomanías que indicaban que esos inmuebles había sido asegurados por la Procuraduría General de la República, el siguiente paso para combatir el supuesto lavado de dinero en El Mercadito fue la intervención de personal de la Secretaría de Hacienda y Crédito Público, cuya tarea fue revisar la supuesta procedencia legal de los negocios y sus recursos.

"Es para seguridad suya", dijo durante las acciones uno de los jefes militares a la encargada del Servicio de Cambio Romeo, ubicado sobre la calle Juárez. "Usted cierra, usted va a traer las llaves, su documentación se la lleva. Ya mañana o pasado va a venir Hacienda y revisará la legalidad de su negocio." En cada establecimiento asegurado quedó un custodio de la Policía Ministerial del Estado y de la Estatal Preventiva.

Entre los negocios asegurados están El Güero, ubicado en Juárez 883-A, también los establecimientos de nombre El Mercadito, Beluca, Odesea, Servicios Carlos Romero, Servicios Wall Stret, y Casco.

"Empecé a los doce años. Abrí *boutiques* de tenis, de ropa… abriendo boquetes por la pared", recuerda El Rey. Era un niño, apenas tiene memoria para ubicarse como tal. Se le presentan las imágenes borrosas de él con sus seis hermanos, su madre y la miseria.

Aquella mañana su mamá se rindió, le dijo que ya no le alcanzaba, que tenía que dejar la escuela. Y él aceptó. Sabía que no tenía remedio y que debía ponerse a trabajar, a pesar de su corta edad. No era la primera vez que su madre hablaba al respecto. En esta ocasión ya era una decisión, no había para dónde hacerse. Pero cuando lo vio en la calle, cometiendo desmanes y los vecinos acudían a ella para acusarlo de esto o lo otro, tomó otra decisión. Esta vez fue más drástica y dolorosa: "Te voy a llevar al tutelar." Él no dijo nada. Miró alrededor y supo, igualmente, que era su destino, su vida, esa marca con que nació y de la que no podía liberarse. No fácilmente.

"Desde chiquillo empecé una carrera que no me llevó a nada bueno, iba a la escuela y me encerraron por petición familiar y empecé a agarrar más escuela allá adentro. Salí haciendo un desorden, y al mes y medio otra vez ya estaba ahí encerrado", señaló El Rey, con un atisbo de arrepentimiento. Un asomo que gana terreno.

–¿A qué le has entrado?

–A todo. Al alcohol, sobre todo. Pero he consumido hielo –la droga sintética conocida como *ice*, en inglés–, perico (coca), mota. He asaltado, robado, he abierto negocios, negocios grandes, en los que me he ganado hasta 50,000 pesos. Y yo solo.

El Rey lo dice con voz pausada y segura, arrastrada, pastosa. Aclara que no es para sentirse orgulloso. Su pecho parece hincharse cuando suelta los eslabones tenebrosos de su vida delictiva y asegura, no una ni dos veces, que "no soy malo". Pero que si lo afectan o agandallan, si le hacen daño, entonces sí se convierte en un hombre que hace daño y toma venganza. Uno malo, pues. Y mucho.

Su voz sale ronca, pareciera que sus dientes trituran una estopa que nunca engulle ni se acaba. Uno de los frontales está salido y aparece de vez en cuando la encía superior, con los movimientos de labios de El Rey y la pieza de junto que abandonó hace mucho tiempo, así que está molacho, pero no le preocupa. Abre suficiente la boca pero con desgano y sin intimidarse. Dentro, muy dentro, hay un niño dolido y aterrado: su mirada esconde la de un infante que se asoma detrás de la puerta entreabierta de un ropero, del otro lado de las cobijas que cuelgan de los bordes de una cama, bajo las faldas de una madre que no pudo con él, en el rincón oscuro de una casa que no llegó a ser un hogar y que lo expulsó. Lo dice sin hablar. Es esa mirada tímida, esquiva, temblorosa, la que lo delata. Cubre su terror con otras palabras. Disfrazado, lanzando fintas, pero psicótico, se presenta en la sala del Centro de Rehabilitación donde está recluido. Se sienta enfrente. Atrás, en un patio sin sombra en el que hay otros cuartos, hay otros internos que buscan sin encontrar.

Apenas en un mes, dos centros de rehabilitación de adictos a las drogas, que operan en Ciudad Juárez, Chihuahua, fueron atacados a balazos por sicarios. Los ataques sucedieron en septiembre de 2009: en el primero, ubicado en la colonia El Papalote, fueron muertas diez personas; el otro caso ocurrió el 2 de septiembre en el centro El Aliviane, donde hubo dieciocho asesinados.

En el 2010, cuatro ataques de este tipo contra centros de rehabilitación, en diferentes puntos del país, arrojaron un saldo de más de cuarenta muertos. En octubre de 2010, fue perpetrado otro en Tijuana, donde trece jóvenes fueron asesinados.

"Así empezó mi vida, sufriendo el maltrato de todos, de la sociedad. Sufriendo el maltrato de la vida, la sociedad que lo vomita a uno, porque de una u otra manera ya no creen en ti, no creen que puedes cambiar… Se te hace a un lado la familia."

Se detiene, hace pausa. Toma aire para decir que todavía hay quienes le tienen cariño y respeto. Se refiere a la señora que lo acompaña, que es Sonia, la misma que él buscó para que lo llevara a rehabilitación. Su ángel guardián. Le dice que se le hacía raro que no lo visitara. Ella le explica que anda en chinga, con mucho trabajo, los niños. "He estado ocupada, de verdad." Él pensó que también lo había abandonado: "Chale, dije, ya me dejó abajo. Pero ahora que vino pues qué bueno. No voy a quedarle mal, porque la verdad ya estuvo que la sociedad te esté vomitando, te esté guacareando."

El Rey voltea a ver a El Padrino, como le llaman al jefe, al que manda en ese centro de rehabilitación, donde otros veintiocho jóvenes, entre ellos una mujer blanca que porta una blusa de estampados y pedrería, se someten a duras jornadas para "limpiarse", acuden a reuniones, hacen ejercicio, cocinan y juegan dominó. El Padrino asiente. Es un moreno, alto, que es tocayo de pelos parados, de aspecto bonachón y bien vestido. Luego sonríe. "¿Aquí también te pegan?", le preguntó Sonia. Esta vez El Rey no voltea a ver a nadie. Sostiene sus ojos apuntando a su amiga y le contesta que no, sin más. Ella le cree.

"Es que en otro centro en el que lo metí lo golpeaban mucho. Los aíslan y maltratan. Puras chingaderas y sacadera de dinero. Y no funcionó. Pero parece que aquí es diferente. Al menos es lo que dice El Rey", suelta Sonia.

Y él retoma la entrevista, calmo y demoledor: "A veces me quedaba tirado en la calle, teniendo yo dónde vivir. Y no es grato para mí que cualquier gente porque traen carro o lo que sea, te quiera chingar. Yo me enojaba. He tenido privilegios de andar bien, con gente que me estima, me mira bien, gente que con la que he ganado la amistad, me comprenden, me ayudan voluntariamente."

–¿Has andado en el narco?

–¿Me lo tiene que preguntar?

Esta vez El Rey voltea a ver a Sonia, buscando auxilio y aprobación.

–No me des nombres…

Una vez, recuerda, durante una persecución, enfiló en su automóvil por la carretera a Sanalona, al oriente de la ciudad. Recordó que ahí, cerca de la colonia El Barrio, viven unos primos que seguramente podían ayudarlo. Los del "gobierno", "la placa", como él los llama, son la policía, municipal, estatal o federal, y el ejército o la marina. Para él todos son iguales: tienen uniformes, insignias, patrullas, torretas de colores, bocinas que aúllan, armas, toletes, y siempre todos, invariablemente, van tras él.

No pudo llegar a la casa de sus primos pero se parapetó en una esquina, del otro lado del vehículo. Y empezó a disparar. Desde el otro lado sus contrincantes hicieron lo mismo. Lo estaban rodeando, aun así no dejó de apuntar y jalar el gatillo de su cuerno de chivo. Hasta que se le acabaron las balas. "Por eso tiré el arma y me fui pal río. Y me pelé."

Ha estado en peligro de muerte unas seis veces. En otra ocasión tuvo un agarrón a balazos con efectivos del Ejército mexicano, quienes lo sorprendieron cuando custodiaba un plantío de mariguana, en las montañas del llamado "Triángulo dorado" (la serranía en la que confluyen los estados de Sinaloa, Durango y Chihuahua) y se echó a correr. Los militares, entrenados pero cargando con sus armas y mochilas, no le dieron alcance.

"Para eso son las veredas, los caminitos, los árboles, la maleza. Por uno de esos caminitos agarré y me les perdí."

−¿Dónde fue eso?

−Allá.

Y apunta. Se ríe y da un nombre combinando palabras de pueblos que sí existen. Trabalenguas para despistar.

En otra ocasión, él y sus secuaces se dispusieron a asaltar a un malandrín. Sabían que traía dinero. Lo toparon entre los tres, todos con armas punzo cortantes. A él le tocó esculcarlo y no le había encontrado nada. Insistió en revisarlo y en la parte delantera, junto a la bragueta, traía un superón, como le llama a las pistolas calibre 38 mm, una de las favoritas de los sicarios. Y se la sacó. Su reacción, recuerda, se vio alimentada por tantos rencores y los malos sentimientos acumulados: "Tomé el arma, agarré el hacha y pas, le di dos hachazos en la cabeza."

El Rey cuenta que su adversario era un locochón y andaba en la clica, un matón. Primero opuso resistencia. Pero con el arma de fuego en manos de sus enemigos fue diferente, aunque ya era demasiado tarde. La víctima quedó tirada y sangrando, ya sin vida. Él y sus cómplices emprendieron la huida porque para entonces "ya nos había caído el gobierno, así que me crucé un monte y me pelé".

Trastornado por la droga y el alcohol, acabó con unos desconocidos en la azotea de una vivienda. El Rey se quedó dormido, de madrugada lo despertó el humo y el calor del fuego. Sus captores habían prendido fuego a unas llantas colocadas alrededor de él y se ahogaba por inhalar monóxido de carbono. Gritaba pidiendo auxilio. Los vecinos, que eran sus conocidos, llamaron a la Cruz Roja y los socorristas lograron salvarle la vida con el apoyo de los bomberos.

El Rey se atropella para platicar que en uno de sus jales se ganó 50,000 pesos. La persona que los traía y él andaban loqueando con cocaína y cerveza. En medio de la plática, el que traía el dinero empezó a burlarse y a ubicarse por encima de él, por su pobreza y los fracasos acumulados. La agresión subió de tono al momento que aquel le echó de la madre. La mecha se encendió y apuró cuando lo hizo dos veces más. Entonces se incorporó y le dijo que se la iban a partir ahí, los dos solos. El hombre tomó la cadena que estaba en la puerta del patio trasero de su casa y logró pegarle en el antebrazo izquierdo, fracturándolo. El Rey se quitó la camiseta y aun herido logró pegarle varios golpes en la cara, pecho y estómago, hasta dejarlo inconsciente. Agarró el botín. Dolido, enfiló hacia la Cruz Roja para que lo enyesaran. De ahí, con todo y sus cincuenta mil pesos, se fue para su casa y compró más cervezas y droga.

"Una vez en una colonia agarramos a un vato y lo matamos a puros chingazos. En una caliente se nos pasó de más. Con rencor uno, él ya se había metido conmigo y tenía el cerebro (liderazgo) y estaba entrado y se me llegó la oportunidad y los papeles se le voltearon a él, siendo de la misma gente y ahí viene la gravedad y lo trocé al vato."

El hoy occiso, agregó, se burlaba de él constantemente, queriendo humillarlo, con el argumento de que tenía más dinero y poder, que los chavos que andaban con él lo obedecían. Pero fueron éstos los que le dieron la espalda, cansados de malos tratos y se unieron a El Rey. "Llegó la hora que la misma gente de él me escogió a mí, hasta que éste me cayó y ahí andaba y andaba... Y a como va. Ni a tiro derecho la hacía. Fue de todos contra él. Puro trompo. Hasta matarlo."

Su trabajo más estable fue de matón y escolta de un narcotraficante. Andaba con él para todos lados. Algunas broncas las resolvió bajando el cristal de la ventana de la camioneta y enseñando las armas: fusiles AK-47, y AR-15, o chanates, y pistolas 9, 45 y 38 mm. Los policías que los atoraban, otros malandrines y la gente común y corriente que por alguna razón se les atravesaba, les abría paso al enseñarles las armas: su identidad, salvoconducto y tarjeta de presentación.

El narco le pagaba 6,000 pesos a la quincena. Para él era un sueldazo. La situación está "reseca". Y repite el calificativo muchas veces, hasta que se le pregunta a qué se refiere: reseca, muy seca, caliente.

Él era de la avanzada. Iban por delante en el convoy. Llegaban primero, limpiaban, aseguraban el terreno y si era necesario "trozaban" enemigos. "Es un tirón compa, un jale muy grueso, muy cabrón. Y he tenido suerte de estar vivo... Eso de escoltar, de cuidar personas. No amigo, está muy caliente la cosa."

El escenario, añadió, es de muchos riesgos: los que andan contigo tienen envidias, traicionan, además están los del otro bando, los enemigos: te bajan, agandallan, roban, te balacean o matan, te quitan la morra. Todo.

Pero se dejó caer. Se asomó al precipicio, perdió el equilibrio. Y cayó. Desde que empezó el 2010, El Rey se la pasaba de la casa a la cantina y de la casa al expendio, a comprar cerveza y más cerveza.

Todo le dio para abajo, empezando por esa soledad fiel y terca, las drogas y el alcohol. Fue entonces cuando su jefe no lo quiso más como su guarura. Por eso le mandaron decir: "Te alivianas o te chingan, te van a matar."

Tenía información y cuentas pendientes. Enemigos que le sonreían y palmeaban la espalda. Los que lo tenían de escolta ahora lo veían con ojos de sospecha. Por eso aquel de la moto le daba vueltas y vueltas. Un aviso o un reto. Le patinaba las llantas, cerca, a punto de morderlo. Y él ahí, tirado, en la banqueta, con ropa de días, endurecida por sudores, babas, llanto. En la acera de la autodestrucción.

El Rey tiene tatuada a la Santa Muerte en la espalda. Otro dibujo en las cuencas de ambas manos. Surcos de color oscuro en bíceps del brazo derecho: ese es un dragón porque hay que defenderse como ellos, con todo, con fuego, dice, "a botepronto".

Tres puntos en una de sus manos, explica que significa "Vida loca *forever*". Y unas siglas que él mismo dibujó, con una aguja para hacer cintos piteados, cuando estaba en el Tutelar para menores. Están borrosas. Él habla de una elle, una ache, una te, que quiere decir "Nunca confíes en nadie". Otros tatuajes adornan su abdomen y su pecho. Son en total ocho, como sus caídas a la cárcel.

—¿Cómo te defines?

—Soy desconfiado. Y malo… pero sólo cuando me hacen daño. Porque a quienes he matado ha sido por algo, por eso, porque me la hacen y tienen que pagar.

Pero luego se le pregunta si es incendiario. Dice que sí, que tiene mucho rencor y coraje. Que prende rápido y quema, incendia todo, como quisieron quemarlo a él en aquella azotea. Como ese dragón: defenderse de todo, a fuego, quemar, quemando, quemándolo todo.

Cuando buscó a Sonia ya andaban tras él. Le dijo que querían matarlo. Recordó cuando lo supo por primera vez, después de que se fue el de la moto que parecía querer atropellarlo. Se encerró y bebió más. Se hundió en sus pantanos y pensó, en la loquera del alcohol y las drogas, que podía defenderse: dejó la puerta abierta, de noche y de madrugada gritaba que fueran por él, que los estaba esperando y que no les tenía miedo.

"Yo gritaba, en mi pendejés, vengan putos, aquí estoy, no les tengo miedo hijos de su puta madre." Pero era una tontería resultado del consumo de cerveza y droga, porque pensaba que podía hacerle frente a un hombre armado con una pistola y aguantar dos balazos. Que luego se le iría encima, con una punta, una navaja o cuchillo, "para trozarlo, atravesarlo, darle piso".

Así se la pasó varios días y noches. Hasta que una mañana se levantó y vio a su perro enfermo. A las horas murió, envenenado. Después seguía él.

"Cuando vino a buscarme, yo le pregunté que por qué no lo llevaba su mamá. Y él me dijo, llorando, así, a moco suelto, que no tenía a nadie. Y me rogó, me suplicó para que lo llevara al centro de rehabilitación, porque tenía que esconderse. Lo querían matar."

El Rey confiesa que llegó a pensar que ya no tenía oportunidades. Pero reflexionó y ahora se pregunta por qué no: "Los que no tienen oportunidad son los muertos", asegura. Piensa en salir de ahí, del centro de rehabilitación ubicado en la colonia 21 de Marzo, en Culiacán, donde va a cumplir veinte días, y convertirse en un hombre de bien, que lo vean con respeto, como persona, ponerse de novio, casarse y tener hijos.

En Sinaloa, según datos del Consejo Sinaloense contra las Adicciones, son 535 centros de rehabilitación registrados, de los cuales 440 son establecimientos que ofrecen atención ambulatoria para combatir el alcoholismo, y 76 otorgan atención residencial, es decir, con internamiento, para atender casos de alcoholismo y drogadicción. El resto, señala la Secretaría de Salud en la entidad, ofrece atención ambulatoria en adicciones.

En el patio del centro en el que se encuentra El Rey hay tres aparatos fijos para hacer ejercicio, entre ellos una caminadora y una bicicleta. El Rey dice que ahí se ejercita todas las mañanas. La veintena de jóvenes se mete a un cuarto reducido, con ventanas que nadie instaló y parecen empezar a rezar. Alguien les hace señas para que permanezcan ahí y desocupen el espacio en que se realiza la entrevista. "Ánimo", se escucha casi al unísono. Es la frase inicial de la sesión. Se oye que hablan y gritan. No discuten. Platican, intercambian experiencias. Al final repiten desordenadamente la oración aquella que en la que piden serenidad para aceptar lo que no se puede cambiar, valor para cambiar lo posible y sabiduría para distinguir la diferencia.

Él dice no tener deudas, pues "al gobierno ya le pagué todo lo que le debía. Asumo mi responsabilidad. Todo ha sido mi culpa, pero ya pagué. No le debo nada", señala orgulloso. Y pide perdón por sus muertos, de los que él se encargó, incluso en medio de la locura de la cocaína y el *ice* combinado con mariguana, que lo transformaron en un monstruo. Se ve en el espejo y se reconoce: "Soy yo, fui yo." Y pide perdón a Dios.

"Es que viene el arrepentimiento. O sea vas caminando y vas pensando y dices «qué onda, chale, ¿a poco sí me pasé de lanza?», así dice uno. Pero ¿cómo lo puedo decir?, no es orgullo, todo eso te va chingando el cerebro." Lo dice como rezando. Sus ojos brillan de nuevo, en los contornos. Logra humedecerlos, pero nada brota. Quizá por dentro llueve agua: rencor, odio, depresión, desamor y abandono ancestral.

Casi pide suspender la entrevista o apagar la grabadora cuando se le pregunta por el narco, los capos que seguramente le dijeron "ve y mata a aquel porque me estorba". Pero se queda callado y busca con la mirada refugiarse de nuevo en Sonia. Ella le dice que siga, que no hay problema, nomás no dé nombres. Pero él prefiere guardarlos completos en su silencio. Voltea para otro lado. Regresa a hablar de frente cuando se refiere a sus esperanzas. Entonces lo que se atisba son haces de luz, breves, insignificantes, crecientes, en esa mirada, ya menos contaminada. En esa voz pastosa que sube de tono y es menos inclara.

"Quiero trabajar, trabajar honestamente. Y andar con una morra, de manita sudada y todo. Bien, pues. Porque ya no quiero sentirme solo, andar con miedos, porque eso te lleva al desespero, la depresión, y luego el alcohol y las drogas. Yo la verdad estoy cansado, ya no quiero nada de eso para mí. Es que… tengo mucho que no tengo nada."

Del libro *Los morros del narco*

¿Matricida?

No podía tener a nadie parado detrás. De niño, bien lo recuerda, su padre los abandonó y su madre se prostituía y lo ofrecía como parte del paquete de servicios sexuales. Hubo quienes aprovecharon la oferta y abusaron de él cuando era muy pequeño. Su madre, esa mujer a quien llegó a odiar, también intentó venderlo.

"Esos hombres que se metían con su mamá, quien por cierto también consumía drogas, aprovechaban la actitud de la mujer y la vulnerabilidad del niño, y lo violaron, abusaron de él. Lo hicieron en varias ocasiones", contó un médico que atendió al infante y que conoció de cerca esta trágica historia familiar en la que de todo hay, menos familia y hogar.

Joaquín nació en una comunidad rural del centro de Sinaloa, cerca de Culiacán. Desde que su alma y esa memoria que quisiera "resetear" tienen muescas, han sido las de la desolación, el abandono, el abuso, la muerte, las drogas y la falta de amor. Ese que no pudo dar, al menos hasta su juventud tardía y con arrugas de senectud temprana, cuando tuvo frente a sí a alguien que lo vio sin miedo, como persona, como un palpitante ser humano, una persona, detrás de esos ojos extraviados, ese andar torvo, desconfiado.

Tenía un hermano. Joaquín cree, está casi seguro, que lo mató. El niño, mayor que él por dos años pero con parálisis cerebral y otros padecimientos, lloraba sin parar. Regularmente eran dolencias: el estómago, el hambre, la desnutrición y algún otro mal. Cuando Joaquín tenía unos siete se desesperó. El hermano mayor lloró hasta el cansancio suyo y de Joaquín. Buscó en los estantes que no tenían, abrió la puerta del refrigerador inexistente y tocó las puertas de vecinos, éstas nunca se abrieron. Todo por un pedazo de pan, algo de leche, al menos una chuchería. Nada es más que un monosílabo en estos mapas de deshumanización e infierno. Esa noche no dormían. Joaquín por los llantos de su hermano y éste de hambre. Lloró y lloró. La madre ausente. Ellos ahí, en esa jauría de gritos que revientan, de hambre que arde y sangra y duele y desgarra. Hasta que se hartó. Desbordado de ira, fuera de sí, trastornado y en el desespero, saltó sobre su hermano y le puso una almohada sobre la cara.

Así lo dormía. Quizá le repetía aquel sonsonete de sss-sss-sss, para arrullarlo. Y con eso bastaba. Aquel quedaba dormido y desconectado, en brazos del placer de olvidar que tenía estómago, que todo estaba vacío: sin madre ni alma. Pero esa vez no, aquel se quedó callado y Joaquín sintió que al fin lo había controlado. Cerró los ojos. Ya era tarde, estaba cansado y hambriento. Dormir era una buena forma de espantar trozos de pan y tragos de coca-cola, de atarantar tripas y atontar papilas gustativas.

Al otro día despertó. Vio a su hermano quieto, tendido, igual que como lo había dejado la noche anterior. Se incorporó. No le gustó esa expresión mortuoria. Sus ojos ya no se abrieron, algo en él ya no latió. Y él está seguro de haber contribuido. Quiso que durmiera, que descansarán él y su hermano. Y lo logró. Para siempre.

De acuerdo con datos de la Organización para la Cooperación y el Desarrollo Económicos (OCDE), de 2006 a 2008 en México se registraron alrededor de 23,000 homicidios de niños y niñas de cero a diecisiete años de edad.

El reporte del organismo internacional afirma que este país ocupa el primer lugar en violencia física, abuso sexual y homicidios de menores de catorce años entre los países del organismo. El noreste de México es la región que presenta la tasa de mortalidad por homicidio más alta en menores de cuatro años, y el estado de Chihuahua tiene el mayor número de casos, donde de 2000 a 2008 se reportan cuarenta asesinatos de pequeños de cero a cuatro años y 161 de los que tenían entre quince y diecisiete años de edad, según el texto "La violencia contra niños, niñas y adolescentes en México. Miradas regionales".

Joaquín se juntaba con niños y púberes de entre diez y quince años. Él estaba en ese rango, pero era líder. Con ellos formó una pandilla de asaltantes que operaba en los municipios de Culiacán y Mazatlán. Doscientos kilómetros uno de otro, desde el centro hasta el sur de Sinaloa, para ellos y sus dagas y cuchillos, y esa osadía, esa mirada, ese actuar, de maldito. "Eran chavos picudos, entrones, arriesgados y adictos... hay versiones periodísticas que indican que tenían entre diez y quince años, pero yo creo que incluso había niños de ocho años. Eran todos asaltantes. Cometían atracos allá y se venían a Culiacán, y al revés", dijo un funcionario del Sistema para el Desarrollo Integral de la Familia, que opera en la capital sinaloense, a quien le tocó atender este caso.

Por las edades, periodistas bautizaron a este grupo delictivo como La Banda de los Pañales: los niños robaban vehículos, realizaban asaltos a mano armada en tiendas de autoservicio y también a personas. Sin armas de fuego. "Con muchos güevos", como los calificó un servidor público adscrito al área de atención a menores infractores, de la Policía Municipal de Culiacán. Acompañados, entre sus ropas, guardados en los intersticios de trapos, calzado y piel, un cuchillo, una daga o navaja. Siempre.

Casos similares se tuvieron en otras entidades del país. Fueron públicos actos delictivos cometidos por bandas de niños y jóvenes, de ocho y diez años, y no mayores de diecisiete, que se dedicaban a cometer asaltos y robos en regiones de Jalisco, Baja California, Sonora, Sinaloa y San Luis Potosí.

El 30 de octubre de 2008, periódicos de Mexicali, Baja California, en la frontera norte del país, publicaron que agentes de la Policía y Tránsito Municipal detuvieron a tres menores que intentaban robar un automóvil, por la avenida Juárez. Los detenidos fueron identificados como Juan Luis y José Ernesto, de quince años de edad, con domicilio en la colonia 5 de Mayo, de aquella ciudad capital, quienes fueron puestos a disposición del Ministerio Público especializado en adolescentes.

Un tercer participante fue identificado como Misael, de once años. Sus cómplices, de acuerdo con el testimonio que rindió a los medios informativos la policía, lo ubicaron como el líder de la banda y quien organizaba los golpes: robos de automóviles para luego desmantelarlos y venderlos a los yonques (tiendas de partes de automóviles usados) de la localidad.

En Guadalajara, capital de Jalisco, la llamada Banda del Pañal surgió alrededor del 2008. Estas organizaciones de niños que en promedio tenían doce años se extendieron a otras regiones de aquella entidad, como Tlajomulco y Zapopan, donde en abril de 2010 fue detenido un supuesto "jefe" de una banda compuesta por menores. El niño tenía doce años y comandaba un grupo que se dedicaba a robar casas habitación y partes de automóviles, pero sobre todo aparatos de sonido. En el caso de los vehículos eran capaces de abrirlos en cuatro minutos y podían obtener como botín desde lentes de lujo, hasta estéreos, bocinas y computadores portátiles.

Aurelio Hernández Márquez, director operativo de la Policía de Tlajomulco, informó que la banda era conocida como La del Pañal Dos, la cual había aprovechado la experiencia de otros grupos de este tipo, que funcionaban en la capital tapatía y Zapopan.

Al parecer, explicó el jefe policiaco, los menores fueron entrenados por adultos quienes les compran los productos de sus hurtos.

Joaquín es el rey, el jefe. No existe sin su apodo. Es regla no escrita que él tiene apodo y en ese ambiente el apodo es pila, corazón, acta de nacimiento y defunción. Quienes lo conocieron antes de esta etapa delictiva recuerdan que le llamaban por su nombre o bien el apellido, pero no respondía ni volteaba. "¿Por qué?, le pregunté una vez yo, cuando vino a verme para que lo atendieran por un problema de salud, y él me contestó que ese no era él, que él se llamaba así, y me nombraba su apodo, porque aquel, el otro, no existía. Y es que ellos se despersonalizan: valoran más el apodo que el nombre. Y yo lo que hacía era insistirles, cuando ya querían dejarse de asaltos y robos, que tenían que «asesinar» a ese otro, al del apodo, y volver a ser ellos, el del nombre, el nombre de pila, para que se aliviaran, pero nunca me hicieron caso. Quizá no me entendían", recordó el médico.

Joaquín estuvo preso en unas cinco ocasiones, la mayoría de ellas en el Consejo Tutelar para Menores, en Culiacán, y otras en el Penal, también de la capital sinaloense, acusado de robo, asalto y homicidio. Él mismo y uno de sus subordinados, tuvieron que matar a dos de los integrantes de la banda: insubordinación, deslealtad, porque decían: "El morro me la hizo de pedo."

Él mismo habló con su cómplice: tú te haces cargo de aquel y yo mato a éste. Los agarraron por separado, fueron pleitos a muerte, a golpes, a patadas y cuchillazos. Ambos, Joaquín y el otro, salieron con vida.

Fue a finales de la década de los 90. Operaban en gran medida en los vagones del tren, donde se repartían el botín, arreglaban sus cuentas internas, huían de la policía y sus enemigos, y planeaban los golpes. Cuando Joaquín fue detenido por otro delito, los agentes de la Policía Ministerial del Estado encontraron en su expediente otro más grave: homicidio. El otro, su cómplice, lo delató desde otro Tutelar para Menores. Cuando Joaquín se enteró, le mandó un recado: "Reculas o te mato." Y la acusación no prosperó. A los meses salió de nuevo a las calles, cuyos botines lo esperaban.

"Quiero matar a mi madre", le dijo al médico. Y éste lo canalizó con trabajadoras sociales y psicólogos del DIF de Sinaloa, de ahí pasó a formar parte de grupos de autoayuda. Empezó mentándoles la madre a los terapeutas. Luego amenazaba y retaba a los otros que como él consumían cocaína y mariguana y se emborrachaban. Eran asaltantes, homicidas, rateros de quinta fila, niños peligrosos de infancia maldita. Ojos hirientes y ensombrecidos, con filo. No pasaban de ahí, de las palabras, las afrentas, los retos. En la terapia se encontró y se vació, inundándolo todo a su alrededor.

No mató a su madre. Ganas no le faltaron. La perdonó, así, a secas, sin llantos ni rencores, con un trato distante, de no dejarla de la mano, de no abandonarla, de no cobrarle lo que no pagó cuando él era niño. Ajustes de cuentas que no se cobran. No él.

Ahora es padre de familia, trabaja de velador o cargador. No quiere decir nada. Sus allegados, los que frecuenta, que son pocos, saben que es de pocas pulgas, pocas preguntas, cero respuestas.

El médico se lo topa en la calle y le grita por su nombre. Él voltea, atento y dispuesto. Sonríe cuando ve de quién se trata: uno de los pocos en quien confió. Y éste le dice, también con una enorme sonrisa de tanta felicidad, que se da cuenta de que por fin mató a su apodo.

Joaquín tiene tres niños y una niña. No fuma ni toma ni ingiere ni aspira ni se inyecta. Sólo mata con la mirada: siguen sus sombras frondosas bajo los párpados, dentro de esa mirada que inyecta y penetra, hinca y somete.

"Antes, pensar en matar a alguien me regocijaba. Ahora me da miedo", confiesa a un familiar. Él, sorprendido, recordó, le preguntó por qué. Y Joaquín contestó: "Es que tengo hijos." Y vuelve a la carga. Lo cuestiona si le gustaría que sus hijos vivieran lo mismo que él. Y se apura: "Ni madres."

Todos sus cómplices, amigos, niños de la calle y hermanos del alcohol y la navaja, murieron. Los mató la droga. El tránsito del alcohol a la mariguana y luego a la cocaína y, al final, se inyectaban heroína. Y quedaron ahí, con la hipodérmica y las venas saltadas, aguadas, mortuorias. Al resto los mataron.

Él sigue así, rescatándose, emergiendo de sus propias cenizas. Ahora odia a los puchadores (vendedores de droga al menudeo), porque envenenan. Recuerda el médico que decía "estos pinches puchadores, si no fuera porque los necesitaba, los mataba. Cuando me vaya a ir de Culiacán, que ya no requiera de ellos, los voy a matar. A la chingada todos".

Odia también a los narcos. Pero si le dan dinero, billetes verdes, los va a aceptar, aunque sin involucrarse. Seguía sufriendo a través de ellos los recuerdos y sus superadas adicciones. Eso sí, conserva su psicosis. Es su protección, su garantía. Que nadie se ponga atrás de él, ni siquiera cuando hace fila, porque no va a poder contenerse: se pondrá de frente, primero, como una defensa, un reto, y si es necesario cerrara los puños, soltará chingazos, de nuevo. (28 de noviembre de 2010.)

Del libro *Los morros del narco*

La Magdalena

La Magdalena vivió desde niña una ráfaga de tragedias. Su corta vida, que empezó en el municipio de Navolato, Sinaloa, pasó por Mexicali, Baja California, y terminó en Culiacán. Ahí tuvo su remanso en plena juventud. Y cuando por fin gozaba de hija, esposo y familia quisieron quitarle parte de ese pequeño oasis. Ella luchó.

Fueron segundos, instantes: jaloneos, gritos, forcejeos. Al final le arrebataron todo.

Su nombre completo, María Magdalena Santiago Beng, quien nació de una efímera relación de tres meses, acaso. Cuando él, su padre, de nombre Agustín, de apenas diecisiete años, supo que aquello no iba a funcionar, lo anunció y siguió aportando recursos para su hija, y visitándola.

Su madre de dieciséis años poco tardó en juntarse con otro hombre. Cuando Agustín fue a ver a la niña a su casa, en la comunidad de El Bolsón, se enteró de que la nueva pareja se la había llevado y no le dijeron a dónde. A través de un hermano de su ex esposa consiguió la dirección y optó por enviarle dinero a través de giros telegráficos que rápido regresaron a sus manos: el padrastro los rechazó.

Entonces María Magdalena tendría alrededor de un año.

Cuando por fin tuvo capacidad de trabajar, cuentan familiares, el padre acudió a buscarla varios años después. Ambos se veían en la plaza Cachanillas, en Mexicali, la capital de Baja California. Ella con ropa carcomida por el uso y el tiempo, deslavada y traslúcida, y él ansioso de encontrarse de nuevo con su retoño. Aprovechaba, comían juntos y le compraba ropa y huaraches.

La menor tenía doble sobrepeso: a sus cerca de diez años padecía cierta obesidad, pero además cargaba con más responsabilidades que cualquiera de su edad: cambiar a sus hermanos, darles comida y llevarlos a la escuela. Sus padres, contó el propio Agustín, se iban a trabajar y regresaban hasta tarde, y ella cuidaba y atendía a sus hermanos.

Huir de todo: del abuso, de ser la sirvienta

Un día María Magdalena se despertó. Y despertó de sí, de todo. A sus cerca de trece años ya estaba cansada, y un guiño, un atisbo de espejismo, bastó para levantarse y huir completamente, incluso de ella misma. Era toda una señorita y un joven que su padrastro había asilado en esa casa, con una muchacha que él había embarazado, la empezó a cortejar. Ella, joven, abriendo los ojos a la sexualidad y diciéndole sí a la insumisión, no tomó ninguna pertenencia y huyó.

Iban en un autobús de pasajeros rumbo al centro del país. Los parientes de ella recuerdan que cuando el autobús llegó a Culiacán, María aprovechó y llamó por teléfono buscando a su padre. La esposa de éste le avisó. Le pareció raro que la joven de trece años le dijera que pasaba por Culiacán, que necesitaba dinero. Habló a Mexicali y entonces su ex esposa, que no le había contado nada, le informó que tenía una semana que no sabía de ella y empezó a llorar.

Agustín consiguió un vehículo con un amigo, quien lo convenció que podía alcanzar a su hija en Mazatlán si se daba prisa. "Pero antes, le dijo, tienes que llamar a la Policía Federal de Caminos, para que revisen los autobuses y con suerte los detengan." Apenas salían de Culiacán rumbo al sur cuando le llamó un agente federal: tenemos a su hija y al sujeto que la trae. Lo citaron en la base de la corporación, ubicada junto al penal, al poniente de la ciudad.

"Su hija está bien verbeada, ese tipo la tiene terapeada y dice que ella vino por su voluntad, que él no tiene nada qué ver", cuenta el mismo padre que le señaló uno de los policías que los detuvo. El joven fue dejado en libertad y él se llevó a su hija, quien le contó que había huido porque su padrastro había intentado abusar de ella, que la tenían como "la chacha, la sirvienta", con la responsabilidad de cuidar y alimentar a sus hermanos, y que no podía más.

Molesto, la llevó a la agencia del Ministerio Público especializada en violencia intrafamiliar y delitos sexuales, en la capital sinaloense, donde interpuso denuncias en contra del padrastro y de quien resultara responsable. Cuando su ex esposa se enteró le dijo que la niña era una mentirosa, y que se trataba de "puro chantaje, un pretexto para no trabajar ni hacerse responsable".

El padre la mantuvo unos días en Culiacán y luego se organizaron porque ella quería terminar el tercer grado de secundaria en la Escuela Técnica Industrial ubicada en Lomalinda. Cuando llegó el momento de estudiar el bachillerato, María Magdalena pensó que la mejor opción era irse a la comunidad de El Bolsón, municipio de Navolato, con sus abuelos, donde además tenía otros parientes que trabajaban en la Universidad Autónoma de Sinaloa, a cuya preparatoria ingresó.

Tuvo entonces una etapa de estabilidad. Iba y venía a El Bolsón, escapaba repentinamente pero sin muchos desarreglos ni graves consecuencias. Así pasó alrededor de dos años, hasta que uno de sus tíos de Culiacán quiso pasar por ella para invitarla a la bahía de Altata, pero no la encontró. Sus abuelos decían que se había ido a Culiacán, que así les había dicho. En Culiacán, luego de revisar con algunas llamadas, no estaba. Su padre llamó y no obtuvo muchas respuestas, hasta que le marcó a su teléfono celular. María Magdalena explicó que había estado en Culiacán con unas amigas, pero que ya iba a Navolato. La joven, que fue calificada por sus amigas y compañeras de la escuela como la primera en todo, las ocurrencias, travesuras, fiestas y hasta calificaciones y cierto liderazgo, le habló a la esposa de su padre y le dijo que no se preocuparan, que había ido con unas amigas a Tijuana, de paseo.

Cuando Agustín se enteró le dio mucho coraje y la regañó. Ella dijo que no había pasado nada, que sólo había ido a acompañar a unas amigas que no querían viajar solas, pero él le advirtió que pudieron haberla usado para trasladar droga.

Segunda llamada

Alrededor de dos semanas antes de su cumpleaños, que era el 4 de marzo del 2008, ella le pidió a su padre, con quien no había dejado de tener comunicación, que quería una fiesta. Faltaban dos semanas y él accedió. Pero les llegó un comentario a través de una persona que vendía chucherías afuera de la preparatoria: María Magdalena andaba de novia, estaba embarazada y planeaba huir.

Él se quedó sin habla. Su hija de apenas diciesiete años quería irse porque estaba esperando un bebé. El hombre aquel, su novio y pareja, Luis Manuel Tovar Carranza, tenía veintisiete. Cuando quiso hablar, actuar, hacer algo, ella ya se había ido. Supo después, a través de otras personas, porque dejó de verla, que vivía en una casita dentro de un fraccionamiento llamado Villaverde, al sur de Culiacán. Meses sin ella, enojado, el padre pintó la raya y la borró gustoso, resignado, cuando supo que iba a parir. Le dijo a su mujer que lo acompañara al Hospital de la Mujer: el bebé nacería en octubre de 2009 y a la par nacía entre ellos una nueva relación: ellos, la niña, que luego bautizarían como Danna Maylú (Danna, por una canción que le gustaba mucho a él, y Maylú por ambos: María y Luis), y él, aquel día 8.

Apenas tenían unos días estrenándose como padres cuando María Magdalena le pidió a Agustín que le diera trabajo a Luis, su esposo. Él le preguntó, luego de contestar que sí, que si sabía hacer algo. Ella dijo que nada. Agustín, que ya tenía tiempo en el negocio de la habilitación de viviendas para empresas inmobiliarias y la renta de karaokes y brincolines, lo jaló en el negocio, lo involucró en tareas de pintor, plomero, electricista, chofer y cargamento, que era lo que ellos mismos hacían.

Broncas añejas

Agustín se enteró porque fue inevitable. Su yerno le dijo que si podía llevarlo al penal de Culiacán porque tenía que ir a firmar. Él preguntó que qué había hecho, y aquel contestó que había estado preso alrededor de dos años, que ahora estaba libre bajo caución. "Yo lo que hice fue preguntarle si todavía tenía broncas, problemas con esa gente, porque trabajábamos juntos todo el día, y muchas veces andaban mis hijos con nosotros, imagínese un ataque, un atentado. Pero él contestó que no, que ya lo había arreglado todo. Y yo le creí."

Datos de la Procuraduría General de Justicia de Sinaloa señalan que efectivamente Luis Manuel Tovar Carranza fue detenido el 12 de mayo de 2005 por robo en casa habitación, y salió libre bajo fianza en el 2007, de acuerdo con la ficha penal 32033.

Aguntín recordó que durante el trabajo Luis recibía llamadas a su teléfono celular y él, que en ocasiones se apartaba del lugar donde estaban laborando, para atender la llamada, decía luego de colgar que lo habían invitado a "hacer un jale". ¿Y? Preguntaba insistente Agustín, pero el yerno contestaba que no se preocupara, que no iba a decepcionarlos ahora que por fin se había ganado la confianza de su esposa y de ellos.

Agustín contó que en una ocasión, ya avanzados en trato y cariño, fueron juntas las dos parejas de compras. Se acercaba el día del padre. Era junio de 2010, escogieron cachuchas y camisetas, algunas de las cuales eran para él pero no se lo habían dicho. Una vez que pagaron, se las entregaron. Él, conmovido, preguntaba por qué. Le contestaron que era su regalo del día del padre y se puso a llorar. En medio de los sollozos se detuvo a limpiar mocos y lágrimas para decir que a él nunca le habían regalado nada.

"Pienso que eso refleja que algunas veces los padres tenemos responsabilidad por la conducta de los hijos. A mí me decían en su familia que no lo aguantaban, que era muy problemático y les había dado muchos dolores de cabeza, y que estaban sorprendidos y agradecidos porque con nosotros, con su mujer, su hija, conmigo, era diferente, era bueno y trabajador… Creo que a él le faltó eso, cariño, atención en su familia", contó Agustín.

Pasado terco

En las casas de las dos familias, la que recientemente conformaban María Magdalena y Luis, todo marchaba en un ambiente de armonía y unión. La esposa de Agustín trataba a la hija de éste como propia y lo mismo hacían los otros hijos, todos ellos varones. María Magdalena había terminado la preparatoria y atendía a su hija. Los padres de Luis lo habían aceptado de nuevo, de vez en cuando celebraban y convivían, como aquel 14 de agosto.

Los padres de ambos convivían en la casa de la colonia Estela Ortiz, a pocas cuadras de la Adolfo López Mateos, donde vivían Agustín y su familia. Decidieron seguir bebiendo cerveza y comiendo fritangas en la casa de la López Mateos, pero Luis, que quería regresar a donde estaba su papá, pidió la camioneta al suegro y éste aceptó con tal de que de regreso le trajera un paquete de ocho botes de cerveza. María Magdalena, que estaba ahí con la niña en brazos, dijo que lo acompañaría. Ambos se treparon en la camioneta, una Toyota, viejita, color gris, y se fueron rumbo a la Estela Ortiz. Pasaron diez minutos cuando Agustín recibió la llamada de un cliente que quería que le rentara un karaoke. Le llamó a Luis para que no se tardara y así pudiera trasladar el equipo a esa fiesta, pero no contestó el teléfono celular. Hizo lo mismo al número de su hija y nada. Se inquietó. Usó un remolque y otra camioneta para llevar el karaoke. De regreso a su casa, un vecino lo interceptó. Ya Agustín le había preguntado si había visto a su yerno, a lo que había contestado que no. Esta vez le informó que a la vuelta estaba una camioneta que se parecía mucho a la suya.

La camioneta estaba atravesada en la calle Nueve, con las puertas abiertas, una hielera en la caja y un bote de cerveza a medio tomar. La cachucha de Luis a unos veinte metros, sobre la calle.

Bajo la cortina de agua de ese día lluvioso, vecinos y amigos de Agustín coincidieron en que se trataba de un "levantón", es decir, un secuestro relacionado con el crimen organizado. Muchos de los levantones no terminan con el pago de rescate, sino en ejecución.

Seis horas

En ese momento, alrededor de las 19 horas, marcó al teléfono de emergencia 066. La persona que lo atendió le dijo que iban para allá. Agustín contó después que llamó muchas veces porque los policías no llegaban, le decían que estaban perdidos, que no encontraban la dirección, pero no les creyó. Los agentes arribaron al lugar esa noche que siguió con lluvia, casi a la una de la madrugada.

Los polícias sostuvieron que no podían hacer nada, ni recoger huellas dactilares, porque el agua de la lluvia se las había llevado, que mejor fuera al Ministerio Público a denunciar. Molesto y desilusionado, no lo hizo sino hasta dos días después.

"Los agentes llegaron a mi casa, entre los que iba una mujer, y preguntaron lo de siempre, nombres, vestimenta, características particulares, si teníamos problemas con ellos, o Luis o mi hija, «nada, nada», les contesté." Versiones de los agentes de la Policía Ministerial del Estado que atendieron el caso señalaron que las pesquisas indicaban que iban por él, no por la joven, pero alguna razón de último minuto los había orillado a llevársela también, además "esa gente" sabía que Agustín, el padre de ella, era un hombre honesto y de trabajo, con quien no tenían problemas.

Catorce días

Agustín llamaba a los teléfonos móviles de los desaparecidos todos los días, a toda hora. Hasta que alguna vez sólo dejaron de sonar y entraba directamente la grabación y el buzón de los mensajes. Preguntó con amigos, parientes y vecinos. Gestionó ante la policía, lo asaltó el insomnio y la desolación incierta del mediodía de agosto. Y nada.

De su caso sabían periodistas, a través de amigos y conocidos, así como también personal de las empresas funerarias. La desesperación lo llevó a tocar puertas ajenas y desconocidas, a buscarla desesperadamente en los alrededores y con los parientes. Y nada.

Como se habían quedado con la menor cuando María Magdalena decidió acompañar a su esposo por las cervezas, fueron a la casa del matrimonio, en el fraccionamiento Villaverde, por ropa y algunos accesorios. Lo hicieron en dos ocasiones. Agustín, que tenía en esa vivienda una caladora, aprovechó para recogerla. Mientras estuvo dentro vio a un joven que permaneció sobre una motocicleta de cuatro llantas, todo terreno, fuera, en la calle, vigilándolo. Eso no le gustó.

Pasó de nuevo por ahí y vieron el hueco del aparato de aire acondicionado en la pared. Entraron y no se habían robado nada, sólo habían unos cajones abiertos, pero perfumes, ropa y las cachuchas que tanto le gustaban a él, estaban en su lugar. Se habían metido a la casa, pero no se habían llevado nada.

El 27 de agosto de 2010 sonó su teléfono. Era la agente de la ministerial para avisarle que en el campo La Flor, cerca de la comunidad de Costa Rica, en Culiacán, habían encontrado una pareja de jóvenes muertos a balazos, que fuera para que viera si se trataba de su hija y su yerno. En cuanto colgó le llamaron unas personas que él había contactado, de la funeraria. Le recomendaron que se fuera al Servicio Médico Forense, porque ya casi levantaban los cadáveres.

El abogado Gustavo de la Rosa, investigador de la Comisión de Derechos Humanos del estado de Chihuahua, donde está ubicado el municipio de Ciudad Juárez, analizó una muestra de 5,000 muertos por la guerra en dicha ciudad, la cual está separada de El Paso, Texas, en Estados Unidos, sólo por un alambre de púas y la cuenca seca del Río Grande.

Con base en datos que muestran que los hombres mexicanos de entre dieciocho y treinta y cinco años tienen un promedio de 1.7 hijos, De la Rosa estimó que la población en esa entidad había dejado alrededor de 8,500 huérfanos.

En México se considera que un niño es huérfano aunque tenga a su madre. Extendiendo la cifra antes mencionada a nivel nacional, podría haber un total de 50,000 chicos sin padre por la guerra de la droga.

"Es como una zona de guerra. No hay ningún programa, no hay interés de ninguna organización para cuidar la situación de los huérfanos (...) Para el Gobierno es como si el problema no existiera, lo dejan para las familias", dijo De la Rosa.

Reuters/La Jornada, 8 de octubre de 2010

Los parientes que acompañaron a Agustín cuentan que él ya iba con la idea de que su hija estaba entre los muertos. "Lo confirmó cuando vio los cadáveres que bajaban de una camioneta, y más cuando los vio adentro de la morgue, en la plancha. «Son ellos», dijo, y lloró. Creo que de alguna manera también descansó, como que aflojó los hombros, el cuerpo, y dejó salir las lágrimas", afirmó un familiar.

Limpios y cambiados

Extraña y sorprendentemente, confirmaron otros familiares, los cadáveres de María Magdalena y Luis Manuel llevaban una ropa diferente a la que vestían el día del levantón: ella con otra blusa y pantalón, él no traía la camiseta blanca llena de pintura, sudor y grasa. Además, señalan los investigadores de la PME, era evidente que ambos estaban recién bañados y olían a limpio. No fueron torturados ni golpeados. Tampoco tenían huellas de haber sido esposados o atados de pies o vendados de ojos.

"Esto puede ser un indicio de que los victimarios, los captores, los conocían, conocían a las víctimas. Todo parece indicar que los tuvieron vivos desde su captura, es decir, durante catorce días, y les permitieron asearse y cambiarse", señaló un policía del área de homicidios dolosos de la PME.

El hallazgo de los cadáveres ocurrió alrededor de las 8 horas. Los familiares pudieron mover a la hija, que no tenía todavía el llamado *rigor mortis*, y sentirse abrazados por ella. Cuando los levantaron de su cabeza –ambas con un balazo arriba de la oreja–, seguía emanando sangre. El reporte inicial de la policía decía:

> Los cuerpos fueron encontrados alrededor de las 7:52 horas de ayer en un canal de riego, entre los campos La Flor y San Nicolás, en la sindicatura de Costa Rica. Los cadáveres fueron localizados por trabajadores del campo que pasaban por el lugar quienes lo reportaron al sistema de emergencias 066. Elementos de las corporaciones policiales acudieron al sitio y encontraron a la pareja aproximadamente a 300 metros de la carretera 20.
>
> En el lugar peritos de la Procuraduría General de Justicia del Estado localizaron como evidencia un mensaje que decía "Esto les pasa ELP".

Sin justicia ni venganza

Agustín no quiere justicia ni venganza. No le interesa saber de los asesinos de su hija y su yerno, al contrario, agradece que no los hayan desfigurado con torturas ni esposado. "No, no quiero venganza."

—¿Por qué?

—Porque tengo hijos, una mujer y una nieta por quienes seguir viviendo. Y además, lo que pasó, pasó. No quiero, no quisiera, eso sí, que le pasara a otra jovencita de la edad de mi hija, mi María Magdalena. Que vean su experiencia, su vida, su lucha y sufrimiento, sus errores, para que les sirvan y no los cometan ni terminen así, como ella. Que su caso sirva para que otras muchachas y muchachos se den cuenta de lo que tienen y no se metan en problemas y aprovechen las oportunidades.

Agustín trae una camiseta blanca sin mangas. Anda con su hijo, el mayor, que quiere ser ingeniero. No asoman lágrimas mientras cuenta, recuerda, ni indignación. El dolor ya lo sacó dice.

—¿Usted fue el único que estuvo pendiente de su hija, con tanto sacrificio y cercanía, se siente como un viudo?

—Algo así, como un viudo que al mismo tiempo pierde a su hija. Ya no he tenido noches tranquilas. No tengo miedo, no he hecho nada malo, pero quiero seguir mi vida, sacar adelante a mis hijos, a mi nieta, quien cumplió años en octubre pasado y le hicimos la fiesta con el Winnie Pooh como personaje. Así lo quería su madre.

Ella, la María Magdalena, a sus diecinueve, quería seguir estudiando. Había logrado buenas calificaciones en la escuela cuando se lo propuso. Les decía a sus hermanos, con quienes no se llevaba como media hermana, que quería ser maestra de primaria.

Esa tarde fue su despedida. Así, sin llanto ni drama, le dijo a su padre "te encargo a mi hija". Su hermano tuvo un presentimiento. Habían estado programando salir al día siguiente a

Mazatlán, aprovechando que Agustín tenía que ir al puerto a realizar un presupuesto para un trabajo. Él supo siempre que no iban a ir.

Un hermano de Luis, mayor que él, tenía tres noches soñando que algo malo le pasaría. Contó Agustín cuando le avisó que estaban muertos. Y ella ahí, tan limpia, recién bañada y cambiada, recién muerta: de vuelo en vuelo, desde El Bolsón hasta Mexicali, la Plaza Cachanilla, y luego a Navolato y después a Culiacán. Siempre María Magdalena. Siempre sufriendo, aleteando, queriendo alzarse, de tragedia en tragedia. Y cuando por fin tuvo estabilidad, familia, cariño, se fue, se la llevaron, a balazos.

Después del hallazgo los testigos se abrieron. Los vecinos hablaron: aquella tarde del 17 de agosto los hombres le cerraron el paso a Luis y éste quiso dar vuelta sobre la calle, pero al echarse de reversa la defensa quedó atrapada en un tronco y ya no pudo huir. Los hombres aquellos y Luis parecieron conocerse porque éste reaccionó en cuanto los tuvo de frente. Bajaron del vehículo en que iban y lo sometieron fácilmente. Cuando iban a meterlo a su automóvil ella lo abrazó. Lograron separarla y lanzarla varios metros, pero de nuevo se asía al cuerpo de Luis. Eso pasó en dos o tres ocasiones, hasta que decidieron llevársela también.

Así se fueron los días pantanosos en la corta vida de María Magdalena. Y también los mejores, los gloriosos, el pequeñísimo y efímero paraíso que apenas gozaba.

Del libro *Los morros del narco*

Veinticinco metros de manta

Veinticinco metros de tela de manta, doce hijas y una promesa de pago de trescientos pesos diarios: eso trajo a este lacandón maya a las montañas de Sinaloa. Ramiro le pondremos. Ramiro el sobreviviente, el trashumante. Dentro de un autobús recorrió el país de sur a norte. Y bajo sus talones, con los ojos abiertos por el espanto, pisó sin querer brazos y pies y cabello, en la zona serrana de Choix: los proyectiles habían sembrado cuerpos inertes sobre la tierra, la yerba. Ya había pasado la balacera. Varios días. Y en medio de una treintena de cadáveres, Ramiro olvidó la tela y la paga. Recordó a sus hijas, su tierra. Y quiso regresar.

Fue traído desde Chiapas por un hombre que les ofreció empleo a él y a otros veinticuatro indígenas en un campo agrícola. Llegó a El Fuerte y luego a Choix. Y ahí, casi a ciegas, supo que estaba entre hombres armados. Él y los otros cuestionaron cuándo empezaban el trabajo y dónde estaba el campo agrícola en el que se emplearían. En represalia, todos fueron atados a una silla. Y luego empezó el intercambio de disparos.

Abril de mi esperanza

Ramiro tiene doce hijas. Su tata Dios, como él le llama, lo bendijo con ellas y esos seis embarazos. De diecisiete las mayores, las que siguen tienen quince, el otro par trece, dos más con once, luego las de nueve años, y de cuatro las menores. No le alcanza lo que gana en su tierra, Los Montes Azules, donde hace y vende artesanías y trabaja en el campo. Recibe entre treinta y cuarenta pesos diarios.

Por eso cuando vio a aquel hombre en Ocosingo ofreciendo empleo, aceptó. Subieron a un autobús de pasajeros él y varios hombres, todos adultos y, al parecer, la mayoría de Chiapas. Todos indígenas. El hombre, a quien ubica como una buena persona, les prometió un trabajo en un campo agrícola, una paga de trescientos pesos diarios, comida y casa, y pasaje de regreso. Pero nunca les dijo dónde.

Fue entre el 12 y el 13 de abril. Ahí empezaron sus esperanzas, pero éstas siempre tienen fecha de caducidad: en poco más de una semana, cuando empezó la refriega. Esas esperanzas murieron entre tanto cadáver, gritos inenarrables y desgarradores, y disparos. Desvanecimientos. Esos, los de varios de los indígenas que lo acompañaban, los de sus vulnerables sueños.

¿Cuándo empezamos?

El traslado de Chiapas al norte de Sinaloa duró alrededor de tres días. Sólo se detuvieron a las horas de comida y el que los enganchó, a quien no se le vio ningún tipo de arma, les dijo siempre que comieran lo que quisieran, que no había problema. Bajaron en restaurantes y puestos de comida rápida.

Las llantas del autobús devoraron alrededor de 2 mil 500 kilómetros hasta llegar a la ciudad de Los Mochis, cabecera municipal de Ahome, y luego se dirigieron a El Fuerte, ubicado más al norte, a cerca de 250 kilómetros de Culiacán. Y de ahí al municipio de Choix, una de las regiones que disputan la organización criminal conformada por Zetas-Beltrán Leyva y Cartel de Juárez, y los del Cartel de Sinaloa. Quienes "contrataron" al grupo de veinticinco indígenas en el que iba Ramiro eran presuntos Zetas, de acuerdo con los reportes de la Procuraduría General de Justicia del Estado.

Los hombres desconcertados preguntaron por vez primera dónde estaba el trabajo, el campo agrícola en el que iban a laborar. Ustedes no se desesperen, contestó el enganchador. Hay trabajo seguro, paga desde el primer día, casa y comida para todos. Subieron a la sierra, hasta llegar a Choix. Y luego pasaron por varios pueblos y más arriba. Se detuvieron en un pequeño caserío. Ahí los metieron en un cuarto de una casa de buen tamaño. La habitación estaba hasta el fondo del inmueble y tenía tres puertas.

Fue entonces cuando volvieron a preguntar cuándo empezaban, dónde estaba el trabajo. Desconfiados y cansados, pero con el desespero clavándoles el pecho. Vieron hombres armados. A Ramiro se le cimbró todo. Pero se mantuvo. Como dice él mismo, con ese español mocho, parco, pausado y discreto, anduvo "a ciegas desde el principio". Pero los lacandones mayas son recios y no sucumben fácilmente. Siguió preguntando al que los había llevado qué pasaba, por qué no empezaban a trabajar. Fue entonces cuando decidieron atarlo a él y a todos. Los pusieron en una silla. También optaron por seleccionar a ocho de ellos, "para que se vayan adelantando." Una persona que no había visto y parecía el jefe los escogió apuntando con el dedo. A ése, ése y áquel. Y ya no los volvió a ver.

Fue a finales de abril, según sus cálculos. Y empezó la refriega y los gritos. Duraron varios días. Pero desde que iniciaron los balazos nadie más entró al cuarto en el que ellos estaban. Así pasaron ocho días: encierro sin tiempo, en medio de una oscuridad más allá de la noche y muy cerca de la muerte.

Partes de guerra

La noche previa al 27 de abril, un comando, vestido con atuendos tipo militar y de la Policía Estatal Preventiva, incursionó en la sierra de Choix. Versiones del interior de las corporaciones y del ejército indican que algunos de los grupos armados entraron por

Chihuahua, que colinda con este municipio sinaloense. El objetivo era atacar al grupo que lidera Adelmo Núñez Molina, conocido como El Lemo o El 01, lugarteniente del Cartel de Sinaloa en esa región.

Los agresores conforman una célula de los hermanos Beltrán Leyva, Carrillo Fuentes, del Cartel de Juárez, y Zetas. Esa refriega y la intervención de personal del Ejército Mexicano en El Potrero de los Fierro, El Pichol y otras comunidades de Choix y del municipio de El Fuerte –hasta los límites con Chihuahua–, hicieron que la balacera se extendiera al menos durante cuatro días. El saldo oficial fue de veintidós muertos, entre ellos un soldado y el policía municipal Héctor Germán Ruiz Villas. Pero las autoridades municipales dieron una cifra distinta.

Luego de los primeros enfrentamientos, en una primera declaración, el alcalde Juan Carlos Estrada Vega se apuró a decir que los asesinados sumaban entre treinta y cuarenta personas, en su mayoría civiles. Eleazar Rubio Ayala, presidente municipal de El Fuerte, ubicado junto a Choix, lo secundó: "Me acaban de informar que por ahí derribaron un helicóptero, no tengo yo la certeza de lo que se dice, incluso que hay unas treinta personas que ya fallecieron precisamente por esos encuentros que tuvieron los grupos armados. Espero que esto tenga una solución pronta porque al parecer el ejército ya está en el lugar de los hechos, incluso la policía municipal de El Fuerte también está apoyándolos, nos pidieron ese apoyo", dijo en una nota publicada en el portal del noticiero radiofónico Línea Directa, el 28 de abril de este año.

La Procuraduría General de Justicia del Estado informó que al menos cuatro de los civiles muertos eran de los estados vecinos de Sonora y Chihuahua. En esas acciones fueron asegurados vehículos clonados tipo militar y de la Policía Estatal Preventiva (tres de ellos blindados), dos rifles Barret, una ametralladora calibre 50, quince fusiles AK-47, una carabina AR-15, ocho pistolas, 118 cargadores y 5 mil 823 tiros útiles. El boletín enviado por la

Secretaría de la Defensa Nacional (SEDENA), cuyo mando local está en la Novena Zona Militar, con sede en Culiacán, señaló que armas y vehículos asegurados fueron puestos a disposición de la Procuraduría General de la República, con sede en Los Mochis.

La secuela más reciente de estos enfrentamientos y de los operativos del Ejército Mexicano se tuvo en Estación Bamoa, municipio de Guasave, el 2 de mayo de 2012. Los militares llegaron al hotel Macurín, donde fueron recibidos a tiros por un grupo de sicarios –del mismo grupo delictivo conformado por Zetas, Beltrán Leyva y Carrillo Fuentes, liderado por Isidro Meza Flores, conocido como El Chapo Isidro–, diez de los cuales quedaron abatidos; uno de ellos quedó calcinado dentro de una camioneta al parecer blindada, y también murieron dos soldados.

Ocho días, muchas noches

Ramiro desconoce para qué los querían. Ahora sabe que no era para algo lícito. Le dijeron que iban a trabajar en el campo, pero pudo ser sembrando mariguana o amapola, o cosechándola y cuidándola. Tal vez los querían para que ingresaran al sicariato. Lo único que sabe es que está vivo y que de seguir allá no le esperaba nada bueno. Lo supo cuando escogieron a esos siete. A ellos no los miró más.

Cuando empezaron los disparos preguntó qué pasaba allá afuera. Le contestaron que nada. Ya estaban amarrados y les habían dado la orden de quedarse callados. Así pasaron ocho días. Sin comida ni agua. Bastaron dos o tres para que sus acompañantes, a quienes apenas conocía de vista, quedaran con la cabeza gacha, colgando. Parecían desmayados. Inanición, deshidratación: la falta de alimentos siempre trae prisa cuando se aloja en el organismo. En esos días no entró nadie. Nadie salió. Días eternos sin reloj, ni luz, ni oscuridad. Densa espera, alucinante, entre silbidos de proyectiles, voces quejumbrosas, vidas inasibles, sombras cadenciosas de la guadaña en alto. Muchas noches. Y terror. Silencio con filo doloroso y hondo.

Él no. Él se mantuvo despierto, intentando quizá desentrañar si aquellos gritos eran de dolor o de súplica, o los últimos resuellos. El hálito del adiós. La antesala del misterioso silencio. Buscándole palabras a los sonidos guturales, sílabas a la muerte. Por eso escuchó cuando los militares, de madrugada, tumbaron una puerta, luego otra y al final la tercera. Ya era 2 de mayo.

"Aquí hay gente", gritó uno de los uniformados.

"Pero para eso entonces todos estábamos amarrados en sillas, entraron y alumbraron, una luz grande. No sé qué hora exacta, pero fue en la madrugada. Todos estaban desmayados, menos yo. A ellos los atendieron primero. Se veían mal, así escuché que dijeron", recordó Ramiro.

Diez de los militares se quedaron con ellos y el resto partió a continuar el operativo en la sierra. Alguien con voz de mando les dijo: "Sigan ustedes, váyanse. Alcancen a la tropa." Los desataron, intentaron darles agua y suero. Fue hasta que les llegó la luz del sol cuando se dieron cuenta de que él estaba consciente. Uno de los soldados dijo "áquel está vivo" y un oficial se acercó para preguntarle si a él sí le habían dado comida y agua, y por qué.

"No, le digo. Lo que pasa es que nosotros somos lacandones, somos indígenas, somos más fuertes." Ramiro explicó que los lacandones mayas son duros y están acostumbrados a los malos ratos.

"Me quitó el lazo de las manos, me dijo 'quieres comer, quieres agua, qué necesitas'. Me dice 'quieres suero' y me dio. Y me dice 'conoces a este señor…', no los conozco. A los demás compañeros que estaban ahí… le digo que no los conozco, pero son de Chiapas también."

El militar le preguntó que si eran como él. Contestó que no, que había tzeltales, tzotziles y otros que no alcanzaba a ubicar de qué grupo étnico, pero no eran iguales. Le piden papeles. Como nunca antes, Ramiro trae su acta de nacimiento. Es su primera salida de Chiapas, donde ni la usa. Tampoco porta la credencial de elector. En su tierra no hace falta. "Con el habla sabemos que somos mexicanos", argumenta.

Después de investigar, le regresan los documentos y el militar que lo había abordado confirma que tiene razón. Le pregunta si quiere ir a un hospital o a su casa. A esos que estaban con él, que parecían a punto de fenecer, los llevaban a recibir atención médica. Suben a todos a un camión, donde colocan unas colchonetas para acomodarlos. Ramiro al último. Pide que le permitan regresar a Chiapas.

Todos están arriba, menos Ramiro. Como está consciente, lo dejan en espera. El mismo oficial le dice, casi le aconseja, que si quiere que le pongan una venda en los ojos. Pregunta por qué. Afuera hay muchos muertos. Él se niega. El militar no dijo cuántos, pero portaba un rostro serio. El lacandón pensó que no eran tantos. Pero sus ojos, esos que se abren frente al abismo y la muerte apabullante, le dijeron que había tomado una mala decisión: pasó entre cerca de treinta cadáveres, seis de ellos de mujeres, en un tramo de apenas diez metros, cuidando de no pisarlos, aunque fue inevitable: danzó esos pasos cortos y largos, brincos, compases abiertos, a veces lento y otras veces brumoso, entre cabellos, brazos, piernas, sangre.

"Eran unos diez metros… me iba quitando yo a cada rato para no pasar encima de ellos. Había mujeres y hombres, grandes, sí. Vi mujeres, como unas seis, entre los treinta que vi. Personas grandes, de veinticinco a treinta años… una señora de las últimas que vi con la boca para arriba, de unos cincuenta años, era una persona grande. Me agaché mejor y me subí al camión."

A sus ex acompañantes los trasladaron a un hospital y a él a Los Mochis. No sabe qué fue de ellos, pero sí que iban muy mal. El oficial le sugirió que acudiera al Sistema para el Desarrollo Integral de la Familia (DIF) o al Ayuntamiento. En uno le dieron un papel y en el Ayuntamiento nada.

Fue a la central camionera a tomar un autobús para Culiacán, a cerca de 200 kilómetros al sur. El chofer se le quedó viendo y le dijo que ese papel que le habían entregado en el DIF no le servía para nada, que al menos pagara medio boleto. Otro que lo vio se le acercó. Cómplice y generoso le dijo en voz baja: espérate tantito a que se descuide el inspector y te llevo a Culiacán.

Tamales

En Culiacán, el chofer le aconsejó que acudiera al Hospital de la Mujer, cercano a la terminal de autobuses, donde seguro le permitirían dormir. Además, junto al nosocomio se ubica el DIF.

Era sábado, 5 de mayo. Ese día y el siguiente permaneció ahí, en patios, pasillos y rincones tibios, en espera del lunes y de que se abrieran para él las puertas de las oficinas en las que buscaría apoyo. Una señora que vendía tamales en uno de los accesos del hospital lo vio varias veces y conversó con él. Le preguntó de dónde era. Antes de que le diera más detalles supo que no comía carne, así que no le convidaría tamales, además de que no eran de ella, pues tenía que venderlos.

"Ustedes son muy especiales. No comen carne, no comen chucherías. Nada de comer lo que sea", le dijo con una simpatía que desconcertó a Ramiro. Sacó algo de fruta y un poco de agua, y se la ofreció. Duro para decir que sí, Ramiro aceptó la ración de fruta y verdura ese día y el siguiente. Así aguantó.

Lo más lejos

Sofía Irene Valdez, directora del DIF estatal, le encargó a una trabajadora social que le consiguiera un boleto de autobús que acercara lo más posible a Ramiro a su tierra. Pensó en enviarlo, de un tirón, a la Ciudad de México. La empleada le dijo a su jefa que había conseguido para Mazatlán. La regresó. Le argumentaron que no había recursos y ella dijo que aunque fuera de su bolsa, pero le ayudaría.

Ramiro lo recuerda bien. Se lo sabe de memoria porque es una historia contada en su tierra, en su vida de lacandón maya: "Habló a Chiapas pero en Chiapas si dicen que eres lacandón ya no te ayudan, si dices que eres tojolobal, zoques, coloteques, chamulas, te ayudan, pero a lacandones no les ayudan. Cuando regresa la directora le dice a la trabajadora social 'qué has conseguido', y dice 'recursos no hay'. 'Búsquenle, búsquenle', contesta... 'busquen una conexión en camión con los de la línea ADO, de aquí a México y de ahí a Chiapas, aunque salga del dinero mío.'" Pero no encontraron en ADO, "es mucho problema con los enlaces."

Finalmente le consiguieron un viaje a la capital del país y una cita con el diputado Armando Ochoa Valdez para que lo atendiera en el edificio del Congreso del Estado. Ahí, un auxiliar del legislador lo envió con Leonides Gil Ramírez, jefe de la Comisión para el Desarrollo de los Pueblos Indígenas en Sinaloa. Él y Cresencio Ramírez, indígena y activista de la localidad, pudieron respaldarlo con recursos para concluir su viaje a la selva Lacandona.

Veinticinco metros

Ramiro tiene cuarenta y un años y lo recuerda todo. Incluso al señor que los enganchó, a quien nunca vio que portara un arma y no volvió a mirarlo desde que los amarraron. Antes, viendo que Ramiro estaba muy callado y no maldecía, le regaló una Biblia. Pero está en español y el lacandón no lee ese idioma. Apenas lo habla. En un pedazo de hoja de cuaderno trae escritos algunos signos. Ésos sí los entiende. Él los escribió.

"El señor traía su Biblia en la mano. La llevo yo en la mochila, y la traigo yo aquí. Me dijo 'Mire señor, usted no le he escuchado hablar ni quejarse ni nada, le voy a regalar mi Biblia ojalá y la conserve'", señaló.

Puede describirlo a él, a ese señor que se portó bien y nunca los maltrató. Tiene en su mente a los otros siete que fueron escogidos y separados del grupo, y al resto. Los trae en su cabeza. No los conoce ni de nombre. No hace falta. Espera, confía, cree que están vivos, que regresarán a casa.

Trae una mochila. Parece abultada y pesada. Durante la entrevista, coloca encima un sombrero de cuero adornado con collares elaborados con semillas y piedras. Una pluma de pavo real al frente y detrás, escondida, una piedra que parece talismán. Se le avisa que no habrá fotos de su rostro, pero que permita captar sus manos y brazos. Asiente con la cabeza. Inexpresivo, apacible. Parece un anciano sabio frente a una fogata en medio de la nada y por encima de todo. El reportero le dice que le va a tomar fotos al sombrero. "No te lo recomiendo", contestó. No explica mucho. Repite tres, cuatro veces, "No te lo recomiendo" ante la insistencia del periodista. Pero sus frases suenan terminantes: es una reliquia, tiene un valor muy especial.

"Porque mi sombrero es una reliquia de nosotros lacandones. No te lo recomiendo mucho, pero ya es cosa tuya. Te voy a decir que como hábito de nosotros tenemos mucha cosa que sí nos gusta otorgar y mucha cosa que no. Sí somos muy especial… por eso yo cuando como, cuando me paro en un lugar me quito mi sombrero por respeto a mi raza, a mi cultura", manifestó.

Fin de la discusión.

La selva es su casa y todo se lo da. Si se sienta afuera, en el patio de su vivienda, se arrima un jaguar, los changos, guacamayas, tucanes, venados y otros animales. Y empiezan los animales a hacer bulla. Están entre los suyos. No hay cacería ni maltrato. Los lacandones mayas no comen carne, sólo fruta y verdura. Los jueves, eso sí, son de pescado y camarón que capturan en el río Suchiate. Apenas quedan setenta y dos de su etnia en Los Montes Azules: longevos, duros, parsimoniosos, estrictos, orgullosos. Cuenta que ellos difícilmente aceptan que les regalen comida. Dice con voz de cueva que si ellos tienen para comer es porque trabajaron duro y uno no debe quitarle a nadie los alimentos. Su voz suena a esa paz ancestral, la de su padre y sus abuelos, la de una generación milenaria. Por eso llora. Llanto antiguo y enternecedor. Cantan sus ojos húmedos cuando habla de sus doce hijas, sus seis embarazos, su tata Dios que lo bendijo y lo quiere, por eso le tiene reservadas otras vivencias después de haber renacido, de ser un sobreviviente de la densa oscuridad del narcotráfico y la violencia en las montañas de Sinaloa.

"Pude haber sido entre los que escogieron, pude haber ido con ellos. Pero mi tata Dios tiene un propósito conmigo. Tengo doce hijas que vine a trabajar en este pueblo nada más para comprar veinticinco metros de manta… todo el sueño que llevaba se quedó en nada."

No ha hablado con ellas. No sabe de kilómetros ni de carreteras. No hay manera de llegar a la selva que es su casa, a menos que sea caminando y eso significa hacer dos días desde Ocosingo. Las extraña. No habla más que de ellas, su tierra, su piel: el vientre de todo su ser.

Todo eso lo ha curtido. Y a toda su raza. Su madre es la más joven de su generación y suma ochenta y cinco años, pero otra persona tiene ciento dieciocho. De los de la edad de Ramiro no queda nadie. Pero los más grandes mueren de ancianos. Ninguno por enfermedad: "Todo llega al tiempo y van a fallecer y fallecen. Mi papá falleció de ciento veinticinco años. Y su papá falleció a los ciento cuarenta y tres años."

Sabe muy bien que ya no habrá oportunidad de comprar esa manta. Ya es tarde, es mayo y no hay dinero. Quizá seguirá así, con ese pecho flaco que se hincha cuando habla de su terruño y el jaguar y sus hijas. Con ese pecho que se le pega a la espalda, de un cuerpo seco de tristeza y frustración y miseria.

Cuenta que los del DIF hablaron a Ocosingo para pedir ayuda y avisar de la situación de Ramiro. Pero está seguro de que no los quieren. No quieren a los lacandones. No dice por qué. Tal vez es esa dureza, esa terquedad, esa lluvia pertinaz e indómita.

Confiesa que está desesperado por irse. Se le quiebra la voz, pero no caen sus palabras, sino vuelan, diáfanas, duras, aladas.

Brincan sus cachetes. Llora de nuevo. Agradece a su tata Dios otra vez. Es inmenso y quiere a su raza, asegura.

Y como un paquidermo bípedo, erguido y digno, habla como si este salto mortal del que logró salir vivo fuera el principio del fin, pero esperanzador y al mismo tiempo con un horizonte arrugado:

"La esperanza que tenía el Señor me la pagó al doble, con darme la oportunidad de seguir viviendo. Qué más le puedo pedir. Yo sé que mis hijas llego y me preguntan trajiste manta. Ellas les da igual si llevo o no llevo. Ellas son las que les interesa que yo llegue. Si este año no puede comprar su ropa ni modo… lo que pensaba hacer se acabó. Pero sé que mis hijas me van a entender, sé que si no les llevo para su ropa ni modo. Sé que si no tengo, no tengo. Lo importante es que voy a regresar. Que mi tata Dios me permitió regresar para morir en mi tierra."

10 DE MAYO DE 2012

Del libro *Levantones*

Soriasis

"¿Qué hiciste?", me preguntó mi hijo.

"'¿Qué hiciste para que me pasara esto, apá', me volvió a preguntar. Yo le dije que nada, no le debo nada a nadie, he sido bueno a lo largo de mis setenta años, cuarenta y tantos de ellos como taxista. Y es cierto. No debo nada", confesó el corpulento y lerdo hombre aquel, cercano a los setenta. Una nube gris arropaba su rostro y parecía envolver su existencia.

Mediados de 2011. El conductor busca una franela beige atrapada entre recipientes, alrededor de la palanca del freno de mano. La alcanza. Hace movimientos desesperados hasta que logra llevar el trapo a sus ojos y nariz: borra de tajo los pedazos de cristal que ya viajaban cuesta abajo.

Es taxista del Aeropuerto Internacional de Culiacán. Hace fila, igual que los demás, hasta que le toca turno de llevar a un cliente. Pero los movimientos ese día, esa noche de mayo, son escasos. El pasajero le pregunta cómo ha estado la chamba y él contesta que floja, que es su tercer movimiento en todo el día. Y eso que está ahí desde las seis de la mañana. Y presume: se levanta a las cuatro de la mañana, toma un café junto a su mujer, que también es una anciana, y quizá algo de pan, porque a esa hora quién tiene hambre para comer algo más.

Su hijo era taxista como él. Su único hijo. Tiene esa mujer que lo espera en su casa, después de jornadas de trabajo de entre dieciocho y veinte horas frente al volante. Se refiere a ella y su mirada se torna envolvente, de arrullo. Esa mujer todavía lo inspira y sostiene, y ocupa sus pensamientos. Confiesa sus más de cincuenta años con ella. Todo un logro: permanecer, estar, vivir juntos. Y no la quiere despertar cuando llega a las dos o tres de la mañana, ni que se levante a hacerle de cenar porque ese vuelo, el último, es un albur: igual llega a las once, igual a medianoche o incluso en la madrugada. Es una sentencia bíblica: siempre se retrasa.

Se la pasa entre las coyotas que compra para calmar las tripas, que es lo único que trae en su panza, y las arrugas que se ahondan, interminables y oscuras, cuando se las ve duras para completar los quinientos pesos diarios que debe entregar al patrón por concepto de renta del taxi. Compra esos panes, que en este lado del país llaman coyotas, siempre duros y crujientes, con piloncillo dentro en forma de dulce pasta, pero sin llegar a empalagar. En esas fechas, las venden por el libramiento Pedro Infante, una de las dos vías para llegar del aeropuerto al centro de la ciudad, en Culiacán. El vendedor pasa con una bolsa de tres piezas de coyotas. A cualquiera le mojan la garganta tan sólo de verlas pasar colgando de los nudillos del desconocido.

El taxista hace pucheros. Es un bebé sin madre: ese hombre alto y fornido, que apenas cabe en el Nissan Tsuru blanco, de telarañas en lugar de pelo, bajo esos bifocales; es un niño de la calle, desesperado, en el desamparo, solo y triste.

Su hijo, cuenta, está enfermo. "Qué hago, oiga. Qué hago. No puedo ayudarlo a él ni a mí. Y cuando voy a su casa para estar con él, saludar, se agüita. Y llora. Hace meses, fíjese, empezó su desgracia. Ahora no sabe qué hacer. Esos hombres, esos cabrones. No sabe el daño que le hicieron a un hombre bueno."

Su hijo llevó a una persona, era un servicio más. El pasajero le dijo "deténgase aquí." Así, de repente. Eso sucede seguido en los taxis, que el cliente te diga que te regreses, que no te vayas por tal bulevar, que des vuelta aquí o allá, o que inesperadamente te diga párese aquí. Y así fue en ese servicio. El hombre aquel le dijo a su hijo, que conducía otro taxi, que se detuviera en una esquina, y él se paró.

El hombre le pagó y hasta le dejó propina. Dos minutos después se subieron tres. Todo parece indicar que seguían de cerca al taxi y por eso lo abordaron rápidamente. Uno de ellos sacó una pistola y le dio varios cachazos en la cabeza, arriba de la oreja derecha. "Le preguntaban dónde había dejado al cliente aquel. Lo hicieron con gritos, con groserías, echándole de la madre, oiga. Y mi muchacho ni grosero es, ni los conoce, ni tampoco al pasajero que apenas se había bajado", recordó el anciano conductor.

Y él les respondió que en esa esquina. Y les dio las señas y les explicó cómo se habían dado las cosas. Y aquéllos no le creían. "Dinos, dinos, le repetían y lo golpeaban. Y mi hijo contestó que de verdad, que por diosito les estaba diciendo la pura verdad. Hasta que el del arma lo encañonó y le metió la pistola en la boca. Y le decía a gritos, histérico, encabronado el hombre, que se despidiera porque lo iba a matar."

Ya al final se dieron cuenta de que les decía la verdad. Así lo tuvieron, paseando por diferentes sectores de la ciudad, privado de todo y en riesgo de perder la vida.

"Pero al día siguiente, que mi hijo no quería comer, que no podía dormir, que le habían salido no sé qué granos en la piel, se fue al médico. Le hicieron estudios, lo revisaron. Hasta que diagnosticaron soriasis."

"Son como escamas, como jiotes. Le salieron en todo el cuerpo, la cara, la cabeza. Todo. No puede salir porque le hace daño el sol. No tiene trabajo y su mujer carga con todos los gastos, pero no alcanza para la medicina: tanta pinche pomada, unas pastillas, las consultas."

Y el padre también quiere apoyarlo, darle un poco de dinero. "Pero ni a mí me alcanza, oiga." Va a verlo para estar con él y animarlo. Pero se le esconde. Le da vergüenza: "Sus hijos me dicen 'mi apá está allá, llorando, arrinconado, en el patio', y allá lo veo, bajo las sombras gordas de su miserable vida. Todo por los nervios, el miedo. Por esos cabrones."

Le pregunta su hijo qué hizo. Nada. No ha hecho nada malo. Y llora como niño abandonado. Y llora más si se talla con esa franela con la que también se seca el sudor. "Ha sido un día jodido, sin mucho trabajo." Repite para disimular. Y sentencia: "He sido un hombre bueno." Es hora de bajar. El taxi llegó a la colonia Villa Universidad, al oriente de la ciudad. Sigue triste. Cobra y dice, a rezos: "Sólo me queda media coyota."

2 DE JUNIO DE 2011

Del libro *Levantones*

Se vende cadáver

I

Como si se tratara de una oferta, de una ganga, el empleado le dijo "es suyo, lléveselo". Pero Eloísa Pérez Cibrián tocó el cadáver y no sintió nada. No encontró en la parte baja de su espalda ese lunar ni el otro que tenía junto a la boca. Eso sí, el desconocido, el joven aquel, traía la ropa de su hijo. Su amor de madre, su instinto, le indicó que no era él, que Juan Carlos estaba vivo.

En Culiacán y en otras ciudades manchadas por la violencia generada por el narcotráfico, desaparecer es no existir: morir es una delicia frente a esta cada vez más generalizada práctica, igualmente macabra y criminal, de privar de la libertad a una persona, de desaparecerla. Pero desaparecer es un verbo que Eloísa se niega a conjugar. No en ese sentido. No para ella. No para su hijo. Con su mirada y esas manos de alambre que sostienen la foto de la graduación de su hijo, cuando salió de la secundaria, quiere engordar su esperanza.

A su hijo, Juan Carlos Sánchez Pérez, de veintiún años y de oficio albañil, no lo encuentran. El gobierno, la policía, los empleados del Servicio Médico Forense (Semefo), lo dan por muerto y lo siguen matando: no investigan, apuran el paso y la entrega de los cadáveres, aceleran torpemente, con tal de deshacerse del caso, otro más, en la larga lista de jóvenes muertos y desaparecidos en Sinaloa.

II

El 8 de septiembre de 2010, alrededor de las veintitrés horas, unos vecinos, jóvenes también, llamaron a Juan Carlos para que saliera. Pensaban que la calle, la de ellos, afuera de sus casas, era suya. Estaban equivocados. Entre ellos había uno a quien llaman El Güero. Los tres estaban ahí, enfrente de la vivienda de Juan Carlos, entonces llegaron sujetos en dos vehículos, uno de ellos blanco, al parecer Tsuru, de la marca Nissan.

Unos hombres con fusiles de alto poder, vestidos de negro con la cabeza cubierta, descendieron de los automóviles y golpearon a uno de los jóvenes, quien aparentemente quiso correr. Los homicidas le dieron varios balazos, después lo hincaron y le dispararon de nuevo hasta matarlo. El Güero y Juan Carlos fueron subidos al vehículo. Uno de los sicarios gritaba "ése es, súbanlo". Otro les gritaba que si no hacían lo que les ordenaban les iban "a dar piso aquí mismo". Pero Perla, la otra hija de Eloísa, se asomó al escuchar los disparos, no supo si se referían a su hermano.

Ella quiso salir. La puerta se atoró, igual que su garganta. Él, que la escuchó queriendo abrir o brincar el cerco, la sintió en la penumbra, y le gritó por su apodo: "Vidrio, vidrio, no salgas." Y no salió.

En el lugar, de acuerdo con el reporte de la Secretaría de Seguridad Pública Municipal de Culiacán, quedó sin vida Juan Carlos Manjarrez Esparza, de veintiún años. El otro joven levantado fue identificado como José Abel Leones Martínez, de treinta y tres años, vecino de este sector. Los agentes de la Policía Ministerial del Estado encontraron tres casquillos calibre 9 milímetros.

III

A Eloísa le avisó Perla, de veinticuatro años. Ella, que estaba en la colonia Díaz Ordaz, con sus padres, se trasladó como pudo a su casa. Cuando llegó, la calle estaba copada de patrullas con sus luces azules y rojas, y policías. Se apuró. Les dijo a los investigadores y a los de la Municipal que su hijo vestía *short* rojo, camisa blanca, playera anaranjada y sandalias de baqueta.

Por los uniformados se enteró de que habían encontrado un cadáver en un sector conocido como Las Torres, cerca de ahí, al sur de la ciudad. Escuchó que comentaron que estaba dentro de un carro blanco y pidió a los agentes que la llevaran, pero éstos se negaban insistiendo que si sus jefes los veían con ella los iban a regañar y arrestar. Al final accedieron. No era él.

Fue una noche de guadaña manchada y fusil en alto, escupiendo e hirviente: seis jóvenes fueron muertos a tiros en la ciudad y a todas las escenas criminales acudió Eloísa, buscando a su hijo. En la colonia Felipe Ángeles, en los alrededores de La Primavera, aquí y allá. Terminó alrededor de las seis de la mañana del día siguiente. Con muchos muertos entre sus ojos, hastiada de sangre y pólvora en los vientres expuestos, con la esperanza hecha bola en todos sus centros, en espera de ver de nuevo a su hijo. Verlo vivo.

IV

Ese mismo día, 9 de septiembre, acudió alrededor de las 14:30 horas a la agencia séptima del Ministerio Público, en Culiacán, a presentar una denuncia. En la copia del expediente marcado con el distintivo CLN/ARD/13662/2010/D, en el que la madre pide que se inicien pesquisas para encontrar a Juan Carlos, quien fue capturado y llevado con rumbo desconocido por varios hombres armados, la noche anterior.

Al referirse a sus características, Eloísa dice que el joven es "soltero, de ocupación albañil, moreno y alto, cabello oscuro, delgado, no trae bigote ni barba, cuenta con un lunar debajo de la nariz, orejas chicas, no tiene tatuajes ni cicatrices".

V

Diez días después, el 18 de septiembre, recibió una llamada del personal del Servicio Médico Forense. Ya había ido varias veces, pero en esta ocasión le avisaron de un nuevo cadáver, que querían que fuera a ver si se trataba de su hijo. El cadáver fue encontrado cerca de la comunidad de Costa Rica y del rancho Las Flores, a más o menos 20 kilómetros de la ciudad, en la capital sinaloense. La víctima traía un *short* rojo tipo bermudas. La luz apareció en sus ojos acuosos, pero desapareció cuando los de la Coordinación de Criminalística y Servicios Periciales le informaron que tenía alrededor de diez días muerto y no los ocho que tendría su hijo, en el caso de que lo hubieran ultimado la noche en que fue privado de la libertad.

Era un joven. "Totalmente destrozado de la cara", dice ella, con un rostro compungido y una voz arrugada, que se quiebra con facilidad. No tenía las huellas digitales, porque sus dedos también habían sido machacados. Irreconocible. Era tal la devastación en ese cuerpo que no la querían dejar entrar. Era abonar a ese infierno ambulante que ella ya portaba desde aquel ataque. Finalmente, permitieron que ingresara y lo tocara. No sintió nada. El corazón avisa, la sangre llama, convoca, responde. "No, no es él", concluye. "Mi corazón de madre me dice que está vivo", respondió con una firmeza que a veces la abandonaba. Y les dijo que no era.

VI

Eloísa tiene a sus dos hijas y a sus esposos en casa, también a sus nietos. Acostumbra ponerle el nombre de su hijo a la ropa, como un distintivo, para que no se equivocaran a la hora de recogerla del tendedero, sacarla de la pila y guardarla: Juan Carlos. Lo hace con hilo y aguja, letra por letra, trazos que van cobrando forma, grafías, palabras. Curiosamente, y a pesar de los embates en el lavadero, del jabón y los tallones, las letras se mantienen, aunque algo deshilachadas. Esas dos palabras evocan a lo más querido. El desaparecido, el ausente, ese que quiere la indolencia, la impunidad, matar. El joven asesinado, que tiene el rostro, manos, destrozados, trae ese *short* rojo, con el nombre de su hijo.

Por eso lo tocó. No hubo ninguna respuesta en su pecho, ni en su cabeza, ni en sus instintos. Luego pidió al personal del Servicio Médico Forense que lo voltearan. Quería buscar el lunar arriba de las nalgas. No estaba. Tampoco estaba el de la boca, debajo de la nariz. Pero esa parte había sido machacada y confiaba más en el de la espalda. "No es, no es", repitió.

Apurado y con una calavera pintada en su rostro, el empleado del Semefo le soltó una frase fácil, de oferta, como si se tratara de una ganga: "Diga que ése es el cuerpo de su hijo y mañana, a las once, lo tiene en su casa." Servicio a domicilio. Muerte e impunidad, con eficiencia y rapidez. Trabajos garantizados.

"Yo le contesté 'asegúreme al cien por ciento y me lo llevo', y él respondió que no podía asegurar, que tenía seguro un siete por ciento, y le digo que no, yo quiero el cien por ciento", recordó Eloísa. El hombre hizo una mueca de desgano, de vendedor fracasado, y recibió otra metralla de valentía y amor de esa madre.

Le señaló que si tenía hijos y áquel le contestó que sí, que dos. "Le dije que se pusiera en mi lugar, claro, ojalá que esto no le pase, pero le dije que se pusiera en mi lugar. Y le pregunté 'a ver, usted qué haría'. Pero él ya no me contestó. Miró para otro lado." Viró el cuerpo y partió. Momentos después otro empleado llegó para atender a la joven madre.

VII

La colonia Progreso debe cambiar de nombre. Alrededor hay fraccionamientos de mediano nivel y al fondo, más al sur, está el búnker habitacional La Primavera, un emporio de desarrollo habitacional, más bien otra ciudad amurallada dentro del muladar en que se ha convertido ese sector de la ciudad. Junto a este desarrollo hay un baldío que parece interminable, poblado de un monte que los agrónomos llaman selva baja caducifolia. Es el nuevo cementerio clandestino de la ciudad, después de que en los setenta lo fue el cerro de El Tule, también ubicado al sur. Todos lo saben: es tiradero de cadáveres, centro de ejecuciones, inconmensurable paredón. Nadie en el gobierno hace nada, sólo esperan el aviso de nuevos cadáveres para acudir a delimitar las nuevas escenas de ese nuevo crimen. Gran trabajo.

Hay tierra en plantas, ventanas, árboles y en esa mirada de brumosa desolación de los niños que apenas, con una algarabía que no alcanzan a parir, toman la calle donde vive Eloísa, en la colonia Progreso. A ella y su familia todavía no les llega el drenaje, está a unas casas de la suya, unas calles. Pero sí se lo cobran. En ese rincón viven también sus dos hijas, los esposos de éstas y dos nietos, al menos son los que salen al pequeño patio frontal de esa casa levantada con láminas de cartón, trozos de madera y ladrillo, plástico y escombros. Trozos de sueños que rápido se convirtieron en desolación. No se concibe que en esa cueva de montoncitos vivan ella, su familia, y desviva su hijo.

Calle 13, casa número 4209. Ella no quiere que el nombre de su calle sea el de su destino y el de su hijo. Se dedica a limpiar casas, así ha sido durante cerca de diecinueve años. Y los de la funeraria, que la vieron en ese trajinar en busca de su hijo, le dieron trabajo en una de sus sucursales, donde realiza también labores de limpieza.

VIII

Ella trae una foto. La saca, triste y ufana, y la enseña como quien abre su pecho para mostrar ese corazón galopante, cansado, pero galopante al fin. Empieza la entrevista con el reportero y coloca la foto tamaño cartel, arriba de un armatoste que parece un mueble, cubierto de un plástico que hace las veces de mantel. Es la foto de él, de su graduación de secundaria. De blanco, camisa manga larga y gel para que brille y se acomode caprichosamente el pelo. Es Juan Carlos.

"¿Y por qué parece triste?", se le pregunta. Ella responde que estaba llorando ese día porque le anunciaron que no podría estudiar más. No alcanzaba el dinero. No podían sostener a tantos, aunque él trabajaba como peón de albañil y donde pudiera. Sus ojos escampan y quien lo ve llora también, parece seguir esnifeando y correr sus lágrimas y sollozar sin consuelo. "Porque él, y así lo decía, tenía ilusiones, quería terminar la preparatoria e ingresar a la Facultad de Derecho, de la Universidad Autónoma de Sinaloa, y ser un gran abogado." La noticia acabó con su festejo de haber concluido la secundaria y lo convirtió en ríos de agua salada en sus ojos: mirada de despedida, de atardecer, de sol en fuga.

IX

La señora responde segura, sin dudas. Su hijo no tenía problemas, no andaba escondiéndose, ni nervioso, ni había gente rondando, buscándolo, y tampoco compraba ropa cara ni usaba Nextel o aparatos de lujo. Su ropa era de segunda y la compraba en el tianguis de la Huizaches, y su dinero lo ganaba haciendo trabajos de albañil. Antes laboró en el banco HSBC, en el fraccionamiento Perisur, y plaza Forum. Llegó a mantener sus estudios y su trabajo, simultáneamente. Igual, con todo y sus ingresos unidos a los de su madre y cuñados, apenas alcanzaban para lo básico.

X

José Abel Leones Martínez, el otro que fue levantado con Juan Carlos, fue liberado en las cercanías de Costa Rica, en una zona deshabitada. Después de dejarlo ahí semidesnudo, los sicarios le ordenaron que permaneciera boca abajo durante horas. Cuando levantó la cara, miró a lo lejos las luces y avanzó confundido y trastabillando hasta ellas. Unos policías lo encontraron en la carretera, pero no quisieron ayudarlo. En la caseta de peaje unos jornaleros agrícolas se apiadaron, le prestaron ropa y cincuenta pesos, y lo llevaron a la tienda Ley del Valle que está en la entrada a la ciudad de Culiacán, en el entronque con la carretera a Navolato. Desde ahí llamó a un familiar y fueron por él. Se le vio en el barrio al poco tiempo, y cuando le preguntaron por Juan Carlos respondió en seco que lo habían llevado en otro vehículo, y que no sabía más.

XI

En noviembre de 2010, personal de la Procuraduría General de Justicia del Estado le recomendó a Eloísa que se hiciera una prueba de ADN para saber si ese cadáver era o no el de su hijo. Inició los trámites en la agencia del Ministerio Público ubicada en Costa Rica y le informaron que el costo era de setenta mil pesos, pero que el gobierno podía ayudarle con la mitad, aunque tardaría tres meses.

"Pero si quiere que sea más rápido, le va a costar más." Eloísa les dijo que la hicieran, que no tenía dinero, pero que a ver cómo le hacía. Prometieron llamarle para continuar el trámite. En marzo de 2011 todavía no lo habían hecho.

XII

En la plazuela Obregón, en el centro, por la Rosales o la Ángel Flores, alrededor de catedral, hay carteles tamaño oficio con la foto de Juan Carlos. Es la de su graduación. Abajo se lee "Mi graduación 2006", y la leyenda: "Se busca, si lo an [*sic*] visto favor de avisar al cel 6672 08 61 37, 6671 60 38 91." El cartel ha sido reproducido con los diez, veinte pesos, que aportan amigos, vecinos, compañeros de la Preparatoria Salvador Allende, en el plantel ubicado en la Huizaches, de la Universidad Autónoma de Sinaloa (UAS), donde estudió el primer año.

Es Juan Carlos con una sonrisa triste y unos ojos que parecen apagarse. Dicen sus familiares que lo sueñan. Que lo oyen. Que está llorando. En su trajinar por las oficinas de la PGJE, Eloísa Pérez Cibrián se encontró accidentalmente con una señora que andaba en las mismas. La señora, que no se identificó, le confesó que estaba muy molesta por los abusos cometidos por el personal del Servicio Médico Forense. Había esperado a su hijo, con la esperanza de encontrarlo vivo, pero dos años después de haber desaparecido localizaron un cadáver que traía la misma ropa que el joven aquel. Los servidores públicos de la Semefo le insistieron que aceptara que ese muerto era su hijo y fue tal la presión que dijo que sí. Veló, enterró y le rezó El Rosario. Y justo en el último día del novenario, el hijo llegó a su casa, caminando. Después de sorpresas, abrazos y llantos, el joven le explicó a su madre que lo habían mantenido secuestrado, en la sierra, trabajando en la siembra de mariguana y amapola, y que en un descuido de sus captores, huyó. La señora le explicó a Eloísa que iba a reclamarle al personal del Semefo y a interponer una denuncia. Pero no lo hizo ni la vio más. Quizá huyó buscando su seguridad y la de su familia.

En otro caso, en noviembre de 2010, un joven fue encontrado muerto a balazos en Culiacán, luego de haber permanecido desaparecido durante dos días. La familia acudió al Semefo a identificar el cadáver, pero no estaban seguros de que fuera él. Los hermanos no estaban convencidos, pero la madre sí: era él. El personal del forense aprovechó las dudas, señalaron versiones extraoficiales del interior de la Procuraduría General de Justicia del Estado (PGJE), para presionar a familiares y obtener ingresos adicionales.

Las fuentes manifestaron que acelerar la entrega de un cadáver cuesta unos diez mil pesos. Las insinuaciones no faltaron, hasta que los familiares advirtieron que tenían la seguridad de que se trataba de su familiar, pero que no iban a dar dinero para que les entregaran el cadáver. El Ministerio Público que llevaba el caso autorizó que les dieran el cadáver. Finalmente la entrega se dio, aunque tardó más de lo debido.

El 14 de octubre de 2010, los hermanos de nombres Armando y Uriel Alejandro Ríos Aréchiga, de veintidós y treinta años, y Omar Octavio Ríos Espinoza, medio hermano, fueron levantados por desconocidos. Días después encontraron tres cadáveres, uno de ellos irreconocible y quemado. Los familiares insistieron en que ése, el parcialmente incinerado, era Uriel. De los otros no había dudas.

Sin realizar las pruebas científicas básicas, el Ministerio Público les entregó los cadáveres y al siguiente día fueron enterrados en el panteón de La Lima, en Culiacán. Pero el 18 de ese mes, durante la noche, aparecieron otros dos cadáveres en las inmediaciones del fraccionamiento Los Ángeles, ubicado en la salida a Imala. La familia supo que uno de ellos era Uriel. Las facciones estaban intactas.

Ante el reclamo de familiares, el personal de la agencia primera del Ministerio Público cambió la averiguación previa y borró el nombre de Uriel del documento, para sustituirlo por el de Víctor Manuel Espinoza López, a quien correspondía el cadáver que ya habían colocado en la tumba. La exhumación e inhumación para canjear cadáveres se realizó un fin de semana, de manera silente.

Negocios sucios

Personal del Servicio Médico Forense recibe hasta dieciséis mil pesos mensuales a cambio de favores a las empresas funerarias de Culiacán y diez mil pesos por entrega rápida de cadáveres, de acuerdo con investigaciones que al interior ha realizado personal adscrito al despacho del procurador General de Justicia del Estado. Versiones extraoficiales señalan que el mismo titular de la PGJE, Marco Antonio Higuera Gómez, acudió sorpresivamente a las instalaciones de la Coordinación de Servicios Periciales y Criminalística, ubicadas junto a las instalaciones de la delegación de la Procuraduría General de la República (PGR), unos días después de asumir el cargo. Una de las primeras instrucciones del Procurador fue sacar a las firmas funerarias del manejo de los cadáveres.

"El Procurador encontró dentro del Semefo a personas que no trabajan en la Procuraduría, que cobran por algunos 'servicios', que se hacían pasar como empleados, pero que en realidad operaban para las funerarias, y que para acabarla decidían qué hacer con los cadáveres", informó un servidor público que tuvo acceso a las investigaciones.

Algunos de los funcionarios y empleados, agregó, recibían al mes dieciséis mil pesos a cambio de trabajar al servicio de las casas funerarias, no de la procuraduría local. Entre las irregularidades encontradas está el retraso en la entrega de personas fallecidas, en su mayoría por hechos violentos, para desesperar a los deudos y obligarlos a pagar la agilización de la entrega, a cambio de un pago de diez mil pesos.

Las autoridades también investigan casos de suplantación de identidades, aprovechando cadáveres de personas desconocidas y no reclamadas por familiares, con veinte o más días en las gavetas del forense. Los beneficiarios de estas operaciones ilegales fueron personas con cuentas pendientes en el crimen organizado, que se hicieron pasar por muertos y así huir del estado. Personal del forense y civiles realizaron estas sustituciones con cadáveres de calcinados y en avanzado estado de descomposición.

Las fuentes señalaron que en diciembre de 2010 ciudadanos ubicaron la foto de una persona muerta, que apareció en la página de Internet de la PGJE, en el rubro de desconocidos que no han sido reclamados. Los parientes acudieron a la Procuraduría a reconocer el cadáver, pero éste ya había sido "vendido" y entregado a otras personas, por lo que tuvieron que darles otro, aunque ellos no se dieron cuenta.

"Estos casos están siendo investigados a fondo, es lo que encontró desde el primer día que llegó y esas son sus instrucciones", dijo el funcionario de la PGJE. Han pasado meses y las investigaciones son un callejón sin salida: sin pesquisas ni castigo.

Treinta meses de esperas y silencio

Desde el 8 de septiembre de 2010, Eloísa Pérez Cibrián busca a su hijo, también los rastros, todo lo que conduzca a él. Y desde entonces espera, hasta ahora en vano, a que la Procuraduría General de Justicia del Estado le entregue los resultados de la prueba de ADN practicado a un cadáver que podría ser el de su hijo.

Son alrededor de treinta meses de ausencia. Y dolor, incertidumbre e indolencia. Lo que Eloísa y su familia quieren es confirmar si ese cadáver despedazado, encontrado días después de la desaparición de su hijo, en las cercanías de Costa Rica, es suyo. Y velarlo.

Son muchas las muertes sufridas en este lapso.

Le vamos a llamar

Eloísa señaló que le hicieron al menos una prueba pero no confió en el resultado. Las versiones de la Procuraduría General de Justicia del Estado indican que no hubo un manejo adecuado. Del 9 de abril a noviembre de 2011, y después de muchas promesas sin cumplir, recogieron de nuevo las muestras de ADN.

Cuando habla a las oficinas de la PGJE para preguntar por novedades de las investigaciones del expediente CLN/ARD/13662/2010/D le dicen que no hay nada, que ellos le van a llamar cuando haya noticias. "Como enojados, como si les molestara que uno estuviera llamando para saber si hay novedades sobre el paradero de mi hijo y sobre las pruebas de ADN, le contestan a uno que no, que no hay nada, que ellos van a llamar cuando haya algo", manifestó, de acuerdo con una nota publicada en el semanario *Ríodoce*, que circula en Culiacán y otras ciudades de Sinaloa.

Está en su casa, en la colonia Progreso. El polvo la abofetea y trae el terco nombre del olvido. Ahí brota el llanto y se seca pronto por la polvareda: no hay desarrollo ni justicia ni ley en esa colonia ni en ninguna.

Recuerda, remando contra la desmemoria y en su lucha por saber de su hijo, que había sido albañil, que trabajó en un banco, que terminó la secundaria y salió llorando el día que le dieron el diploma, porque ese mismo día su madre le anunció que no podría seguir estudiando: no había dinero. Es mayo de 2012 y no lo hay hasta ahora. Pero si él viviera haría un esfuerzo para que Juan Carlos dejara ese rostro lloroso de la fotografía del cartel que su madre y hermanas pegaron por todo el centro de la ciudad. ¿Y cómo secar esas lágrimas? Apoyándolo para que entre a la Facultad de Derecho.

"Yo no he perdido las esperanzas. Todavía pienso que puedo encontrarlo vivo", dice. Cree que pueden tenerlo cautivo, en algún lado, trabajando en contra de su voluntad, en la siembra de enervantes, en alguna montaña, en un laboratorio para el procesamiento de drogas sintéticas. Cuenta que eso ha pasado con otros jóvenes que logran escapar de sus captores y regresan con sus familias.

Pero le ganan las lágrimas y esta vez ni el terregal puede con ellas: le da tristeza comer y pensar que quizá su hijo no tiene ni para eso, o cobijarse durante el invierno mientras él posiblemente esté pasando frío.

Escándalo

En la agencia del Ministerio Público de Costa Rica, los empleados le reclamaron que por qué había hecho escándalo en los medios de comunicación en el caso de la desaparición de su hijo. Eloísa les contestó que lo único que quería era saber de su hijo, que investigaran hasta encontrarlo y que hicieran la prueba de ADN.

"A veces me da hasta miedo decir algo y si él está vivo, que me lo maten. No me da miedo que me hagan algo a mí, a nosotros, sino que le hagan algo a él", señala.

Sus hijas le reclaman. Sabe que lo otro es el silencio. Estar así, sin hacer nada, "pero tampoco está bien andar así. Quiero algo, porque no quiero que me digan por qué no hiciste nada por encontrar a tu hijo".

No se le olvida cuando fue a la agencia Cuarta del Ministerio Público a interponer sobre su desaparición. Los servidores públicos que la atendieron le respondieron que ella investigara, que les dijera con quién se llevaba sus hijos, qué tipo de personas eran, en qué andaban. Ella no está para eso. Sabe que ésa es responsabilidad del gobierno. La suya es insistir, exigir, alimentar su flaca y luminosa esperanza. Aunque en eso se le vaya la vida, la salud. Aunque eso hasta ahora ha significado morir. No dejar de morir.

MAYO DE 2012

Del libro *Levantones*

Escuadrones de la muerte

"Perros desgraciados." Se oye la voz de una madre, anegada en llanto. "Perros, pinches perros." Así llama a los del gobierno, a los "empatrullados": los polis que ese día llegaron hasta donde estaba su hijo. "Así hubiera sido el peor de los delincuentes, afirmó, merecía ser enjuiciado." Pero no esto.

La noche del domingo 3 de junio de 2012, Jesús Felipe Alvarado Juárez, conocido como El Pelochitas, viajaba en su flaca y traqueteada motocicleta. Tenía veinte años y vivía en la colonia José María Morelos. Los agentes lo vieron de lejos y lo interceptaron para aprehenderlo. Sospechosamente colocaron la moto en una patrulla que ellos mismos llamaron para auxiliarlos en el operativo, y al joven lo metieron a rastras en la caja de la camioneta de la corporación.

Él es conocido en el sector. Los Mochis, cabecera municipal de Ahome, sigue siendo una ciudad grande con vida de pueblo, alterada por las balaceras que protagonizan los gatilleros de una y otra organización criminal, en la que todos se conocen. Por eso cuando los vecinos vieron lo que los uniformados le hacían a Alvarado, llamaron a la madre de éste. "Oiga, se llevaron a su hijo. Se lo llevaron los polis."

Ella es Yadira Juárez. En cuanto salió de su trabajo, en un sector cercano a su casa, fue a buscar a su hijo. A unos trescientos metros está la central de la Secretaría de Seguridad Pública Municipal, por el bulevar Macario Gaxiola, que conduce a la carretera a Topolobampo. Otros conocidos le comentaron que vieron llegar a una patrulla con la motocicleta, pero cuando preguntó por su hijo nadie le dio razón.

Pasaron cinco horas para que un agente, quien pidió que su identidad no fuera revelada, le informó que la motocicleta sí estaba ahí, pero nada sabía del joven. Llegó el lunes y el mismo resultado. Su hijo no regresó a casa. De nuevo, Yadira fue a las instalaciones de la corporación. Ahí, parada, preguntando a unos y otros, sin ser vista ni escuchada, era como un fantasma, un alma en pena, un animal apestoso y callejero al que hay que ignorar hasta que se vaya. Nadie la atendió. La del mostrador y la ventanilla ni siquiera la vieron a los ojos cuando le respondieron "no sabemos nada".

Con el cansancio en su espalda y hombros, sintiendo que la piel le colgaba y que el esqueleto no le respondía, acudió a la Visitaduría de la Comisión Estatal de Derechos Humanos (CEDH), ubicada en la zona norte de la entidad. El personal del organismo se comunicó con Juan López Carmona, juez calificador para casos de faltas al Bando de Policía y Buen Gobierno, y éste respondió que no tenía bajo su resguardo a ningún joven con esas características y ese nombre. Permitió que la madre pasara a las celdas del área preventiva para que se cerciorara de que no estaba ahí, tras las rejas.

Dos días de desayunar, comer y cenar penas y congoja. De preguntar aquí y allá. De salas de espera que parecen cementerios de tumbas abiertas y muertos expuestos. Frigoríficos, caducidad de la ternura, cancelación de la generosidad, la compasión. Justicia obsoleta.

Dos días y lo encontraron. Muerto, con heridas que reflejaban que había sido arrastrado en terracería, golpeado salvajemente, torturado, ahorcado. Estaba en el tren que corre paralelo a la carretera a Topolobampo. Durante el velorio, se vieron patrullas de la Policía Municipal y dos camionetas, que ahora se sabe es el convoy que protege a Jesús Carrasco Ruiz, titular de la Secretaría de Seguridad Pública de Ahome. Estos recorridos de "vigilancia", que más bien pretendían amedrentar a familiares y asistentes al velorio, se repitieron durante la misa de cuerpo presente y en el cortejo fúnebre camino al cementerio.

Uno tras otro

En Sinaloa, en un solo día fueron reportados veinte levantones. Uno por uno fueron llegando los casos de desapariciones, tipificados como privación ilegal de la libertad, ese día, a las oficinas de la Comisión Estatal de Derechos Humanos. Todos ellos jóvenes, en su mayoría de colonias periféricas, cuyas familias viven en condiciones de pobreza.

Cuatro jóvenes fueron detenidos por agentes de la Policía Ministerial del Estado (PME). Fue el 29 de marzo de 2012, en la colonia Adolfo López Mateos, ubicada en el sector sur de la ciudad de Culiacán. La averiguación previa CLN/ARD/5373 /2012, interpuesta ante la Subprocuraduría de Justicia de la Zona Centro, lo dice claramente.

La denuncia señala que Jesús Fernando Urrea Vega, de veinte años de edad, y Jorge Armando Manjarrez, menor de edad, se hallaban reparando un vehículo afuera del domicilio del primero, cuando llegaron cinco patrullas de la Policía Ministerial.

"Los policías llegaron diciendo que era una revisión de rutina, pero después de revisarlos, supongo que para saber si traían o no armas, les pusieron las camisetas y las camisas encima de la cara, cubriéndoselas, y se los llevaron en las patrullas, así, violentamente", confesó un familiar del menor, quien presenció la detención.

Además, la madre de Jesús Fernando Urrea Vega, salió de la casa al ver el movimiento de las patrullas y escuchar los gritos. Les reclamó a los agentes, quienes iban con capuchas. No le contestaron y no supo más de ellos. De acuerdo con la denuncia, ese mismo convoy de patrullas de la Ministerial luego se trasladó a detener a los hermanos Luis Eduardo y Jesús Ángel Ontiveros

Campos, de dicisiete y veintiún años. Al primero lo sorprendieron cuando jugaba futbol en un campo cercano a su casa y al segundo, en su domicilio, en la misma colonia.

Familiares, vecinos y compañeros de trabajo de algunos de los desaparecidos, realizaron un plantón afuera de las instalaciones de la Procuraduría General de Justicia del Estado (PGJE), tres semanas después. De tanto ir y regresar y pedir llamadas y favores para que les dijeran dónde estaban las víctimas de estas operaciones de la PME, fue lo único que les quedó: protestar.

Los inconformes acusaron a las dependencias de seguridad, incluida la Procuraduría local y la Secretaría de Seguridad Pública, y a los jefes de las corporaciones policiacas, de guardar silencio, negar información y de violar la ley. Además, pidieron justicia en este y otros casos.

Datos de las comisiones de derechos humanos indican que el número de personas desaparecidas en años recientes suma cerca de trescientos casos. La lista negra de esta incidencia criminal es mucho mayor, quizá el doble o triple, aunque muchas familias se niegan a denunciar. Pero el dato alarmante lo dio la Comisión de Derechos Humanos de Sinaloa, cuyos dirigentes informaron que sólo el 12 de febrero de 2012 se recibieron reportes de veinte levantados en el Estado. Todos ellos continúan en calidad de desaparecidos.

Hasta a los de casa muerde

Entre los reportes que recibió la CEDH y la misma policía municipal está el de la desaparición de Édgar Guadalupe García Hernández, de veinticuatro años, quien laboraba como mensajero de la oficina de Marco Antonio Higuera Gómez, titular de la Procuraduría General de Justicia de Sinaloa.

Las versiones indican que un comando llegó a su casa, en la colonia Progreso, en esa ciudad capital, y se lo llevó.

Inicialmente, los familiares pensaron que se trataba de un secuestro, que los criminales pedirían rescate. Pero no. Por eso, sus parientes y amigos realizaron un plantón frente a Catedral, en la plazuela Obregón, ubicada en el primer cuadro de la ciudad, el 31 de mayo. A gritos le reclamaron al gobierno, con pancartas, mantas y volantes, que empiece las investigaciones, que lo haga a fondo, que encuentre al joven y castigue a los responsables. Pedradas a las estrellas.

Patrullas clonadas

Francisco Córdova Celaya, secretario estatal de Seguridad Pública, advirtió que este tipo de actos son realizados por grupos criminales que clonan patrullas, de las cuales ya han encontrado varias en operativos realizados por ellos y personal del Ejército Mexicano, tanto en las ciudades como en la zona serrana de la entidad. Y descartó, por supuesto, que sus agentes o de otras corporaciones, hayan participado en estos levantones, algunos de los cuales se han traducido en desapariciones. Y lo peor, en homicidios.

Las versiones indican que los policías de la Estatal Preventiva (PEP) y Ministerial del Estado, sobre todo, pero también agentes de las policías municipales de Ahome, Navolato, Culiacán, Guasave y de otros municipios, realizan una "limpia" de supuestos delincuentes, sicarios, operadores, halcones o "punteros", como llaman en algunas regiones del norte a quienes desde un punto determinado vigilan e informan a los jefes sobre movimientos o presencia de "sospechosos", de organizaciones criminales enemigas del Cartel de Sinaloa.

En estos y otros municipios de Sinaloa, se estima que células compuestas por los carteles de los Beltrán Leyva-Carrillo Fuentes (Cartel de Juárez), y Zetas, tienen presencia y hasta controlan importantes regiones en once de los dieciocho municipios de Sinaloa, para dañar las operaciones de Joaquín Guzmán Loera,

El Chapo, e Ismael Zambada García, El Mayo, jefes del poderoso Cartel de Sinaloa.

Esto explica al menos dos de los reos encontrados muertos, uno de ellos acuchillado, dentro del penal de Culiacán, que pasó de llamarse Centro para la Ejecución de las Consecuencias Jurídicas del Delito (Cecjude), a un simple centro de ejecuciones. En este centro penitenciario, abogados y familiares lo advirtieron: "lo van a asesinar". Por eso pidieron a las autoridades estatales y de la cárcel de Aguaruto que aplicaran medidas cautelares para protegerlo o lo cambiaran de penal. Pero no lo hicieron. El joven Enrique Alonso Espinoza Hernández, de veintiséis años, ingresó a la cárcel el viernes 15 de junio de 2012, alrededor de las dieciocho horas. Las autoridades lo vincularon con la organización de los Carrillo Fuentes.

Su padre les llamó muy temprano a los abogados. "Tengo miedo de que maten a mi hijo, oiga. Es más, a lo mejor a estas horas ya está muerto", dijo. Los abogados se movieron, pero poco podía hacerse a esa hora. Eran las seis de la mañana del sábado 16. Media hora después, el joven fue encontrado sin vida, ahorcado.

Antes, el 27 de mayo de 2012, otro reo identificado como Francisco Javier Avilés Araujo, aprehendido en Guasave con un arma de fuego y droga, fue asesinado a cuchilladas dentro de este penal. Este homicidio provocó que en Culiacán y desde una avioneta se distribuyeran volantes acusando al gobernador Mario López Valdez, Malova, de haber facilitado este homicidio por órdenes de Joaquín Guzmán Loera, El Chapo, líder del Cartel de Sinaloa.

Casualmente, Avilés Araujo pertenecía también a una organización criminal contraria al Cartel de Sinaloa, pues formaba parte de una célula integrada por los carteles Zetas-Carrillo Fuentes y Beltrán Leyva.

Cuestionado por periodistas, Córdova Celaya dijo que las autoridades judiciales de los fueros común y federal investigan la confección de uniformes que usan los delincuentes y cotejan las armas de fuego que han sido aseguradas a fin de que balística determine si han sido empleadas en otras acciones delictivas. "Todas las patrullas de las diversas corporaciones policiacas, así como los agentes, están perfectamente identificados para que la población pueda distinguirlos de falsos policías o supuestos militares", aseguró. Pero es mentira. En las principales ciudades del estado hay patrullas de las policías municipal sin número o con la placa automovilística borrada, vidrios polarizados y sus agentes encapuchados.

Los convoyes de patrullas se pasean sólo con el logotipo de la corporación y no hay manera de identificar a los agentes si éstos incurren en alguna irregularidad o delito y hay que denunciarlos.

Escuadrones de la muerte

El secretario de Seguridad Pública de Ahome voltea a ver al reportero y luego voltea a ninguna parte, a la nada. Y pregunta, como si estuviera solo o hablara con alguien que no está ahí: "¿Escuadrones de la muerte?" Y no contesta. Calla. Desde su llegada a la corporación aparecieron denuncias de que sus agentes estaban haciendo doble turno y con el mismo uniforme: levantones, desapariciones y ejecuciones.

Aquí, el caso de la detención de una pareja de jóvenes que se dedicaba a la recolección de fierro viejo en el sector norte de la ciudad de Los Mochis, puso al descubierto la doble operación de los agentes de esa corporación de carácter preventivo. Los dos fueron encontrados sin vida, cerca de la comunidad de Villa Ahome, a unos veinte kilómetros de la ciudad.

Los homicidios fueron perpetrados en junio. En todos hay un patrón de los victimarios y otro de los asesinados. Por los primeros: policías, policías municipales, policías preventivos de Los Mochis, para ser más precisos, y por los segundos, amigos de barrio, miembros de un mismo clan, contrario al llamado "cartel oficial", el Cartel de Sinaloa.

Entre los últimos días de mayo y los primeros de junio, los recolectores de fierro viejo, Marcelo Félix Armenta, de veintisiete años, y Yolanda del Carmen Araujo Félix, de veintiséis, residentes de la comunidad Las Grullas Margen Izquierda, desaparecieron. La única pista que dejaron de lo que les sucedía en ese momento fue una llamada telefónica desde el aparato celular. "Ellos estaban siendo detenidos por policías preventivos en la sindicatura de Ahome, eso fue lo que nos dijeron cuando llamaron. Pero, por favor, no podemos hablar más. Tenemos mucho miedo", dijo una persona con la que se comunicaron los hoy occisos.

"Después de aquella llamada, agregó, los teléfonos celulares se apagaron." Los familiares interpusieron una queja ante la Comisión Estatal de Derechos Humanos. Ocho días después, los cuerpos de ambos fueron encontrados en el panteón de ese poblado: huellas de tortura y un balazo en la cabeza a cada uno.

"No podemos caer en la situación de seguir el juego de hacerle caso a denuncias o mantas o condiciones que ponen los delincuentes, pues si vamos a poner en duda el actuar y la integridad de nuestros funcionarios y servidores públicos por el señalamiento de un delincuente, pues de veras que estamos muy mal si les damos credibilidad en un momento determinado", sostuvo Carrasco, cuestionado por los periodistas.

Y el Secretario de Seguridad se sigue preguntando. Y lo niega. Y no responde. Pero sus policías sí.

No te va a pasar nada

Víctor Alonso Gil Aguilar, de veinte años, era un viejo conocido de las policías, pues en el 2011 fue aprehendido cuando conducía un auto robado. Ahora estaba siendo despertado con su esposa por al menos seis agentes de la Policía Municipal. Los uniformados, cuyos rostros estaban cubiertos con pasamontañas, tumbaron la puerta y cuando él abrió los ojos, espantado, ya los tenía rodeándolo a él y a su mujer.

"Cálmate", le ordenaron a ella, quien tomó a su hija en brazos. "A ti no te va a pasar nada", le dijeron. Y la ataron a la cama. A él lo encapucharon y ataron de manos. Los agentes se llevaron a una niña al cuarto de atrás y luego desataron a la joven mujer y se llevaron al esposo.

Él preguntó: "¿Y a mí, jefe?" Recibió una pregunta: "¿En qué trabajas?" Contestó que en nada. Iban en dos patrullas y una camioneta blanca. Las matrículas estaban tapadas. Los vecinos de la calle Alejandro Peña, en la colonia Rosendo G. Castro, se dieron cuenta y se acercaron a auxiliar a la mujer cuando los agentes se habían retirado. En cuanto pudo avisó a la madre de su esposo y ésta empezó a moverse para encontrar a su hijo.

Mientras huía, entre llantos y angustias, en un esfuerzo por salvarse y salvar a sus hijos, y hacer algo por su esposo, contó lo que les había pasado. Desesperada, Dora Alicia Aguilar buscó a su hijo. En ninguna parte lo encontró. Denunció el caso a medios informativos locales y sólo un noticiero y un periódico pequeño le dieron voz a su desesperación.

Al día siguiente el joven fue encontrado decapitado en el ejido Primero de Mayo. Su cabeza era ancla para una cartulina que tenía dos palabras: "Sigues Trolo."

El Trolo

De acuerdo con reportes internos de la Policía Municipal y de la Policía Ministerial del Estado, y con acontecimientos públicos, la persona a la que apodan El Trolo es el jefe de halcones de Los Mazatlecos, como llaman a una célula de narcomenudistas que opera en la región para los hermanos Beltrán Leyva. Además, El Trolo es el responsable de pagar las mantas con mensajes amenazantes y denuncias sobre la supuesta complicidad entre autoridades estatales y del ejército con los narcotraficantes del Cartel de Sinaloa. En varias de estas mantas se denunció al jefe de la Policía, Jesús Carrasco Ruiz, y los comandantes de la Policía Ministerial del Estado, a quienes acusó de servir a Joaquín Guzmán, El Chapo.

Al triple

María Araceli Sepúlveda Saucedo, visitadora de la Comisión Estatal de Derechos Humanos (CEDH), en la zona norte, afirmó que de enero a junio de 2012 los abusos policiales contra la población civil se han triplicado. Así lo reflejan las denuncias.

Sostuvo que la situación es "preocupante", sobre todo porque dos de los casos que comenzaron como detenciones arbitrarias terminaron en asesinatos. "Se pasó de violaciones al derecho de libertad a violaciones graves contra la integridad de las personas, y hay un tercer caso con dos muertes en donde confluyen similitudes, ataques de policías", manifestó.

"Las indagatorias, agregó, se han iniciado con la seriedad y celeridad que lo ameritan, pero no se tienen los resultados que los quejosos demandan." Y todo porque hay fuertes obstáculos: los quejosos no pueden señalar las patrullas participantes porque éstas carecen de matrícula, ya que fueron borradas o tapadas por los mismos agentes, y los policías ocultan sus rostros con capuchas negras. Informó que, cuando por oficio se requieren datos sobre estas denuncias, el director Jesús Carrasco Ruiz simplemente niega la participación de sus agentes. "Siempre responde que no hubo operativo, que no detuvieron a nadie y que desconoce los casos." Las denuncias de enero a junio de 2011 sumaron diecinueve, mientras que en el mismo lapso de 2012 se incrementaron a cincuenta y siete.

Los perros

Yadira Juárez le llora a su hijo. Está tendido en una sala funeraria. El ataúd fue sellado porque el cadáver quedó destrozado. Dicen que lo perforaron con un objeto puntiagudo y que lo ahorcaron. Ella no acepta su muerte. Era joven y si debía algo, debieron aprehenderlo y llevarlo ante el juez. Los asesinos no sólo terminaron con él, también se llevaron una parte de ella, de su vida, su alma. No conformes, ahora la rondan como fieras, amenazantes y ufanos, ahí, durante el velorio y la misa de cuerpo presente.

"Perro desgraciado, se cree poderoso para quitar vidas. Pinche gobierno inepto que tenemos. Para qué tantas leyes, para qué las cárceles, para qué los ministerios, si los policías se convirtieron en asesinos, desgraciados. Así mi hijo fuese el peor delincuente, tenía derecho a un juicio, y si lo condenaban a que se pudriera en la cárcel, habría sido justo, porque tendría defensa, pero con asesinos con uniformes y empatrullados en las calles, nadie está a salvo."

Afuera, los jóvenes de la edad de su hijo, con quienes convivió desde que eran niños, le repiten, como grabadora a la atribulada mujer: los polis los detienen a cada rato, dicen que son halcones, punteros, y les preguntan por El Trolo, y los sueltan y los vuelven a detener.

Y El Trolo por ahí anda. Bien, gracias.

JUNIO DE 2012

Del libro *Levantones*

Te lo compro

"Se llevaron a tu carnal", le dijo un amigo suyo que estuvo en el lugar cuando llegaron los del comando. "Quién, cuándo, por qué", preguntó él, espantado. "No sé, eran unos batos encapuchados, enfierrados con cuernos de chivo, vestidos de negro. N'ombre bato, se puso bien feo, la neta", contestó su interlocutor, cuya identidad debe mantenerse en reserva.

Él se preguntó qué hago, qué hago. Caminaba de un lado a otro, por el angosto pasillo de la oficina. Tomó el teléfono y empezó a marcar una y otra vez. Alguien le dijo que tenía que buscar a los malandrines que se lo habían llevado, antes de que le mataran a su hermano. Es la única forma. "Ta cabrón pero no hay de otra."

Llamó y llamó y llamó. En uno de sus diálogos salió un nombre. Era el del matón que tenía a su hermano. "¿Y cómo es el tipo este? Es un bato cabrón, maldito, un completo hijo de la chingada." Respondió un "ni modo". Sabía que no tenía muchas opciones, así que consiguió el número telefónico del hombre ese. "Voy a llamarlo", contestó. Escuchó una voz densa y gravosa. Le amartilló el oído.

El hombre le preguntó que quién era y qué quería. En este negocio no hay saludos y menos si está de por medio un jale, un levantón o asesinato. Le explicó que no lo conocía, pero que le urgía hablar con él y que al muchacho que tenía en su poder, que acababan de levantar en esa colonia, era su hermano. El hombre le dijo que les había robado droga y que iban a matarlo, aunque antes tenían que darle una calentada: sacar algo de información.

"Mi cuate le comentó que su hermano había sido muchas cosas, pero no ratero. Y es que este bato le entró a la mariguana y a la cocaína y no sé a qué más, pero pura droga. Hace varios años había empezado y le daba por ahí, por la droga. Eso se lo aceptó. Pero luego le pidió por favor, en eso fue insistente, en el por favor, que se lo regresara. Le suplicó, eso sí", recordó.

Áquel le contestó que lo sentía mucho. Sarcástico. "Lo vamos a matar." Pero el otro insistió en que estaban cometiendo una injusticia. "Y fue cuando le soltó la frase 'pero si quieres te lo compro. Te compro a mi hermano'. Era su último intento de rescatarlo, de salvar a su carnal."

Segundos de silencio espeso: podían escucharse los alaridos del corazón, el retumbar de una voz que grita pero que nunca sonó. El homicida le contestó que tenía güevos para llamarle por teléfono y pedirle ese favor. Le anunció que iba a mandar por él a sus muchachos "pa platicar". Lo citó en una esquina, cerca de la colonia La Campiña, al oriente de la ciudad de Culiacán, y muy próxima al lugar donde se encontraba.

Llegaron cuatro y frenaron de una frente a él. Dos se bajaron, lo doblaron a golpes y lo subieron al carro. Lo ataron de manos y le pusieron una venda en los ojos. Él ni opuso resistencia. Sabía que a eso iba y que se estaba arriesgando. Así lo asumió, resignado. Cuando estaba frente al jefe le quitaron la capucha. El hombre le dijo: "Tienes muchos güevos", y se lo repitió. Áquel insistió en que quería llevarse a su carnal, que estaba seguro de que no había robado nada porque ratero no era. "Drogo sí, la neta. Pero el bato no anda robando. Te lo compro."

Le juró por los santos, sus hijos y "por lo que más quieras, por mi mamacita, que mi hermano no fue. Él tiene como siete meses que no le entra a nada. Como te dije, es adicto, no ratero. El bato quiere rehacer su vida, está luchando, dale una oportunidad". Del otro lado, en un cuarto contiguo, se escuchaban llantos y mentadas y súplicas.

Le contestó que se lo iba a regresar, pero no en ese momento, sino hasta el día siguiente. Pero la respuesta no convenció al joven y le pidió que se lo entregara de una vez. Y soltó: "Si no me lo llevo, no me muevo."

"Por lo que sé, el hombre este le dijo 'mira, compa, te crees muy güevudo para venir aquí y decirme eso. Los puedo matar a los dos, eso puedo hacer. Se quedan los dos y ninguno sale. Pero la neta me caes bien'. El bato hizo una seña con la mano derecha y un movimiento de cabeza y trajeron al hermano."

Rostro hinchado, ropa echa jiras, manchada.

"Llévatelo, compa. Nomás porque me caíste bien. Voy a seguir investigando, pero si descubro que tu carnal fue el que me robó, te voy a caer." Caminaban hacia la puerta cuando los interceptó con una nueva advertencia: "Y si vuelve a caer, si vuelve a la mota o a la coca o al cristal, también me lo voy a chingar."

"Quiero que tu hermano se conserve así, al menos unos dos años. Si antes de eso se vuelve a poner loco, entonces no hay perdón. Voy por los dos."

Veinte pesos

22 de junio de 2012. Antes de dos años. Antes de tiempo. Antes de todo, la muerte llegó a tocar la puerta, la calle, el barrio. Sonó el teléfono. Le pidió veinte pesos a su hermana. Iba a comprar cigarros al Oxxo que está ahí cerca, en la colonia Guadalupe Victoria, en Culiacán. Eran alrededor de las 3:00 horas.

Tomó su bicicleta y se enfiló a la tienda. En la esquina de Fray de Balbuena y Andrés Pérez lo esperaban. Versiones extraoficiales dicen que primero se acercaron a él y platicaron, pero esto no fue confirmado por la Policía Ministerial del Estado, que inició las investigaciones. Investigaciones que no llevarán a ningún lado ni a nadie.

Se escucharon varios disparos. Sus familiares salieron y lo encontraron baleado, tirado junto a la bicicleta, aún con vida. Su hermana llegó y lo abrazo. El lesionado quiso decirle algo: el aliento se estropeaba con borbotones de sangre, quizá quiso despedirse, decirle cuánto la amaba, compartir con ella ese último resuello. Y murió.

En el lugar había varios casquillos calibre 5.7, para armas conocidas como matapolicías, por su capacidad para penetrar los chalecos antibalas que usan los agentes de las corporaciones locales. Versiones de testigos indican que fueron ocho disparos. Un rozón en la cabeza, y varios en la espalda y pecho. Los orificios quedaron en una pared, cuyas lesiones nadie cauterizó. Ni el olvido. Orificios formados, en fila, muy pegado uno de otro.

Información extraoficial indica que una patrulla de la Policía Municipal de Culiacán estaba a pocos metros, pero los agentes no intervinieron. Cuando se escuchó la agresión a balazos por la frecuencia de la corporación, ellos dieron la vuelta a la manzana y disimuladamente llegaron a la escena del crimen, varios minutos después, por el otro lado de la calle.

Los informes señalan que alrededor de las 3:00 horas, oficiales recibieron el reporte de que por la calle Fray de Balbuena esquina con Andrés Pérez había un hombre tirado, y al llegar observaron el cuerpo sin vida del ciclista, a quien se le apreciaban varias lesiones.

Ante esto, los policías solicitaron el apoyo de paramédicos de la Cruz Roja, quienes arribaron al lugar para tratar de proporcionarle los primeros auxilios al herido; sin embargo, se dieron cuenta de que ya había muerto debido a varias heridas de arma de fuego.

"Minutos después, llegó a la zona el agente del Ministerio Público Especializado en Homicidios Dolosos, quien realizó los trabajos de criminalística correspondientes y recogió como evidencia al menos ocho casquillos utilizados en las armas conocidas como 'matapolicías'", rezaba la nota publicada en la sección policiaca del diario *Noroeste*.

Y ahí, a unos cuantos centímetros, el billete de veinte pesos que no huía aunque el viento le ponía alas. Que despedía, fiel, junto al cadáver, a aquel joven de treinta y cuatro años: el mismo que un año y medio antes había "comprado" a su hermano.

JUNIO DE 2012

Del libro *Levantones*

No me dejes abajo

Su pasaporte, una pequeña libreta, la grabadora, credenciales y una agenda que usaba como diario. Ahí, en esa minúscula mochila, traía su vida. Y también su muerte. Era todo lo que necesitaba si llegaba el momento de huir: uno de sus pies, una de sus manos y brazo, uno de sus ojos, la mitad de su existencia, estaba siempre en otro lado, pensando en salvarse, en alejarse del infierno de las balas y los enfrentamientos, las secciones policiacas, las ejecuciones y el terror.

Temía que lo entregaran, que jefes policiacos o funcionarios gubernamentales, o reporteros, incluso del mismo periódico para el que trabajaba, lo pusieran fuera. Y así, rodeado de detractores e inmensos y oscuros cráteres de desconfianza y duda, decidió partir. Partió y se lo llevaron. Ahora nadie sabe dónde está, ni si vive o murió.

"Hey, cabrón, no me dejes abajo." Ésa era su expresión, la más usada, cuando hablaba con sus amigos, los más cercanos. No lo hacía con todos. Les pedía que no lo abandonaran, que no lo dejaran solo. "Hey, cabrones, culeros, no me dejen abajo." Insistía. Repetía y repetía. Casi una súplica, un refrendo de amistad y solidaridad. Una muerte cerquita, así la sentía. Por eso sonreía siempre, como a medias, como una mueca.

Pero también era como su ratificación de la filosa y lacerante desconfianza que siempre lo acompañaba. El miedo no andaba en burro. Andaba con él, siempre.

Alfredo Jiménez Mota nació en Hermosillo, en el fronterizo estado de Sonora. Tenía alrededor de dieciocho años cuando entró a estudiar la carrera, en Culiacán. Vivía por la calle Constitución, que mucho tiempo se llamó Nicaragua, a cerca de media cuadra de la avenida Jesús G. Andrade y del estadio de beisbol Ángel Flores, en la colonia Miguel Alemán, un céntrico sector de la capital sinaloense. Ingresó a la Escuela de Comunicación Social, de la Universidad de Occidente, porque quería ser periodista.

Era alto y pasado de peso. Su sonrisa, que emergía con facilidad, subía rápidamente al resto de su rostro, a sus ojos. Destellos esperanzadores, ternura, inocencia, buena voluntad, honestidad y humanidad. Todo eso reflejaba con esos ojos, esa sonrisa.

El sello de la muerte

Alfredo estaba en el diario *El Debate*, en Culiacán. Había trabajado en la competencia, en el rotativo *Noroeste*, haciendo sus pininos como reportero y en la cobertura de la fuente policiaca. Abrevó de las argucias de los compañeros de la sección para la cobertura y obtención de datos, pero fue más allá: la calle, la noche, las frecuencias de radio de las corporaciones de seguridad y de la Cruz Roja, los operativos, las claves que usan los policías, el andar y el reaccionar de los agentes. Los reporteros de la policiaca parecen policías. Es una suerte de mimetismo. Algunos años antes andaban armados y hasta conseguían armas y cartuchos y droga en las corporaciones. Y derecho de corso e inmunidad. Pero Alfredo no. Él era periodista. De calle, de retenes y husmeo, lupa en cada ojo y en la cabeza, de arrabal y chapopote. Su corazón cabalgaba funámbulo en cada historia, cada nota o investigación.

Esa vez le pidió a su amigo Gerardo que lo llevara en su automóvil. Ya era noche, pero él trabajaba así. Vampiro de libreta, pluma y grabadora. "Yastuvo. Vámonos, le contesté." Habían salido apenas de la redacción y ya era tarde para considerar la posición de esas manecillas como hora de cenar. Alfredo le dijo "agarra por aquí, derecho". Era la avenida Obregón, la principal de esta ciudad. Tomaron rumbo al sur. Llegaron a la subida del templo La Lomita, como se conoce a la iglesia de Nuestra Señora de Guadalupe, en lo alto de la ciudad, atrás de las escalinatas en las que muchos se ejercitan de mañana y tarde. Topaz negro, viejito, propiedad de Gerardo.

"¿A dónde vamos, güey?, le pregunté, algo intrigado, sacado de onda. Era muy tarde y este cabrón me traía quién sabe para dónde. Continuamos por la Obregón y entramos a un fraccionamiento nuevo, grande, de casas enormes y muchos baldíos. Y como no decía nada, nomás se reía, le volví a preguntar a dónde íbamos", recordó Gerardo.

Alfredo lo miró con esa sonrisa que es una fiesta. Y su rostro redondo floreció, victorioso. Y le anunció: "Ya sé dónde vive El JT, Javier Torres, y vamos a su casa a ver si el bato me da una entrevista." Su amigo frenó intempestivamente. Golpeó el volante y ganas no le faltaron de darle un sopapo. "Yo le dije 'tas pendejo, pero bien pendejo, ¿cómo se te ocurre buscarlo en su casa y pedirle una entrevista, cabrón?'" Viró el volante y avanzó justo en sentido contrario. Le dijo, en medio de risas nerviosas, que Javier Torres Félix, El JT, no era un artista, alguien de la farándula, al que se le piden entrevistas y autógrafos. Que era un hombre muy peligroso. El capo, quizá con más poder durante finales de los noventa y la primera mitad de la década del 2000, después de Joaquín Guzmán Loera, El Chapo, e Ismael Zambada, El Mayo, jefes del Cartel de Sinaloa.

Gerardo que era su amigo cercano lo regañó. Sabía que Alfredo, ese novel desbordado, enjundioso e inocente reportero, quería tragarse el mundo. Y de un sólo bocado. Y él solo. "No te puedes ir con el pecho de frente, Alfredo. Se lo dije. Así, sin más ni menos. No quieras tragarte el mundo, güey. A mí me tocaba calmarlo. Jalarlo para que tocara tierra. Pero allá, en Sonora, le dieron de tragar el puto mundo. Y se chingó."

Alfredo jaló a Gerardo al cuarto del fondo de la redacción, donde podían conversar sin ser escuchados. Las desconfianzas de siempre. Era su última semana en Culiacán, después de haber trabajado casi dos años en *El Debate*. Le dijo que le ofrecían dos trabajos en su tierra, Sonora: en la aduana, donde iba a ganar mucho dinero, y en el periódico *El Imparcial*, en el que le ofrecían un salario bajo, pero iba a hacer lo que siempre le apasionaba: reportear, escribir.

Una semana después se fue a *El Imparcial*. Se despidieron como los buenos. Sin decirse adiós. Gerardo manda sus ojos a otro país, otro mundo. Su mirada se va con la tarde y ese sol en retirada. Mira sin mirar. Es junio y todavía no hay lluvias en la ciudad, pero sí en sus ojos.

"Ojalá le hubiera dicho que no."

El narcotraficante sinaloense Javier Torres Félix, JT, podría salir en libertad durante 2012, una vez que un juez del Distrito Central de California, EU, lo sentenció a ocho años de prisión, reveló una fuente al semanario ligada a su defensa, informó el semanario *Ríodoce*, que circula en Sinaloa.

Torres fue extraditado a los Estados Unidos el 29 de noviembre de 2006, unas horas antes de que Vicente Fox Quesada dejara el cargo de Presidente de la República. Después de su detención, el narcotraficante enfrentó un proceso de extradición por parte de los Estados Unidos que duró casi tres años, hasta que fue enviado por la Procuraduría General de la República (PGR) para que fuera juzgado en aquel país.

El JT era un narco omnipresente. Su poder e influencia se sentía y padecía. Era uno de los principales operadores y jefe de sicarios de esa organización criminal. Su vida, esa capacidad de operar e imponerse, abría y alimentaba leyendas: "Anda por acá, lo vimos ayer aquí." Un fantasma armado con fusiles automáticos y granadas, que se mueve con treinta pistoleros. Más que un trashumante. Pero su error fue haber participado en un supuesto enfrentamiento con militares, aquel 27 de enero, cerca del Valle de San Lorenzo, al sur del municipio de Culiacán. Ahí murió un elemento castrense, adscrito a la Novena Zona Militar, con sede en esta ciudad capital. Por eso, al día siguiente, muy temprano, cayeron los militares a su casa, ubicada en un lujoso fraccionamiento, el 28 de enero de 2004.

El JT ya había sido detenido en California a principios de 1992. Fue procesado y sentenciado –con al menos cuatro cómplices– por conspiración para traficar cocaína y posesión de ganancias provenientes de la venta de estupefacientes, bajo el caso penal BA 063312 en el Tribunal Superior del Condado de Los Ángeles, California.

Esa vez Javier Torres se declaró culpable de dos cargos: conspiración para transportar cocaína, y posesión de ganancias provenientes de la venta de drogas prohibidas. Le dieron poco menos de cinco años de prisión y una vez fuera regresó a México para incorporarse de nuevo a sus actividades delictivas, pero el 27 de mayo de 1997 fue detenido por la Policía Judicial Federal en Cancún, Quintana Roo, con un cargamento de 348.1 kilogramos de cocaína. También fueron detenidos Ramón López Serrano, Raúl Meza Ontiveros, hoy occiso, y Manuel Meza Zamudio. Acababan de salir de una bodega donde estaba la droga cuando los sorprendieron. Les aseguraron varios vehículos, dos lanchas y armas de diferente calibre.

Pedradas al cielo

Alfredo Jiménez Mota ya tenía cerca de veinticinco años cuando se fue a Hermosillo, a incorporarse a *El Imparcial*. Tenía también la vena de periodista y se había especializado, tal vez de manera accidentada y sin pretenderlo, en asuntos de alto riesgo, sobre todo en el narcotráfico. En Culiacán ya había publicado historias sobre personajes del Cartel de Sinaloa y eso le había costado algunos diferendos, incluso amenazas.

En Sonora, y apoyado en sus contactos de la Procuraduría General de la República, procuraduría local, agentes de las diferentes corporaciones policiacas, incluso personajes del crimen organizado, empezó a escribir. La mayoría de sus reportajes se referían a sicarios, jefes y operadores del Cartel de Sinaloa y los nexos, de políticos dentro y fuera de todos los niveles de gobierno, con los delincuentes.

El periodista fue prolífico en la publicación de reportajes y notas sobre el poderío de los hermanos Beltrán Leyva en el estado de Sonora. El grupo al parecer se formó en San Bernardo, municipio de Álamos, ubicado al sur de esa entidad, para el trasiego de droga y establecer un corredor con este objetivo. Versiones extraoficiales señalan que en un periodo la célula de los Beltrán, originarios de Sinaloa, tuvo ramificaciones con el Cartel de Juárez, pero terminó formando parte de la organización criminal de Joaquín Guzmán Loera, El Chapo, del que en el 2008 se desprendió, luego de la detención por parte de elementos del Ejército Mexicano de Alfredo Beltrán Leyva, El Mochomo. Los Beltrán reclamaron que la aprehensión había sido en realidad una entrega de la organización criminal al gobierno de Felipe Calderón.

Esa fractura entre la organización de los Beltrán Leyva, uno de los principales operadores del Cartel de Sinaloa, que dirigen Guzmán Loera e Ismael Zambada García, El Mayo, provocó un alud de hechos delictivos que iniciaron en Culiacán, la capital de Sinaloa, y se extendieron a casi todo el país. Ésta fue una de las semillas fundamentales para que los niveles de violencia se incrementaran y avanzaran, como voraz incendio, por muchas entidades. A esto se agregan los torpes operativos del Gobierno Federal y la existencia de otros carteles que se han distinguido como especialmente atroces en sus ejecuciones: Los Zetas.

En Sonora, los hermanos Beltrán Leyva eran conocidos como Los Tres Caballeros. Y Jiménez se dedicó a desnudar nexos, transacciones, poderío y complicidades de éstos con el gobierno. Otra de las células que operaban para Guzmán era la que comandaba Adán Salazar Zamorano, jefe de Los Salazar. Su nombre apareció también en las historias tejidas por Alfredo Jiménez.

"Desde enero de 2005, Jiménez Mota publicó en *El Imparcial* una radiografía sobre las actividades de los hermanos originarios de Sinaloa, conocidos como Los Tres Caballeros", reza un informe publicado en la página Proyecto Impunidad, de la Sociedad Interamericana de Prensa (SIP) sobre el caso del reportero sonorense, con presencia en Culiacán.

Los textos del periodista, agrega el documento, tendieron un puente entre las actividades delictivas de los integrantes de las familias Beltrán Leyva y Raúl Enríquez Parra –líder de la célula Los Güeritos y Los Números–, "cuyo resultado ahora se expresa en más de 70 ejecuciones en el estado por el control del tráfico de enervantes".

La oficina antidrogas de Estados Unidos (DEA, por sus siglas en inglés), señala el informe de la SIP, que a la vez cita uno de los reportajes publicados por Jiménez en el diario *El Imparcial*, "los busca por introducir drogas a Estados Unidos por medio de avionetas y aviones *Velocity*, según consta en las órdenes de aprehensión que por lo menos dos de los Beltrán Leyva tienen".

En noviembre de 2004, el joven reportero publicó sobre un narcotraficante ejecutado en noviembre y cuyo cuerpo torturado fue arrojado en un predio cercano donde agentes policiacos realizaban una inspección. Esto pudo haber detonado todo. Este hecho está incluido en las pesquisas del caso de Alfredo Jiménez

Mota. Y en esto existen fuertes versiones de que participaron servidores públicos de los gobiernos de Sonora y Federal. Algunos de ellos, indican fuentes extraoficiales, formaban o forman parte de las corporaciones de seguridad de aquella entidad, le daban información a Jiménez Mota, eran "fuentes confiables" que quizá lo usaban para difundir tal o cual nota que convenía a sus intereses delictivos, y luego lo desecharon, entregándolo al hampa.

Aquel abril

Alfredo entregó sus tres notas. Era día dos. Sábado. Especial para el relax y la charla y los tragos ambarinos. Sabían que había dejado la redacción de El Imparcial y que se había ido a su departamento, en Hermosillo. Ahí vivía solo. Les pareció extraño que se retrasara. Entre quienes lo esperaban estaba su amiga Shaila Rosagello. A alguien le explicó que antes de la cita en ese bar se daría un baño y luego saldría en su camioneta a encontrarse con un "contacto". Un personaje de la policía, tal vez. De seguro, un funcionario de la Procuraduría General de la República (PGR), asignado a la delegación de aquella entidad.

Y no se supo más. No llegó al bar esa noche ni al otro día, domingo, a misa en Catedral. A la que tampoco faltaría si se considera su ferviente militancia en el catolicismo. No lo hizo al día siguiente, a la redacción. Los directivos de El Imparcial pensaron que quizá se había tomado el día de descanso. Criminal pensamiento si se trata de un reportero especializado en temas de seguridad y narcotráfico, que tenía en sus manos nexos "pesados" aquí y allá, fuentes de buen nivel, información de gran trascendencia. Pero así fue. Sus amigos le llamaron al teléfono celular. Silencio fatal del tuuu que indica que el aparato sonó y sonó. Luego el buzón. Una, dos, tres, veinte, cincuenta veces. El sonar los espetaba, fiel y puntual. Alfredo no está. No está. No estará más. Martes: los más preocupados acuden a presentar denuncia formal por privación ilegal de la libertad ante la desaparición del joven periodista.

Rastreando el teléfono celular de Jiménez, se conoció que a las 11:04 pm del último día que se le vio, tuvo una larga conversación con el entonces subdelegado de la Procuraduría General de la República en Sonora, Raúl Rojas Galván, quien negó primero el hecho y se contradijo después en el interrogatorio judicial a que fue sometido, pese a la consistente prueba contraria. Pero este importante sospechoso fue reasignado a diferente función en otro Estado, lo que la prensa consideró como un freno a las investigaciones.

"El proceso confuso y contradictorio se mantiene estancado, pese a reiteradas peticiones de los directivos de *El Imparcial* y de la SIP ante el Gobierno Federal. No hay persona señalada como responsable de la desaparición de Alfredo Jiménez, aunque se desprende que el hecho está vinculado a sus reportajes sobre narcotráfico. Y la probable responsabilidad de funcionarios municipales, estatales y federales podría explicar el estancamiento y falta de resultados", reza el documento en la página electrónica Proyecto Impunidad, con el subtítulo: "Crímenes contra periodistas, de la Sociedad Interamericana de Prensa."

En todos lados

Alfredo andaba en todos lados. Nadie sabe cómo ni cuándo de repente apareció con un radio Matra, de los que usan en las corporaciones policiacas en Sinaloa y que, supuestamente, no pueden ser rastreados ni escuchadas las conversaciones a través de estos aparatos. Él tenía uno con su respectivo cargador. Ahí escuchaba todo e iba a todas. De repente, de madrugada, era visto en operativos de la Policía Ministerial del Estado o de la Municipal de Culiacán, en cruceros o zonas conflictivas, en retenes, escenas de crímenes, junto a los cuerpos de asesinados. Libreta en mano, grabadora y esa mochila cangurera que le colgaba del hombro o bien amarrada a su cintura. Era su señal de que estaba listo para huir, tomar un vuelo, agarrar el primer camión. Y perderse. Así andaba él, invariablemente. Destino fatal.

"En esa mochilita negra qué no traería. Era un reportero arriesgado, un bato arrojado. Pero era un bato confiado en muchos aspectos, por ejemplo, al tener relación con esos contactos o con otros policías. No dudo que muchos de ellos lo usaron para sus intereses. Pero Alfredo era así y generaba mucha confianza. Era bueno", contó Gerardo.

Él y Alfredo iban a cenar, la noche de cualquier día de fin de semana. Le gustaban los tacos de ubre que vendían en una carreta que se instala en avenida Obregón y Aguilar Barraza. Ahí se echaron raciones de tortilla y carne. A medianoche, Gerardo recibió una llamada: Alfredo había terminado en la sala de urgencias del Hospital Regional del IMSS. Lo encontró tumbado en un sillón, exhausto, con la manguerita del suero y descolorido.

"Imagínate a ese gorila, porque era alto y corpulento, con cara de niño, de niño bueno, acostado y enfermo. Ese hombrón. Ese niñote, un torote, ahí desvalido. Fuerte, valiente, arrojado, temerario. Y ahí, él mismo, la misma persona, echada, débil, vulnerable. Fue una imagen que me produjo ternura. Ahora me da un chingo de tristeza", relató Gerardo.

Los contactos

En Culiacán, Jiménez tenía también sus contactos en las corporaciones e instituciones de seguridad. Incluidas las procuradurías General de la República (PGR) y General de Justicia del Estado (PGJE). En la PGR, que es la dependencia federal encargada de combatir la delincuencia organizada, el periodista sonorense conocía a un funcionario de la delegación estatal identificado sólo como Vigueras.

Datos de esta dependencia federal ubican a un Norberto Vigueras Beltrán, quien en agosto de 2005 fue nombrado jefe regional de la entonces Agencia Federal de Investigaciones (AFI), hoy Policía Federal Ministerial, en Durango. El funcionario federal tenía entonces alrededor de diecinueve años de trayectoria en la PGR y ocupó el mismo cargo de jefe regional de la AFI en Hidalgo, Coahuila y… Sinaloa.

También, de acuerdo con versiones de personas allegadas, que quizá no estén en las indagatorias que realizó la PGR y que no tuvieron ningún resultado en cuanto a la localización del reportero desaparecido ni a personas señaladas como responsables de este ilícito detenidas, indican que Alfredo Jiménez Mota tenía comunicación con una agente de la DEA, la oficina antidrogas estadounidense, identificada como Ramona. Ambos tenían comunicación personal, siempre por teléfono. El contacto era constante y habitual. Las consultas en ocasiones eran interminables y permanentes, en función de las coyunturas. Y los intereses.

Otros rastros

En diciembre de 2003, Alfredo cubrió un accidente automovilístico cuando escribía en *El Debate*, en Culiacán. El percance ocurrió sobre el puente Almada, en el sector norte de la ciudad, durante la madrugada, y en éste participó Iván Archivaldo Guzmán, uno de los hijos de Joaquín Guzmán Loera, El Chapo. El saldo fue de un joven muerto. En el lugar estaba Reynaldo Zamora, jefe de Detenciones en flagrancia, de la Policía Ministerial del Estado. ¿Qué hacía ahí? Alfredo se lo preguntó para sí e incluyó en su nota que muchos le pidieron que no publicara el nombre del jefe policiaco y otros datos.

Zamora se molestó y acudió a la redacción del diario, ubicado cerca del bulevar Francisco I. Madero, en el primer cuadro de la ciudad, a reclamarle al periodista y amenazarlo, de acuerdo con lo que él mismo, el periodista, contó a sus amigos y a otros comunicadores días después. Así lo publicó el semanario *Ríodoce*, en el 2005, cuando Alfredo Jiménez ya era un reportero desaparecido y cuando las autoridades "intensificaban" las investigaciones.

"Reynaldo Zamora tiene miedo. Está preocupado." No más que como estaba Alfredo Jiménez días antes de ser desaparecido por sujetos desconocidos: desesperado, temeroso, desconfiado y, peor aún, solo.

"*Ríodoce* publicó que en enero de 2004 Reynaldo Zamora amenazó a Alfredo Jiménez, el periodista de *El Imparcial*, de Hermosillo, que permanece desaparecido. En aquel momento, Zamora era jefe de Detenciones en flagrancia de la Policía Ministerial. Y Alfredo Jiménez reportero de *El Debate*. Ambos se vieron en las instalaciones del diario."

El motivo fue una nota que escribió Jiménez sobre la presencia del jefe policiaco en un accidente automovilístico ocurrido sobre el puente Almada, de madrugada. El automóvil era conducido por un hijo de Joaquín Guzmán Loera y el saldo fue de un muerto.

Los hechos ocurrieron en diciembre de 2003. Molesto, Zamora le reclamó al periodista. Su presencia en el lugar lo ubicaba como un funcionario de la PME al servicio del narco. Y por eso lo espetó.

Después de esto, el mismo Alfredo contó que el jefe de Detenciones en flagrancia lo había amenazado, que le advirtió lo que pasaría si ese grupo del narcotráfico supiera quién es él... pero sin grabadora

Ahí, sentado en el café de Los Portales, en Culiacán, se siente "asaltado" por la grabadora. Manotea y apaga la Panasonic: "¡Espérate, espérate!, soy civil ahorita." Pide que continúe la plática, pero sin el foquito rojo de encendido.

—¿Tú amenazaste a Alfredo Jiménez?

—¡Espérate, espérate!, soy civil ahorita, platicamos pero sin grabadora.

NO ME DEJES ABAJO

—Pero tenías una responsabilidad cuando eras servidor público y Alfredo platicó que tú lo habías amenazado.

—Platico contigo sin la grabadora.

—Nomás contéstame sí o no.

—Es que no es cierto.... ¡es que no es cierto!

—¿Te ha citado la PGR a declarar sobre este caso?

—Absolutamente no... Y el día que me citen voy.

—¿Por qué saliste de la policía?

—Por el término del encargo. El cambio que se da normal.

—¿No hubo conflictos?

—Absolutamente.

—¿Qué haces ahorita?

—Pues trabajando para vivir, para mantener a la familia.

—¿Pero por tu cuenta?, ¿en ninguna corporación?

—No.

—Te vuelvo a preguntar, ¿amenazaste a Alfredo Jiménez?

—No es cierto... yo platico contigo sin la grabadora.

—¿Tuviste un conflicto o problema con Alfredo?

—No, absolutamente.

—¿De ningún tipo?

—De ningún tipo, sí platicamos de ese asunto y le di la explicación de por qué fui, nada más, ni siquiera una alteración de carácter, un conflicto.

Reynaldo Zamora permanece en esa mesa, sentado con los motociclistas de escaparate que se reúnen ahí cada domingo. Ahí, ya sin grabadora, cuenta que el joven que murió en el accidente, Alejandro Magno Niebla, era novio de una de sus hijas, y que por eso se presentó al accidente.

La publicación de la nota de Jiménez le valió ser citado por la Contraloría Interna de la Procuraduría de Justicia, para que explicara por qué estuvo en el accidente. Pero, según cuenta, no pasó de ahí.

Ahora tiene prisa por aclarar, pero también miedo y preocupación. Dice estar vendiendo ropa, con su esposa. Y además insiste en que va a acudir adonde sea y con quien sea a declarar, si es necesario.

El nuevo ingrediente lo puso la Procuraduría General de la República (PGR) cuando José Luis Vasconcelos, subprocurador de Investigación Especializada en Delincuencia Organizada (Siedo) declaró que una de las líneas de investigación sobre la desaparición de Jiménez conduce a Sinaloa.

En esta entidad, agrega el funcionario de la subprocuraduría, el reportero fue amenazado y esto podría tener relación con el narcotráfico.

–¿Te preocupa esta declaración?

–No me preocupa que jurídicamente o penalmente me vaya a pasar algo, pero no deja de ser un antecedente. Sé que estoy limpio, que no tengo nada que ver en eso.

"Como quiera que sea, soy una persona del medio oficial, no ejerzo ahorita ninguna función pública, pero es mi medio y voy a tratar de volverme a acomodar y trabajar porque tengo que mantener a mi familia."

"No me voy a dedicar a ninguna situación ilícita, nunca lo he hecho, tengo veintitrés años en este medio y me gustaría volver, con mucho gusto regreso."

"*Ríodoce* manejó mi nombre en dos ocasiones. No sé si *Ríodoce* tenga alguna prueba en ese sentido, pero no es cierto, yo nunca lo amenacé."

"Yo nunca le dije que le iba a pasar algo o que le iba a decir a esa familia que él estaba de una manera o de la otra, tampoco es cierto."

–¿Te sientes aludido por la PGR?

–Aludido porque ustedes lo manejaron, lo publicaron, que yo lo había amenazado, pues yo no sé si haya recibido alguna amenaza de alguien, llanamente. Te digo que no es cierto, que nunca lo amenacé

Nada más por eso me siento aludido, no porque corresponda a la realidad, no por otra cosa.

–¿Tienes disposición... ?

–De quien sea, cuando sea, estoy dispuesto a dar la cara. Ante cualquier medio, ante quien sea, soy inocente y me afecta. Yo no le causaría daño a un muchacho como él y nunca le he hecho daño a nadie, nunca abusé. Cumplí estrictamente con mi deber.

Los declarados

El 22 de abril de 2004, tres reporteros de medios locales fueron citados a declarar sobre el caso de Alfredo Jiménez. La Procuraduría de Justicia de Sonora había enviado a un agente del Ministerio Público y pidió la colaboración de su homóloga sinaloense.

Ahí, en las instalaciones de la PGJE, en terrenos del Tres Ríos, en Culiacán, se encontraron Óscar Rivera, quien entonces era funcionario de prensa del Gobierno Estatal y fue asesinado a balazos en septiembre de 2007, Paúl Villegas, que laboraba en el noticiero radiofónico Nuestras Noticias, y Torivio Bueno, periodista de *El Debate*. Los tres muy cercanos a Jiménez Mota.

Les preguntaron cómo era Jiménez en lo personal y laboral, si sabían de sus contactos, sobre los reportajes publicados en la entidad y si les había comentado algo sobre su desempeño en Sonora y las amenazas.

Fuentes de la Procuraduría General de Justicia de Sinaloa señalaron que en las declaraciones al menos uno de los tres mencionó al entonces comandante Reynaldo Zamora como quien lo amenazó en Culiacán. Lo cierto es que a la redacción de *El Debate* le llegaron varias amenazas a Alfredo: sujetos desconocidos lo insultaban y, lo peor, lo amenazaban de muerte. Nadie hizo nada y nadie sabe a qué nombres respondían o servían esas voces amenazantes.

Las últimas horas

"¿Qué hago?", se preguntó Alfredo Jiménez. ¿Qué hago?, preguntó a su interlocutor, desde el otro lado del auricular. Todos sus contactos que le servían para sus reportajes eran del Gobierno. Pero no quería acudir a ellos en busca de protección: no confiaba del todo.

Quince días antes de que lo desaparecieran, se le oía cansado y se le veía solo, que era lo peor. Desconfiaba de todo y de todos. Sujetos desconocidos le habían puesto un plantón afuera de su casa y pacientemente lo esperaban.

En una ocasión lo corretearon, pero se les peló. En otra, lo interceptaron en alguna calle de la capital sonorense. Logró meterse a un restaurante y luego salir por la puerta trasera, no sin antes pedirle al gerente que avisara a la policía.

Hasta que no se les escapó más. Fue un 2 de abril, en medio de esa soledad, el miedo y la desesperación, su vida cayó en ese hoyo negro que es la impunidad. Y nada más se sabe de él.

Un diario que habla

Una vieja agenda iba a ser tirada a la basura, en uno de los periódicos en que trabajó Jiménez. Un amigo fiel la ve entre los escombros, como un enternecedor bicho herido. Un ave de papel: alada, enferma y con lesiones. La recupera. Es la agenda que el reportero Alfredo Jiménez usó como diario y guía telefónica. Está su letra chiquita, sus garabatos para que nadie entienda, sus citas y fechas de cumpleaños de sus amigos. Nada revelador. Sólo que es de un reportero que dijo yo cuando la muerte lo citó. Porque desaparecer es una forma de morir. Ese que preguntó a su amigo si iba o no a la cita que le había planteado Adán Salazar. "Súbete a una avioneta que te voy a mandar y acá platicamos." Lo consultó y le dijo: "No vayas, cabrón. Te van a matar." Y no fue a ésa. Pero no acostumbraba incumplir citas. Mucho menos con la dama de la guadaña. Con ella se vio una vez y no regresó.

Entre los teléfonos anotados hay de diarios de la frontera con Estados Unidos, como el rotativo *Crónica* y también *Frontera*, de Tijuana. Están también de oficinas de derechos humanos, Instituto Nacional de Migración, Cruz Roja, funerarias locales y agencias del Ministerio Público, de las policías. La agenda es de 2004. En la hoja correspondiente al sábado 24 de julio aparecen los nombres (Jorge) Valdez Fierro, muerto a balazos el 7 de febrero de 2007 en la capital sinaloense por un comando, y Héctor Ochoa Polanco, ex director de la Policía Ministerial de Sinaloa y hoy un alto funcionario de esta corporación. En el día 5 está el nombre de Paúl Villegas, "cumpleaños." Y el 3 de ese mes la leyenda: "Homicidios en Sinaloa, menores infractores, profesionistas desempleados... cultura del crimen en Sinaloa."

La hoja del 28 de abril reza: "Estrellita reluciente... ya te extrañaba." Y el 19 de ese mes, yfsanchez@quest.net y abajo el nombre Ramona F. Sánchez, que quizá corresponda al contacto que el periodista tenía en la DEA. El 18 de febrero, a las 11 horas, apuntó "Conferencia magistral 'Cuarto Poder': Carlos Monsiváis." Era la actividad organizada por el semanario *Ríodoce* para festejar su primer aniversario. Y un miércoles de ese año, el que fuera, anotó "Miércoles de ceniza".

Vivo o muerto

El 2 de abril de 2012, durante un homenaje que devino en protesta, Alfredo Jiménez Hernández, padre del periodista, leyó un mensaje frente a la placa que lleva el nombre del comunicador, en la plaza de Empalme: "Pedimos que no quede impune la desaparición forzada de mi hijo Alfredo."

Juan Fernando Healy Loera, presidente y director general de *El Imparcial*, lamentó estos siete años en los que no se sabe nada del comunicador desaparecido y las indagatorias no han llegado a ninguna parte.

La nota de Ulises Gutiérrez, corresponsal del diario *La Jornada*, refiere que Healy manifestó que desde esa fecha, más hechos como el de Jiménez Mota han sacudido al periodismo mexicano y la situación parece ser imparable, pues desde entonces la Comisión Nacional de los Derechos Humanos (CNDH) ha documentado más de 450 expedientes de quejas por ataques a periodistas y medios noticiosos.

"Queremos conocer qué sucedió con el periodista Jiménez Mota y que su caso salga de los archivos de la impunidad en los que han quedado mucho otros", sostuvo.

En abril de 2009, la periodista Yesicka Ojeda, de *El Imparcial*, entrevistó a los padres, quienes lamentan los nulos avances en las investigaciones y exigen que se detenga a los responsables y saber de su hijo.

Esperanza Mota Martínez y José Alfredo Jiménez Hernández relatan que siguen vivos los recuerdos en la casa donde nació el comunicador.

–¿Han tenido avances de las pesquisas que sigue la Siedo sobre el caso Alfredo Jiménez Mota?

–Desde noviembre del 2008 todo sigue igual, no se ha movido nada y la verdad no hemos preguntado nada porque los encargados del caso (Siedo) en cuanto tienen avances de la investigación se ponen en contacto con la familia, no tiene caso que estén aquí, si no hay algo que nos revele dónde quedó nuestro hijo.

–¿Qué le pedirían a las autoridades federales y a la Comisión Interamericana de Derechos Humanos?

–Que sigan trabajando para que no quede impune lo que pasó con Alfredo, porque hasta ahora no sabemos lo que ocurrió, el motivo sí lo conocemos, pero nadie nos ha dicho dónde está y en qué condiciones, quiénes fueron los actores intelectuales.

Apestado

Un reportero se sienta en la mesa de un bar, en Culiacán. Está de visita, viene de Sonora, con otros sinasonorenses: gente que va y viene de Sinaloa a Sonora, y que son de allá y de aquí. Se encuentra con otros comunicadores, casualmente. Pero él no sabe que esos con los que comparte mesa eran de su mismo oficio. Les cuenta que conoció a Alfredo, que en sus últimos días en Hermosillo nadie quería andar con él: "Era peligroso, la verdad ninguno de nosotros quería darle raite ni acompañarlo. Era como un bato apestado." Lo dijo con cierta enjundia y orgullo. Imprudencia criminal. Su interlocutor le informó que él también era periodista y que conoció a Alfredo y que estaba triste por lo que le pasó. El hombre aquel preguntó para qué medio trabajaba y le dio el nombre del rotativo. El sonorense tomó su cerveza y dijo que tenía que ir a otra mesa, donde estaban los amigos con los que había llegado al bar, y que regresaba en un momento.

No volvió. Ni siquiera saludó más ni se despidió. Alfredo y sus amigos están apestados. Quizá muertos. Porque cuando muere un amigo, mueren todos. Muere algo. Algo se va. Algo no regresa más. Alguien.

Así vivía Alfredo, en soledad. Un asceta. Su trabajo era al mismo tiempo que desolador, el de un ermitaño, un loco. Los reporteros que lo conocían y que no compartían su forma de trabajar, por mediocridad o corrupción, desinterés o compromisos, lo miraban de lejos. Tomaban distancia: no nos vaya a salpicar, parecían decir. Esa alma en pena para muchos era un muerto. Y olía mal. Ese hombre va herido, déjalo ir. Por eso lo dejaron solo. Y esa soledad lo hizo más vulnerable. Dieron con él y pudieron con él. Y con él se llevaron a muchos que en este país van más allá de los actos de gobierno y la "cobertura de edificios", y beben de la calle, las plazas, la vida nocturna, las banquetas, sus latidos, torrentes y personajes.

Alfredo fue así. Se echó un chapuzón en los brazos de sus ciudades y pueblos. Se entregó inocente y pasionalmente a su oficio. Escribió, comunicó, indagó. Y así como trabajó, en soledad y en medio del páramo de la desolación, se perdió.

Réquiem en la web

Un joven anónimo, compañero de Alfredo Jiménez en la carrera de Ciencias de la comunicación, escribió en una página web que tenía una nota de seguimiento sobre la desaparición de Jiménez:

> Tristan Davis Blue aaawwm el Mota tomó algunas clases en mi salón, y una vez que un maestro preguntó que quién era el que estaría dispuesto a morir por defender la pluma, la libreta y la grabadora, fue el único que levantó la mano. QEPD el Mota.

La suerte de un paquidermo

Alfredo regresó a su tierra. No regresó a morir, como los paquidermos. Pero sin buscarlo, dejó ahí el último rastro de su vida. Ya estaba cansado, harto. En *El Imparcial* escribía mucho y de temas más que espinosos: sangrantes. Por ventas, por espectacularidad, por exprimirlo, no dejaban el tema del narco ni soltaban a Alfredo.

"Le pedían más y más. Él estaba cansado. Creo que los del periódico buscaban protagonismo, posicionarse. Lo utilizaron, como muchos", recuerda Gerardo.

En el reporte de Proyecto Impunidad, se indicó: "La violencia desatada desde esa fecha (abril de 2005) en territorio sonorense ha cobrado la vida de 74 personas, 63 de ellas a manos de sicarios al servicio del crimen organizado, de acuerdo a los datos recabados por autoridades federales y estadísticas…"

"El cuerpo de (Raúl) Enríquez Parra apareció en un predio de la comunidad de Masiaca, municipio de Navojoa, la última

semana de noviembre de 2005, junto a los de otros tres sujetos envueltos en cobijas. Para que no hubiera alguna duda sobre su identidad, portaba distintas credenciales –incluida la del IFE y otra de
una tienda departamental– y una tarjeta bancaria expedida en Estados Unidos. Los cadáveres de los cuatro presuntos integrantes de
la banda de narcotraficantes fueron arrojados desde una avioneta,
luego de ser sometidos a tortura."

Versiones extraoficiales indicaron que ésa fue la señal del
Cartel de Sinaloa, el mensaje: el saldo de la desaparición de Jiménez estaba pagado, y ahí párenle. El ajuste de cuentas de esa organización criminal incluyó una purga. La ciudad, el estado, esos
municipios sonorenses, estaban "calientes" por la desaparición de
un periodista. Alguien tenía que pagar.

Además, su desaparición provocó un alud de operativos,
pues al fin el Gobierno Federal se había dado cuenta de la gravedad
del problema que representaba el narco en esa entidad:

"Siete ranchos y cinco casas habitación de la organización
criminal de los hermanos Enríquez Parra en Álamos, Navojoa y
Ciudad Obregón. También a la familia Salazar Zamorano se le
incautaron cuatro ranchos y siete casas en Navojoa y Álamos."

Los elementos de la Agencia Federal de Investigación
descubrieron en el rancho Las Tierritas, ubicado en la carretera
Ciudad Obregón-Navojoa, información y hechos que eran del
dominio público, pero que ninguna policía local o federal investigaba. Un pequeño zoológico con leones y tigres, propiedad de los
presuntos narcotraficantes.

En total, la Siedo incautó bienes por más de 46 millones
199 mil pesos, los cuales eran propiedad de quienes se dedican al
narcotráfico en la entidad. Gerardo llora. El mar en sus ojos. La
lluvia en días de junio, secos y de ventisca que de tan caliente y
agresiva parece que corta, tiene filo. Alfredo, su amigo, desapareció el 2 de abril y su hijo nació un 3 de abril. Quiso ponerle como
áquel, pero su esposa no lo dejó. Y entonces habla del gorila, del
niñote, de aquel corpulento e inocente y temerario periodista que

desconfiaba de todos pero que siempre se descuidaba. No sirvieron de nada su pasaporte a la mano, en esa mochilita negra: un pie aquí y otro huyendo, en otro lado, queriendo salvarse.

"Dicen que Alfredo ya estaba bien golpeado. Que lo tenían en un rancho, torturándolo. Que llegó un bato, éste que se llama Rolando, jefe de Los Números, uno de los que aventaron desde la avioneta poco tiempo después, porque esto provocó un cisma en el Cartel de Sinaloa, entre ellos, de Sonora, y El Chapo, y los tuvieron que matar. Y llegó hasta donde estaba Alfredo y le dijo 'no sabes quién soy yo'. Y le disparó en la cabeza."

Camisetas, pancartas, mítines

Gerardo dice que el periodismo es una mierda. Y no quiere saber más. Murió su amigo y fue por eso y lo dejaron solo. Muchos de los que lo patearon y usaron para soltar y publicar tal información, por intereses de políticos o de los narcos, ahora traen pancartas y camisetas y exigen justicia en el caso de su desaparición. Hacen actos de protesta. En las fotos se ven muy dignos.

"Lo patearon con la punta. Le dieron duro y en el trasero. La verdad es que no vamos a lograr nada con estas manifestaciones, es puro circo, como eso del Proyecto Fénix (periodistas de varios medios que iban a investigar el caso de Jiménez y publicar conjuntamente, y que no prosperó)… puras pendejadas."

Ríe pero no alcanza a soltar la carcajada. Dibuja a Alfredo en su carro, ese Topaz negro, y él le pone la canción de "La yaquesita" en el estereo: "Yo tengo una yaquesita / que quise mucho en Sonora / y cuando ella baila cumbia / el que la ve se enamora…" Entonces Alfredo, que apenas cabe en la cabina, brinca y casi pega su cabeza con el techo. Saca la mano derecha y con la palma, esa pieza gruesa y pesada que tiene en la extremidad, como un mazo, le pega y pega al toldo. Y duro. "Hey, cabrón, me lo vas a abollar." Y vuelve a reír. Y le contesta, con esa sonrisa de oso bueno, de niño contento, "Hey, güey, cabrón, no me dejes abajo."

"Para mí, desde ese día, desde que lo dejaron solo… que el periodismo chingue a su madre." Y de nuevo el mar y la lluvia en sus ojos. No necesita 2 de abril. Lo recuerda. Lo extraña. "La neta, a veces pienso que nomás es nostalgia. Que el bato va a entrar por esa puerta de cristal y va a decir, qué onda güey. Culero, no me dejes abajo. Tuve que esconderme, corría peligro. Ya regresé."

18 DE JUNIO DE 2012

Del libro *Levantones*

El anterior texto tiene una relación singular entre los periodistas Alfredo Jiménez y Javier Valdez: ambos trabajaron bajo la amenaza y en numerosas ocasiones se jugaron la vida para decirle a la sociedad la verdad, lo que había más allá de las ejecuciones, el levantón y las telarañas del narco. Es un texto espejo dolorosamente, pues años después Javier Valdez vivió el agobio, más intenso, y pagó con su vida su valentía pues no se movió del centro de la hoguera.

El Bocadín

"¿Qué te preocupa? ¿A qué le temes?"

Juan instala en su cara la sonrisa ladeada. Sus ojos de niño se agitan como destellos. Parece travieso, ansioso, desesperado, juguetón y simpático. Y malo. Esa media sonrisa es de travesura, de que hizo algo malo de lo que igual puede estar orgulloso, pero también avergonzado. Es una mueca macabra que no abandona su cara.

Es un homicida del cártel de Sinaloa en cualquier punto de Culiacán. Ha visto unos cien cadáveres que sus compañeros de cuadrilla o los de otras células han torturado, destazado y ejecutado. Él sólo ultimó a tres. "Se fueron", dice, para referirse a esos dos que apenas hace una semana mató por órdenes de su jefe, luego de haberlos mantenido cautivos.

Juan tiene veinte años y ninguna pesadilla. Sus lágrimas están escondidas y así emergen cuando alguien que están torturando llora, suplica, se amarra en el "No voy a decir nada, compa", y es ultimado. Su bebé apenas tiene un año, su esposa puso un taller para pegar y adornar uñas naturales y postizas. Y su padre le suplica que se salga de la clica porque teme que un día le llamen para anunciarle que Juan está muerto.

"Nada", contesta. Nada le preocupa a Juan.

El jefe los mandó a atorar a tres secuestradores en el municipio de Navolato. Dieron con ellos fácilmente, con el apoyo de agentes de las policías Ministerial del Estado y Municipal de Navolato quienes, como es sabido, operan mayoritariamente para el cártel de Sinaloa. Igual que Juan, pero él no necesita uniforme ni arma reglamentaria. Traen en su haber varios AK-47 y AR-15. Los someten y se proponen llevarlos a una casa de seguridad, pero uno de ellos empezó a escupirlos a insultarlos. Decidieron llevarlos con el patrón y ése, el más picudo de los tres que habían capturado, lo insultó. El jefe apenas lo ve y ordena que lo lleven al lago. El joven sigue insultándolos. No sabe lo que le espera.

Bocadín

Dos de ellos lo toman de brazos y piernas. Es un joven que no llega a los 30 años, flaco y de baja estatura. No para de mentarles la madre y retarlos a chingazos. Pero Juan y sus compinches sonríen. Lo tienen asido boca abajo, de pies y manos. Lo balancean como si estuvieran jugando. Se ríen.

Bocadín es un cocodrilo de tres metros o poco menos. Juan lo describe y habla de su hocico: abre sus brazos pero parece que no le alcanzan para referirse al tamaño de la bocanada. Se resigna y asegura que la mitad de su cuerpo, algo robusto y de mediana estatura, puede ser tragado de un movimiento por el reptil.

Avientan al desconocido. Patalea y manotea. El cocodrilo se mueve con sigilo e inesperadamente emerge: con violencia y sorpresa, saca su cabeza y esa arrugada piel y atrapa, se prende, sacude. En cosa de segundos aquel ya no tiene una pierna. Unos cuantos bruscos y salvajes movimientos terminan con la mitad de uno de los brazos en el hocico. Gritos, luego llantos. Silencio de agua brava. Torbellino, pequeñas olas de lodo y agua turbia y sangre. El joven brinca, quiere alejarse. Resbala, cae, se levanta, trastabilla y vuelve a caer. Como puede se aleja y van por él. Lo sacan y lo ponen a la orilla del lago.

"El bato estaba consciente. Y duro, muy duro. Se portó bien el güey porque no crea que se puso a chillar con nosotros.

Pidió perdón o que le ayudáramos. Se estaba desangrando pero no se moría. Nosotros lo vimos y adrede, no más por ocurrencia, le echábamos cocaína en las heridas. Y él no más brincaba, así como que se tambaleaba. Le agarraban unos temblores machín", contó Juan.

–Pero, ¿para qué le echaban cocaína?
–No más, por juego. Para ver cómo se ponía el bato.

Hasta que dejó de moverse y se murió. El homicidio fue durante los primeros días de abril de 2013. En todo Sinaloa suman alrededor de 330 asesinatos, muchos de ellos en los municipios de Culiacán, la capital del estado, y Ahome, ubicado en el norte de la entidad. En la lista de asesinatos no está este joven destazado por Bocadín. Ni siquiera en calidad de desconocido: putrefacto olvido.

La cuadrilla

Juan forma parte de una cuadrilla y sospecha que el jefe, que tiene alrededor de seis años en el sicariato y unos 25 de edad, se queda con los cuatro mil pesos que le dan diario para que los reparta entre los integrantes de la célula; para que echen gasolina, coman algo y quizá pisteen –como llaman acá a la ingesta de cerveza o güisqui– y tal vez coquéen para que aguanten las intensas y extenuantes jornadas de trabajo.

A la quincena le pagan seis mil pesos, pero lo estresa "cabronamente", como él mismo lo describe, que tarden tanto en darles el dinero y que se los entreguen el día 20 o 22 de cada mes. Y apenas es día 17.

En cada colonia una cuadrilla como ésa. Todos traen vehículos en buen estado, como esa camioneta gris sin placa delantera, modelo 2010, aunque algo abollada por tanto jale, persecución y valemadrismo en medio de la selva de chapopote. Esos carros que ellos conducen y en ocasiones los jefes les venden –un Audi negro, por ejemplo, a 50 mil pesos y en abonos– son robados, recuperados, despojados a otros que también los robaron pero que operaban para organizaciones criminales contrarias o por su cuenta, sin el cártel oficial de por medio.

Todos traen celulares y no uno. Pueden ser dos o tres, además del Nextel. Todos traen radio de intercomunicación y alguien, quizá un joven de diecisiete o veinte o años, se comunica con ellos desde la central, igual que con otras células de otras colonias. Los tenis que lleva Juan, se los quitó a uno que agarraron por andar robando carros sin autorización del patrón. No supo qué fue de él pero antes de que se decidiera su futuro, unos tomaron el cinto, otros el celular o el pantalón, la cadena, el reloj y los anillos. Él prefirió los tenis porque los que traía "ya estaban medio jodidos".

Andamos trabajando

Juan puede andar solo o con los otros cinco que conforman su célula. Ya los han detenido los retenes del grupo élite, de la Secretaría de Seguridad Pública Estatal, o los del grupo especial, de la Policía Ministerial del Estado. Todos de negro, con fusiles automáticos G-3 o AK-47 o AR-15, botas altas amarradas por fuera y exhibidas. Son los grupos entrenados y formados por el gobierno de Mario López Valdez, Malova, para combatir a los narcos de organizaciones enemigas al cártel de Sinaloa, como el grupo que lidera Isidro Flores, "El Chapo" Isidro, residuos de la organización de los Beltrán Leyva en Guasave. Muchos dolores de cabeza. Mucha rabia y fiereza en las emboscadas y respuestas virulentas a los operativos de las policías contra ellos.

"Andamos trabajando", contesta Juan a los agentes. Uno que otro le responde: "Nosotros también. Bájate para una revisión." Pero él se aferra al volante: "No, eso no puede ser", les digo. "Somos gente de 'El Chapo'", y nos dejan ir. Ya no dicen nada y hasta se ponen a las órdenes de uno. Traemos cuernos a un lado, todos enfierrados. No más nos contestan "Pásale pues."

Juan recuerda que el jefe les ordenó encontrar a un chavalo que llevaba unos 50 carros robados en una semana. Dieron con él porque antes encontraron al hermano. Les informó rápido dónde podía estar y le pegaron varios balazos. Ahí quedó, en un sector del sur de la capital sinaloense. Al robacarros, que apenas tenía unos 23 años, no le sacaron información. No les importaba. Sólo tenían que torturarlo. Y Juan nomás vio.

Primero las uñas de las manos. Luego las de los pies. Cortaron sus dedos justo en la base de las uñas, uno por uno. Cada hora un dedo. Le sacaron las muelas con unas pinzas perras. Él, Juan, estuvo ahí. Y de repente le dio lástima. Y sintió sus ojos mojados. Y no pudo más.

"La neta, la neta. Se me salieron las lágrimas. Me dio lástima el bato pero no puedes actuar así. Hice como que no pasaba nada y pues pasó lo que tenía que pasar. Pensé después, cuando terminó todo, que todos podemos terminar así. Todos nosotros andamos haciendo eso y sí, es cierto, podemos terminar igual, así", manifestó.

En otra ocasión un par de jóvenes le robaron un automóvil a otro. Lo que no sabían es que la víctima era pariente de un capo de un sector de la ciudad. Mandaron por esos dos y no fue difícil dar con ellos en el fraccionamiento Barrancos. Entre tanta clica, muchachos con Nextel y radios, teléfonos celulares y halcones. La misma operación: les quitaron los tenis, las camisetas Burberry y los celulares.

"Uno de ellos se cagó. Y era una peste. Le llamamos al jefe para preguntarle qué hacíamos. Los matamos o qué, le preguntamos. Él preguntó también si eran muy jóvenes, si estaban plebes y cómo se veían. 'Morros, se ven morros.' Preguntó otra vez que si 'muy morros'. Y le respondimos. 'Oquei, dijo. Háblenles a los élite. Métanles un kilo de mota para que estén un par de años encerrados y se calmen los cabrones.'"

Los otros dos

En total eran tres secuestradores. Después de echar al más picudo a los cocodrilos, que murió desangrado, Juan y sus secuaces se encargaron de los otros dos, a quienes metieron a una casa de seguridad ubicada en una zona deshabitada, entre las ciudades de Culiacán y Navolato.

Los ataron a las sillas, les pusieron un trapo en la boca para que no gritaran o los encapuchaban. Después de una sesión de culatazos en espalda, pecho y abdomen, les tocaba darles agua y comida en la boca. A ratos inconscientes, cansados; cuando despertaban lo hacían violentamente, pidiendo cesaran los golpes y la tortura. No les hicieron caso. La instrucción del comandante de cuadrilla fue: "Tortúrenlos porque aquí está prohibido el secuestro. Y cuando ya vean que no pueden más, métanles unos balazos y tírenlos por ahí."

"Ésos ya se fueron", respondió Juan, cuando se le preguntó qué había pasado con los dos que no aventaron al lago, a las fauces de Bocadín. El doble homicidio fue entre el 10 y el 12 de abril de 2013. Los policías municipales y ministeriales les avisaron que podían sacar los cadáveres de la casa de seguridad, pero antes de que llegaran los de las Bases Operativas Mixtas Urbanas (BOMU), porque ahí participan soldados adscritos a la Novena Zona Militar. Se movieron con sigilo y eficiencia. Y abandonaron los cadáveres de las víctimas sin mayor problema.

Si se quieren salir

Juan no tiene pesadillas. No lo despiertan sus muertos o mutilados ni los gritos en las madrugadas. Tampoco el tableteo del cuerno de chivo ni los operativos del ejército o la policía. Él con esa media sonrisa como de fiesta y amenaza. Combinación: ángel con alas salpicadas de sangre ajena.

Su comandante, jefe de la cuadrilla, tiene 23 años y es "una verga parada", bueno para matar: matonsísimo. Ve a las víctimas y confiesa que se agüita. Cada mes se reúnen con otro jefe que está más arriba y cada vez es la misma cantaleta. Ahí, en esos encuentros, les dice que pueden salirse cuando quieran, que no habrá ninguna represalia.

"Sálganse", nos dice. "Sálganse si quieren, no hay pedo. No habrá ninguna bronca. Pero pobres de ustedes si me ponen, si la andan haciendo de sapos. Vamos por ustedes, al fin que ya sabemos dónde viven, quiénes son sus padres, hermanos e hijos. Y los vamos a matar a ustedes, los vamos a matar a todos." Así nos dice el bato. Y yo entiendo porque nosotros tenemos mucha información del jefe, sus familias, sus movimientos. Ya ha pasado con otros que se han salido y los han trozado. Y gacho.

No se ve dolor en su hablar. Ni en sus muecas. Cuenta de sus padres y hermanos. Lamenta que se los estén acabando las preocupaciones por los pasos perdidos de él. De andar en carros robados, traer un arma de fuego y matar gente. Tiene un bebé, una mujer, una casita que renta y amigos en el barrio, el panteón y la cárcel. Pero no tiene insomnio ni lo asaltan o emboscan los gritos de terror de sus víctimas. Sonríe de nuevo, no puede ocultar el orgullo de su récord mortal: tres muertos míos, pero he visto unos cien.

Parece de repente ponerse sentimental. Nubes grises que rondan su rostro, esas ojeras. Nebulosidad en la que se pierden sus ojos, esa mirada, esas pestañas de movimientos de niño, de inocente y matón a sueldo. Ya es día 17 y debe una buena parte de su salario.

–¿A ti qué te agüita? ¿Qué es lo que te preocupa y te pone triste?

Cualquiera diría que Juan piensa en su hijo que no ha dejado de balbucear o el padre que le suplica que se salga porque no quiere que le avisen una madrugada que ha sido muerto o en sus víctimas, los ruegos de que no los torturen más. Quizá que no quiere estar ahí, en el lugar de los cautivos, cuyo destino lo decide el comandante, el jefe, el patrón: ruleta rusa de la perdición.

–La neta, la neta. A mí lo que más me agüita es que no nos paguen.

17 DE ABRIL DE 2013

Del libro *Con una granada en la boca*

Dieciocho balas para Alejo

Alejo ahora se pregunta si vale la pena: volver a la policía, poner en juego la vida propia y de la familia, y empuñar un fusil automático, como hace casi veinte años.

La noche anterior a aquel 9 de diciembre de 1994, el encargado del hotel Hollywood en que se alojaba, ubicado en la llamada zona dorada, en el puerto de Mazatlán, le advirtió: afuera ha estado un hombre y parece que anda armado, y en la parte de atrás de los cuartos hay otro medio "placoso", no vaya a ser que lo estén "plantoneando". Eran las dos de la mañana y Alejo Herrera Elizalde, entonces de 34 años y uno de los comandantes de lo que ahora es la Policía Ministerial del Estado, investigaba el secuestro y homicidio de Amalia García Coppel, caso que sacudió a los mazatlecos y a todo Sinaloa.

La autoría del plagio y asesinato de García Coppel fue atribuida, de acuerdo con versiones de la propia Policía Ministerial, a la organización de los hermanos Arellano Félix, del cártel de Tijuana, que tenía células operando en el centro y sur del estado. Durante la década de los ochenta del siglo XX, mantenían importantes operaciones y eran reconocidos empresarios.

Una vez que lo abordó el encargado del hotel, salió y no vio a nadie. Sin prender las luces, tomó sus pertenencias y se cambió a otro cuarto. Al día siguiente averiguaría qué querían y quiénes eran los que intentaban cazarlo aquel fin de año, en la zona turística del puerto.

Una vida entre balas

Alejo es de buena estatura y grueso. Muy grueso. Ese pelo corto y esa corpulencia espantan. Cara de malo y voz de cavidad marmórea. Es su carta de presentación. Mira para arriba y pocas veces baja la mirada. Si a eso se agrega el porte, el fusil AK-47 versión corta y terciado, los cargadores abastecidos, la escuadra fajada y de uniforme negro, su silueta se convierte en una película de terror.

Permaneció siete años en la Policía Federal de Caminos, hoy conocida como Policía Federal de Proximidad Social; tres años en la Policía Judicial de Michoacán, y veinte en la Ministerial de Sinaloa. Tenía apenas quince días como egresado de la escuela y de haberse dado de alta como agente federal, cuando detuvo una camioneta *pick up* con cámper, en la carretera México-Pachuca.

Hacía mucho frío aquel invierno de 1979 y arreciaba un viento que escarchaba los intersticios. Eran las cinco de la mañana y Alejo, de diecinueve años, iba en su patrulla, solo. Decidió ordenar al conductor de la camioneta, que se detuviera porque le faltaba un faro delantero. Cuando lo tuvo enfrente, él parado y el de la camioneta en la cabina, le explicó por qué le había pedido que se parara. Revisó documentos del vehículo y el conductor empezó a ponerse nervioso. Le pidió que abriera el cámper: "Voy a revisar la carga. ¿Qué lleva?", le pregunté. "Nada, nada", respondió el hombre. Para entonces el amigo ya estaba bien nervioso, recordó Herrera.

Le contestó que le permitiera sacar las llaves, pero en lugar de eso encendió el motor y se puso en marcha para huir. El agente regresó apurado a la patrulla y empezó la persecución. Tomó el micrófono del equipo de intercomunicación, dio aviso a la central de la corporación y pidió ayuda. Adelante, la camioneta chocó contra un árbol y unos tambos de basura junto a la carretera.

El hombre descendió con un arma corta, calibre .38 súper, que traía en uno de los compartimentos de la cabina, y empezó a disparar contra el uniformado. Alejo recibió un balazo en la pierna derecha, muy cerca de la espinilla. Cojeando, como pudo, se mantuvo de pie y repelió la agresión. Traía una escopeta reglamentaria calibre .12 y le hizo tres disparos. El hombre quedó tendido en el asfalto, con los intestinos expuestos, y Alejo, a pocos metros, tirado y consciente.

Al lugar llegaron el agente del Ministerio Público y los agentes federales de refuerzo. Le confirmaron que el hombre había muerto y sus compañeros, que dieron con una cámara de fotografías instantáneas, empezaron a tomarle fotos a él, la patrulla y el muerto. Las gráficas impresas salían como recién paridas de la cámara: bailaban con el viento, revoloteaban. Sólo dos le quedaron cerca y logró atraparlas, y con ellas alimentó su memoria personal. Revisaron la camioneta. Bajo el camper, en bolsas, cartones de huevo y costales, aquel desconocido llevaba alrededor de 800 kilos de mariguana.

"Yo apenas tenía diecinueve años y me habían dado la alta como agente de la Federal de Caminos quince días atrás. Era mi primer enfrentamiento. Claro que me puse nervioso, pero la verdad no flaqueé. Fue miedo y adrenalina, y como que eso se transformó en coraje y fuerza para disparar. Yo sé que en esas circunstancias otros se quedan paralizados. Yo no", manifestó.

La cacería

Alejo Herrera carga sus casi 182 kilos a eso de las 10:40 horas. Sale de su hotel, a pocos pasos del Fiesta Inn, y se encuentra con los dos agentes ministeriales que conforman su escolta, Ricardo Villarreal García, quien manejaba la Ram Charger modelo 1994, nueva, asignada al comandante, y Efrén Beltrán Bustamante.

Les iba platicando lo de los hombres sospechosos que le había reportado el encargado del hotel, esa madrugada. Estaban a punto de dar vuelta en el retorno, por la avenida Del Mar, para dirigirse al sur, cuando empezaron los disparos. Los agresores los estaban emboscando: uno de ellos bajó de un vehículo con un fusil AK-47 a la altura del abdomen, de pie, a pocos metros del automóvil en que iban los uniformados, y empezó a accionarlo. Otros hacían lo mismo desde atrás, al frente y a los lados. Herrera alcanzó a ver a cuatro tiradores, aunque los reportes oficiales señalan que fueron en total trece agresores y al menos cuatro diferentes armas de fuego.

El comandante recuerda que sintió que estaba bañado en sangre y los cristales de las ventanas destrozadas a tiros; en lugar de arredrarse, tomó el AK-47 y empezó a dispararles. No veía, pero escuchaba las ráfagas y calculaba el lugar en que estaban los agresores y regresaba el fuego.

"Ahí cayeron dos heridos. A uno se lo llevaron en otro carro a La Noria –una comunidad ubicada en la zona alteña de Mazatlán, donde después murió debido a los balazos que recibió– y otro fue también rescatado por sus compañeros y se lo llevaron a Los Mochis –cabecera municipal de Ahome, ubicada a unos 400 kilómetros al norte del puerto– y lo dejaron en la Cruz Roja, envuelto en sangre y sábanas", manifestó Alejo.

En el lugar quedaron cientos de casquillos de diferentes calibres. Cálculos extraoficiales señalan que fueron alrededor de 30 los que participaron en la agresión, entre ellos varios agentes de la Policía Ministerial –que informaron sobre los movimientos realizados por el comandante y los ejecutores, que estiman en trece sicarios. Se usaron armas AK-47, conocidas como cuernos de chivo, fusiles AR-15, y pistolas calibre 9 milímetros y .38 súper.

Alejo Herrera Elizalde recibió dieciocho balazos: dos en la espalda, otro en el cuello, cinco en el brazo, uno en una nalga, otros en la pierna y algunos más en el abdomen: a su intestino grueso, que quedó tan destrozado como el monoblock de la Ram Charger, tuvieron que cortarle 60 centímetros. En el cuello, justo en la base de la oreja, tiene la bala que lo besó pero no alcanzó su cráneo ni el resto de su cara: un eterno chupetón de fuego y plomo.

El mensaje

En respuesta, las autoridades iniciaron un fuerte operativo en el sur de Sinaloa. Dámaso López, a quien apodan El Licenciado, hoy uno de los principales operadores del cártel de Sinaloa en la zona de Eldorado y parte del Valle de San Lorenzo, en Culiacán, era el coordinador operativo de la zona sur, de la Policía Ministerial.

Versiones extraoficiales señalan que ubicaron a todos, incluidos los sicarios y los que avisaron a éstos para iniciar la refriega. Y de ellos, de esa treintena de homicidas, no se supo más.

Herrera Elizalde pensó que la agresión era la respuesta de un grupo de secuestradores oriundos del estado de Durango con los que se enfrentó días antes. Se le hizo que habían reaccionado muy rápido. El saldo de ese enfrentamiento fue de dos aprehendidos y dos más muertos. Pero no, al poco tiempo supieron que el origen estaba en el cártel de Tijuana de los hermanos Arellano Félix, cuyo operador en Sinaloa, conocido como El Güero Jaibo, había sido buscado por Alejo semanas antes y de quien había recibido un mensaje amenazante.

Juan Francisco Murillo Díaz, nombre del gatillero y operador, participó en la ejecución del cardenal Juan Jesús Posadas Ocampo, en Guadalajara, capital del estado de Jalisco. Era homicida, secuestrador y asaltante y a Herrera le intrigaba que a pesar de sus conocidos delitos, no había policía que lo detuviera en Sinaloa: "Qué casualidad, a todos se les iba... por dinero."

En una ocasión, una joven y muy guapa mujer llegó al despacho del comandante en la Policía Ministerial, ubicada por el bulevar Zapata, en la colonia Ejidal de Culiacán. Parecía nerviosa, aunque el oficial no se confió. Se presentó y le dijo que iba de parte de "El Güero Jaibo", que ya sabía que lo andaba investigando y que iba a ir por él.

Yo le menté la madre. Ella dijo que "El Güero Jaibo" la tenía amenazada, pero yo no me la creí. Le contesté: "Dígale que digo yo que chingue a toda su madre. Que venga, aquí lo espero."

No permitiría que me azorrillara un cabrón como ése, aunque se sabía que era un hombre muy malo, contó el comandante.

Sabía, agregó, que Murillo Díaz era compadre de otro que también había sido jefe de la policía, Humberto Rodríguez, "La Rana", también de la organización de los Arellano Félix y hoy preso en el penal de máxima seguridad de La Palma, por narcotráfico. Además, era cercano a Rodrigo Villegas Bonn, considerado jefe de gatilleros del cártel de Tijuana.

La respuesta

Durante un operativo, la Policía Ministerial detuvo a dos supuestos gatilleros. Cuando Herrera se enteró habló con ellos y logró que uno aceptara delatar a "El Güero Jaibo" a cambio de recuperar su libertad, y así lo hizo. La versión que le llegó al comandante es que había una reunión o fiesta en una vivienda ubicada en la colonia Electricistas, en la ciudad de Los Mochis, donde aparentemente estaba Ramón Arellano Félix, considerado el brazo ejecutor del cártel de Tijuana, Humberto Rodríguez y otros diez o doce pistoleros. Además de armas de alto poder, portaban granadas de fragmentación.

Entre varios jefes de la corporación acordaron no informar de este operativo al grupo que comandaba Alejo Herrera, porque presumían que algunos de ellos pasaban información a esta organización criminal. Accedieron a participar en él contra los narcotraficantes, además de Herrera, Octavio Urías Quintero, asignado a Los Mochis; Rito Meza Bracamontes, ubicado en el municipio de El Fuerte; Martiniano Vizcarra, quien estaba en Culiacán, y Ángel Ledezma Rodríguez. En total, eran unos veinte entre comandantes y agentes.

Cuando los uniformados llegaron fueron recibidos a tiros y varios de ellos decidieron no participar más en la refriega. En la vivienda sólo estaba "El Güero Jaibo", su esposa y una niña de escasos seis meses, a quienes había tomado como rehenes. Primero les disparó con armas automáticas y luego terminó con los seis cargadores de una pistola .38. Herrera y su grupo le respondían con ráfagas de fusiles AK-47, pero sin intentar pegarle, porque corrían peligro la bebé y la madre, a quienes tenía abrazadas. Así permanecieron durante cerca de cinco horas, hasta que la joven le mordió el brazo y el pistolero soltó a sus rehenes y bajó la guardia. Mientras, la madre tomó a la niña y se tiraron al suelo.

Herrera y los comandantes aprovecharon y le dispararon hasta darle muerte. Versiones extraoficiales indican que en el lugar había varios casquillos calibre .357 mágnum bajo una perforada alfombra donde cayó abatido el pistolero.

¡Taxi!

"Nunca estuve inconsciente", cuenta Herrera. Su voz suena cavernosa y recorre el espacio donde se realiza la entrevista. Su boca pone un punto y seguido que se prolonga de más hasta convertirse en puntos suspensivos. Quizá dentro de su cabeza está buscando los detalles de aquel intento de asesinato en que el objetivo era él.

Señaló que tomó uno de los rifles que dejó uno de sus compañeros heridos, Efraín Beltrán Bustamante –quien quedó muerto en el lugar– y empezó a dispararles hasta exprimir los cargadores. Hizo lo mismo con una escuadra que portaba. Accionó esas armas con la izquierda y luego con la derecha. Y si hubiera podido lo habría hecho con ambas al mismo tiempo, pues es ambidiestro, pero tantas lesiones y la confusión no le permitieron un accionar simultáneo.

Bañado en sangre, tambaleante, vio que un taxi pasaba cerca del lugar y le hizo señas para que se detuviera, pero el conductor pareció espantarse al verlo con tantas heridas y sangrando. En la escena, los agresores dejaron tres vehículos, cargadores de AK-47 en tambos para la basura y tres vehículos: un Nissan blanco, un Cutlass gris y un Grand Marquis negro.

"Usaron balas que explotan cuando llegan a la superficie, tipo expansivas, pero pierden cerca de 70% de su fuerza con el impacto… eso me ayudó a sobrevivir", explicó. Duró alrededor de dos horas en cirugía, abierto en canal, e internado por tres días en el ISSSTE de Mazatlán. La incapacidad fue por 24 días y los médicos estaban sorprendidos de su rápida recuperación.

Él dice que tuvo suerte, que logró reaccionar bien durante el ataque, que el tipo de balas usadas en su contra también le favorecieron. Pero esos cerca de 182 kilos, esa masa de carne y grasas, construyeron una gelatinosa barrera de blindaje especial frente a tantos proyectiles disparados.

Los corridos

El dueto de música norteña Miguel y Miguel compuso un corrido a Alejo Herrera, que tituló "Comandante Herrera":

> Conocido en Michoacán
> en Sinaloa es temido
> por mucho tiempo al gobierno
> su pistola ha servido.
> Él no supo de padrinos
> ni de recomendaciones
> de muy abajo empezó
> como se forman los hombres
> respetando a sus iguales
> también a sus superiores…
> Por eso siendo muy pollo
> le salieron espolones
> a sus jefes les mostró
> que es hombre de decisiones
> terror les causa su nombre
> a los ratas y matones…

En una de sus estrofas, se refiere al ataque que sufrió el jefe policiaco en el puerto de Mazatlán:

Una vez en Mazatlán
con el cuerpo hecho pedazos
de la muerte se escapó
estando ya entre sus brazos
por muerto lo habían dejado
tenía dieciocho balazos.
Los gatilleros sabían
que no debían fallar
muy cerquita lo seguían
por la avenida Del mar
y en un semáforo en rojo
comienzan a disparar.

Ponme a tus jefes

El 11 de septiembre de 2004 un comando mató a balazos a Rodolfo Carrillo Fuentes, hermano del extinto capo Amado Carrillo, del cártel de Juárez, en el centro comercial Cinépolis de Culiacán. En el ataque también murió Giovana Quevedo, su esposa. Varios agentes de la Policía Ministerial, bajo el mando de Pedro Pérez López, jefe de Investigaciones de la corporación, custodiaban a la pareja cuando empezó la balacera.

Luego de este doble homicidio y de una serie de asesinatos relacionados con esta emboscada, se dio el rompimiento entre los cárteles de Juárez y de Sinaloa, y la Procuraduría General de la República (PGR) inició indagatorias sobre la protección que jefes policiacos brindaban a los Carrillo, por un lado y, por otro, a la organización criminal que lideran Joaquín Guzmán Loera, "El Chapo", e Ismael Zambada. Prácticamente todos los jefes de la

PME fueron acusados de trabajar para el narcotráfico y muchos de ellos, excepto Alejo Herrera, lograron huir.

En la lista de los más buscados aparecieron Jesús Antonio Aguilar Íñiguez, entonces director de la Ministerial –puesto al que regresó en 2011, con el gobierno "del cambio" de Mario López Valdez, Malova, luego de haber sido "absuelto" por la justicia federal–, quien permaneció oculto durante poco más de un año. También fueron giradas órdenes de aprehensión contra Reynaldo Zamora, Martiniano Vizcarra, Héctor Castillo y otros. Pedro Pérez, quien iba con Rodolfo Carrillo cuando fue ultimado, resultó herido durante la refriega y luego detenido mientras lo atendía personal médico en el hospital del ISSSTE de Culiacán. Actualmente está preso acusado de vínculos con los criminales.

Herrera Elizalde fue encontrado el 19 de junio de 2005 en su casa, en el fraccionamiento Villa Verde, por militares y agentes federales adscritos a la Subprocuraduría de Investigación Especializada en Delincuencia Organizada (SIEDO). Eran unos 30, vestidos de negro y gris, encapuchados y con perros pastor alemán: revisaron todo y dieron con alrededor de 600 cartuchos, 400 de ellos calibre 7.62, para AK-47 y el resto 9 milímetros.

El comandante fue llevado a la ciudad de México, donde permaneció arraigado 90 días. Durante los interrogatorios fue abordado por un policía de la Agencia Antidrogas de Estados Unidos (DEA, por sus siglas en inglés) y un agente del Ministerio Público Federal. Lo acusaban de delincuencia organizada, delitos contra la salud y posesión ilegal de cartuchos.

El agente estadounidense le ofreció dejarlo en libertad si les "ponía" (delataba) a jefes policiacos y del narcotráfico. Como una letanía se los fueron mencionando y él fue respondiendo que no sabía dónde estaban o no los conocía. Fueron alrededor de cuatro horas y media en ese interrogatorio disfrazado de "entrevista".

"El gringo, un pocho, me decía ponme a fulano, ponme a sutano, y yo le decía que no y ahí me amarré. Jefes del narco y de la policía. Se molestó y me dijo 'Entonces voy a pedir que te giren orden de aprehensión, porque eres un enemigo de los Estados Unidos. Te voy a llevar a mi país', y le contesté que había aceptado que me interrogara por cortesía: 'Usted tiene unos 30 años y yo 50, y lo que usted hace conmigo yo lo hacía cuando usted estaba en pañales.' Se enojó y se fue."

Herrera le informó al Ministerio Público Federal que estaba molesto y triste, y también tenía coraje. Le señaló que traía la presión muy alta: "Vea mi cuerpo, no dejo de sudar y la presión me está matando, ando empapado."

El fiscal le preguntó por qué le decía todo eso y le respondió que a la primera "calentada" se iba a morir y "yo no quiero morirme así, sentado, amarrado. Quiero morirme echando chingazos."

Amargado

Así se describe el ahora ex comandante: amargado. Estuvo poco más de un año preso en el penal de Culiacán, del que salió absuelto en 2006. Irónicamente, antes de que lo detuvieran y después del homicidio de Rodolfo Carrillo y de la descomposición violenta que se dio y las ejecuciones en Culiacán y Navolato, había decidido renunciar a la policía. No lo hizo y esperó a que lo encontraran en su casa. Sabía, dice ahora, que no iba a tener problemas y pronto lo iban a soltar.

"Me queda una amarga experiencia, emocionalmente me afectaron mucho, socialmente y en todos los sentidos; a final de cuentas la verdad salió a relucir y salí absuelto de los delitos que me imputaban", expresó en una entrevista que le hizo el reportero Daniel Gaxiola, en el diario *Noroeste,* el 11 de agosto de 2006.

Ahora no está amargado. Al menos no lo dice. Está enojado. Y resentido. Se apura en aclarar que no con el gobierno ni con el sistema, "sino con el hecho de que no vale la pena poner en riesgo mi vida a cambio de defender a la sociedad… me gusta defender a la gente, pero ¿por qué yo?, ¿por qué voy a agarrarme a chingazos contra "El Chapito" Isidro (jefe de una organización criminal que operó para los Beltrán Leyva, enemigo del cártel de Sinaloa, con gran presencia en el municipio de Guasave, a 150 kilómetros al norte de Culiacán). ¿Por qué? ¡Está cabrón!"

Empieza abril de 2012 y confiesa que altos funcionarios del gobierno de Sinaloa le ofrecieron su reingreso a la PME pero como jefe de un grupo importante. Les respondió que no, que merecía algo más. Y así quedó.

—Es muy difícil ser comandante de la Policía Ministerial y no tener nexos con el narcotráfico, ¿usted los tiene? ¿Es cómplice de ellos?

Suelta un "No" que suena como disparo. Suena y se queda en el ambiente. Suelta después una carcajada que es como una ráfaga potente, viniendo de su voz de caverna honda y oscura.

—No, no hay ninguna prueba de eso. Por eso salí absuelto y ando por todos lados, con libertad y tranquilidad, toda la del mundo. Ando por todos lados y sin problemas—, respondió.

Con un policía dentro

Alejo Herrera ya no pesa aquellos 182 kilos, pero sí alcanza alrededor de 147. Dentro habita un policía, aunque aclara que ya no anda como antes, cuando llegó a portar una escuadra, por si había problemas. Tampoco vigila la entrada. Su espalda acorazada está frente al acceso principal de ese salón: es la misma espalda que le recuerda el orificio y los daños que provocó en sus interiores aquella bala que le dispararon los sicarios en Mazatlán: son sus dieciocho18 heridas, sus dieciocho18 punzadas, tatuajes, chupetones de plomo y fuego, dolor a ratos, cicatrices que gritan intermitentemente.

"Es un lujo andar en la calle, en mi vehículo y hasta en los camiones del transporte urbano", confiesa. Tiene una empresa de seguridad privada que le da para mantener a su familia.

Quiere volver y no. Estar en la policía, portar armas y uniforme. Le pregunta a su esposa e hijos qué piensan y le contestan que se reincorpore, que si a él le gusta por ellos no hay problema. Pero él se queda pensando. Mira la pared, el vaso de agua fresca, la cuchara, el popote, la mesa.

"Quiero volver, la verdad. Y al mismo tiempo me resisto. Estoy muy a gusto así. Además, me sigo preguntando si todo esto vale la pena."

12 DE ABRIL DE 2013

Del libro *Con una granada en la boca*

Prefiero ser cabrona

"¿Sentirme herida? No."

Vanesa estaba estudiando licenciatura en contabilidad pero la abandonó porque no le alcanzaba el dinero. Es alta, hermosa y de talle ondulante, trae una .45 en el bolso: en medio de papeles, cosméticos y accesorios, la escuadra está más a la mano que el bilé.

Nomás por capricho, conserva una Smith and Wesson. Por puro gusto.

Ella sólo cumple órdenes pero no mata inocentes. Para Vanesa, cuando le dicen ve por él, no hace más que estudiar, revisar movimientos y actuar. Limpia, sin testigos ni los llamados daños colaterales. Muere, dice, quien tiene que morir. El que robó toneladas de perico —como llaman a la cocaína—, el que no pagó o se quedó con el dinero, el que traicionó o delató. Muere quien lo merece.

Y mantiene su máxima: no niños.

—¿Tanta muerte te tiene herida?

Vanesa dice que no trae en su conciencia a todos aquellos que ha ejecutado ni la despiertan durante la madrugada las súplicas o llantos o las miradas de los que tuvo que mirar a los ojos. Va despacio, a tientas. Tiene plomo en lengua, labios, pestañas, cavidades oculares, manos y pies y pasos. Sus milimétricas cavidades dan positivo en la prueba de rodizonato de sodio: y con creces, en ese andar, ese espectacular donaire de pintar de nuevo el viento y de saberse segura y atractiva, pero también peligrosa. No dudará, lo sabe, a la hora del índice en la oquedad del arma en la que va el gatillo. Tiene plomo en el alma, en ese palpitar de mujer con sueños que tardan en llegar. Y también corazón.

"Nunca me come mi conciencia, ¿para qué? Por algo pasan las cosas y si me les aparezco fue porque andaban de cabrones o abusando de su poder. No soy Dios ni nada por el estilo y no lo intento ser, pero a mí me dan órdenes y las cumplo", manifestó.

Piernas cruzadas. Su pie derecho baila forrado en esos zapatos no tan altos y por lo tanto más que cómodos. Ahora trae prendas rojas. Le gustan los colores fuertes, como su vida. En otra ocasión serán negras, pero no su alma. Es como una mujer que mata y mata, pero sin placer y sólo porque es su trabajo, y a pesar del río mundanal y las arenas movedizas, parece resignada a la salvación, sabiéndose en un infierno.

Le duele no haber terminado su carrera, pero piensa, está segura, que un día volverá y se instalará en la butaca del salón como una joven más, dispuesta a estudiar y terminar la licenciatura. No quiere ser modelo porque no la bajarían de puta. No lo tolera. Tampoco que la ubiquen como una pendeja.

"Ojalá fuera puta, acostarme con alguien y sacarle beneficios como cualquier otra puta del gobierno, pero no, prefiero ser cabrona a que me digan pendeja." Está en ese sillón que con ella ahí parece un pedazo de cielo. No acepta grabadora y por supuesto no hay insistencia. Mucho menos foto. Accede, sí, a una entrevista y es ella la que pone las condiciones y no son pocas, pero posibles de cumplir.

Sólo puede decirse que es del norte y que vive cerca de la frontera. De varias fronteras: la de la vida y la muerte, ese ir y venir con el cañón humeante y el cuerpo frío, apacibles aguas superficiales que contienen maremotos en sus intersticios, en ese submundo de corrientes insumisas y bravías y sin palabra de honor. De la frontera norte del país. Y de todas las lindes filosas, destellantes y puntiagudas.

Va y viene y no trae las alas salpicadas ni sus pies por los lodos movedizos de la perdición. Se sabe de este lado y le duelen los prostitutos del gatillo que arrasan con todo, incluso niños y embarazadas, con tal de experimentar la necrófila sensación de disponer de la vida de otro y salir de ahí más fortalecido: vampiros y mequetrefes de la galopante perdición.

"No me duelen los muertos que dejo. No. No son ni míos, son, como se dice, del sistema, gente que se tiene que morir, que si tienen madre, esposas o hijos, sí los tienen, pero o son ellos o son otros más los que ellos matarían. Nunca he matado a un inocente", aseguró.

–¿Sientes que de alguna manera alivia tus males terminar con estas personas?

–No y no. No se alivia nada tronando a alguien: le añades limón a la herida, y mis asuntos no los mezclo con ellos. Una cosa son mis sentimientos, los que sean, y otra que la carpeta que me dieron tuviera el nombre de un cabrón que se clavó varias toneladas de perico. Al menos yo no estoy tan enferma.

"Aquí no hay placeres, no los hay. Pregúntale a un carnicero si tiene placer al cortar la carne cruda que ni se va a comer. Placer es ir un restaurante y que te la den ya asada, en su jugo. Aquí hay dolor que se hace fuerza, pero no es dolor tuyo. Es el dolor de esos que despachas afuera por andar de mamones y que piensan que ya la libraron, ese es el único dolor, del que se va porque sabe que va a dejar familia aquí y a lo mejor no sabían lo que hacía la lacra del hijo o hija que tenían."

Afirmó que no pertenece a ninguna organización delictiva. No soy de nadie ni hay exclusividad. Nadie la trata como si fuera su propiedad. Ella es libre y se considera toda una profesional en lo que hace.

Vanesa tiene piel bonita pero pide que no se escriba nada sobre su color. Ahí, asegura, no van a encontrar cicatrices. En ninguna parte de su cuerpo. Las suyas, esas heridas que lleva, están dentro y tienen qué ver con su familia y amigos, aquellos que murieron en condiciones absurdas, por descuido, traición o confusión. Le duelen por dentro pero no se ve ese dolor en sus palabras ni en esa mirada. Hay otra Vanesa escondida, que se guarda las tristezas y cancela las lágrimas, para sus momentos de soledad: abandono y vulnerabilidad, escafandra y caparazón, prohibición con blindaje nivel cinco de sus tatuajes invisibles, esos que no sangran pero de los que brotan lágrimas.

Piensa en sus hermanos, su madre, la butaca que la espera en la facultad, la niña que fue, el novio que no tuvo, la amiga que no está y los hijos que podría tener. Nostalgia y añoranza del mañana. Ayer y futuro en esa licuadora que es su vida.

–¿Qué es lo que más te duele, lo que más te ha provocado dolor?

–No sé, quizá saber de un cabrón que se burló de mí, me fue infiel y que andaba de matón y sin tocarse el corazón le entraba a matar niños y conmigo era un angelito, un hombre tierno. Pero me dolió su engaño, su abuso con gente que no puede defenderse. Eso me duele más, la injusticia. También me duele que no pueda, que no haya podido hasta ahora, terminar mi carrera. Y ser yo, así de simple. Eso es lo que más me duele… además de las traiciones.

Vanesa siente que se le revoluciona el pecho pero la lengua se mantiene en pausa. Confiesa que tiene amigos muertos, algunos de ellos a balazos. Pero no puede llorarles porque así se los prometió. Dolor que ocultar, duele.

"A veces que no estoy cerca de mis amigas y compas que no son muchas o de mi familia, me duele. Yo me fui por mi cuenta para evitar problemas, no por mala hija o amiga. Me dijeron que a lo mejor quería borrar mi pasado, pero ni al caso. No me arrepiento hasta ahorita. De nada", señaló.

Hace una pausa. No le gustan las preguntas y menos que éstas sean tan personales. Por eso odio a los periodistas, dice. Y se ponen rocosos sus pómulos, aunque no logran competir con su belleza. Sus senos en su lugar. Buena nalga y acinturada. No hay cirugías. No se descubre mucho pero le interesa andar a la moda. Casi no se maquilla: no lo necesita.

El primer jale

"Mi primer jale fue contra un caco. No sé cuál tiene más importancia, si fue él o fue el que me dijeron que torciera. Pero el mismo día me despache a los dos y yo digo que no lo asimilé y por eso superé rápido las cosas.

Ya me habían regalado una pistola y el morro me tiraba el rollo todas las mañanas. Medio carita, estaba siempre estacionado y yo lo saludaba pero no sabía que era el caco que andaba saqueando las casas en las mañanas. Lo vi ese día estacionado en su Cherokee y siempre que salía a la escuela me decía 'Qué onda bonita, te llevo a la escuela' y la verdad sólo sonreía. Para qué te miento, sí estaba guapo y lo miraba cómo me comía con la mirada. Estaba siempre en la mañana, como a las seis y media, estacionado y ya que la mayoría de la plebada, de las familias, nos íbamos al trabajo o a la escuela, entonces ocurrían los robos. Se metían a las casas y las saqueaban.

Vanesa dice que se desbordó de coraje cuando se enteró que el ratero se había metido a la casa de una señora muy apreciada por ella y su familia, que la había cuidado a ella y sus hermanos cuando los padres no estaban. Entonces, la señora, ya mayor, era como de la familia.

"De puro milagro me regresé a la casa porque había olvidado la usb donde traía la tarea que ese día debía presentar en la escuela. Y fue allí cuando lo caché que se había metido a la casa de doña Juana y mi reacción fue coraje y las manos me temblaban.

Sentí como la cara se me puso caliente, y no sabía qué hacer, si llamar a la policía o qué.

Miré que salió sin pena y mi primera preocupación fue doña Juana, dónde andaba, si estaba dormida, si estaba en su casa. Agarré una caja de zapatos donde tenia un celular y la Colt, y salí y me fui muy normal con la usb y la caja de zapatos. El morro estaba allí en su camioneta y me sonrió de nuevo y le sonreí, y para su buena suerte se ofreció a llevarme a la escuela, y me iba coqueteando y yo iba también tirándole el rollo y me dijo que por qué no nos íbamos a dar la vuelta fuera de la ciudad, le dije que sí. Entramos a un motel y se estacionó."

El joven era atractivo y le gustaba a Vanesa. Pero ella traía muchas emociones juntas y revueltas en panza y cabeza. Justo cuando iban a entrar al motel ella le pidió que mejor se regresaran, que tenía que imprimir unos documentos que debía entregar en la escuela y que se verían después. Se le ocurrió entonces pedirle que le permitiera manejar la Cherokee.

"Y me dice, claro que sí mija... y fue allí cuando se la dejé ir. Cuando se voltea a desabrochar el cinturón de seguridad y quiere abrir la puerta, le dispare en la espalda dos veces. No sé si fueron las balas pero me quede sorda en ese rato, y después reaccioné y le llamé a un amigo y le dije lo que había hecho y me regañó. Me dijo que me había adelantado, que no anduviera con pendejadas y llegó por mí, me abrazó, eso lo recuerdo, y me preguntó cómo estaba."

A Vanesa le viene bien contar los momentos en que alguien cercano le da muestras de cariño. "Eso lo recuerdo y bien", repite, cuando se refiere al abrazo que le dio ese amigo y cómplice suyo, que antes de pedir explicaciones, hace que ella se guarezca en sus brazos.

Le preguntó por qué lo había hecho y ella respondió: por ratero y abusón.

"Se rió y me dijo que aprendía rápido, pero que no me quisiera brincar de nivel aún. Me llevó al centro de la ciudad y se llevó la camioneta con todo y cadáver a las afueras. Allá la dejó con el morro dentro.

Esa fue la primera vez. No me enorgullece pero así fue. La segunda ya me llevaron con alguien a que me conociera y me ofreció una cangurera con dólares y le pidió a los guaruras que me llevaran de compras y después a decirme a quién querían quebrar."

Vanesa se acomoda en ese sillón, en el que se instaló a sus anchas. Ahora está de descanso, tiene semanas así. Son las vacaciones que ella misma se da después de algún jale. No dice cuándo ni dónde ni contra quién. Está en espera, también, de que le den nuevas órdenes. En algún momento le harán llegar una "carpeta" con el nombre, foto, datos: próxima ejecución. Cruza las piernas. Está en sus aposentos, esparcida, en la comodidad. Una paz inquebrantable asoma como un destello: nave fugaz que cruza de extremo a extremo esos ojos de filo peligroso y seductor. No debe nada, dice.

"Todo el que quebré se lo merecía ¿Qué más? ¿Qué más quieres saber?"

Puja. Cree, está segura, que no se le preguntará más. Eso quiere y así lo hace notar y no con disimulo. Hay mucho todavía por cuestionar, pero no cuando alguien como ella, con las herramientas de trabajo en ese bolso LV (Louis Vuitton).

12 DE MAYO DE 2013

Del libro *Con una granada en la boca*

Órdenes del jefe

—¿Cómo te llamas? —es la voz de un hombre. Habla fuerte y seco. Habla como si golpeara con la voz. Cada sílaba y sonido. Martillazos óticos.

    —Yesenia Armenta Graciano.

    —¿A qué te dedicas?

    —Ama de casa.

    —Y tu esposo, ¿cómo se llama?, ¿sabes por qué estás aquí?

    —No.

    —Te haces pendeja. ¿Cómo se llama tu marido?

    —Jesús Alfredo Cuen Ojeda.

    —¿Y él, dónde está? —pregunta y sube el tono.

    —Está muerto.

    —¡Lo mandaste matar, hija de la chingada! —el hombre le pega con la mano extendida en la cabeza.

    Él es un agente de la Policía Ministerial del Estado.

    Ella es la viuda de Alfredo Cuen Ojeda, muerto a tiros el 2 de julio de 2012 cuando se disponía a abordar su automóvil, estacionado en Paseo Niños Héroes, también conocido como "malecón viejo", en un céntrico sector de Culiacán. La culpan de haberlo mandado matar.

    Alfredo fue director de Deportes de la Universidad Autónoma de Sinaloa (UAS) y es hermano de Héctor Melesio: exrector de esta institución educativa y exalcalde de Culiacán. Poderoso e influyente. Su más reciente logro fue conformar el Partido Sinaloense (PAS), alimentado sobre todo con jóvenes estudiantes y maestros de la casa de estudios.

Héctor Melesio quiere ser diputado local o federal, o senador. Ya aspiró y fue precandidato a gobernador. Seguro lo intentará de nuevo: ser gobernador. Ser todo.

Amenazas de muerte y de abuso sexual de familiares cercanos, ahogamiento, golpes, desnudar y hacer sentir al detenido que está en lo alto de un puente y que si no confiesa lo van a dejar caer: son algunas de las "técnicas" de tortura de los agentes de la Policía Ministerial del Estado para obligar a los aprehendidos a que se declaren culpables.

Los organismos defensores de los derechos humanos difieren sobre si la tortura va o no a la alza, pero coinciden que es en casos de alto impacto, cuando la víctima es un personaje importante de la comunidad o de alguno de sus familiares, cuando este delito cometido por servidores públicos se dispara con el mismo o mayor escándalo que el crimen que los agentes dicen investigar y pretenden esclarecer.

Datos de la Comisión Estatal de Derechos Humanos (CEDH) indican que 2008 fue el año con más casos de tortura en Sinaloa, al sumar veintiún quejas, de las cuales se emitieron seis recomendaciones. La cifra bajó a diecisiete quejas en 2009 y cinco recomendaciones, catorce quejas en 2010 y una recomendación. En 2011 fueron diez quejas y una recomendación, y trece en 2012, con tres recomendaciones.

En total, en estos años fueron setenta y cinco las quejas interpuestas por ciudadanos en contra de diferentes corporaciones policiacas, de las cuales se emitieron dieciséis recomendaciones. En lo que va de 2013 se tiene una recomendación –referente al caso de Yesenia Armenta Graciano, acusada del homicidio de Alfredo Cuen Ojeda, y de los trece expedientes que quedaron en el 2012, cuatro fueron concluidos y nueve están en trámite.

Juan José Ríos Estavillo, presidente de la CEDH, aseguró que de aproximadamente mil quejas, el año pasado sólo se realizaron tres recomendaciones, de trece casos donde consideraron que había indicios para presumir que se había cometido tortura.

"No es elevada la incidencia, al contrario, ha venido bajando. Ya no es una constante en los procesos de investigación de la gran mayoría de los delitos, ahora sólo en hechos muy significativos, asuntos muy particulares. Pero es grave, eso es real. Es grave porque en el léxico de los derechos humanos hay hechos violatorios que son graves, tanto que la Organización de las Naciones Unidas (ONU) conminó a suscribir un acuerdo internacional conocido como Protocolo de Estambul", sostuvo.

Este protocolo, agregó, representa la unificación de criterios de las áreas médica, psicológica y jurídica, y en el caso de México sólo la Comisión Nacional de Derechos Humanos (CNDH) puede practicarlo, como pasó con Yesenia Armenta.

Además del caso de la viuda de Cuen, que motivó la recomendación del 25 de febrero pasado, la defensa de Juan Carlos Cristerna Fitch –único detenido en el caso de la catedrática de la Universidad Autónoma de Sinaloa, Perla Lizet Vega Medina, asesinada a cuchilladas en el interior de su casa, en mayo de 2012–, alega que éste fue torturado por los agentes ministeriales en sus dos capturas, cuando lo mantuvieron cautivo en calidad de "presentado" y luego como aprehendido, acusado formalmente del homicidio.

En noviembre de 2012, de acuerdo con una nota publicada por *La Jornada,* el presidente de la Comisión Nacional de los Derechos Humanos (CNDH), Raúl Plascencia Villanueva, dijo que la característica del gobierno de Felipe Calderón –que concluyó en diciembre de ese año y se caracterizó por impulsar la "guerra" contra el narcotráfico– fue el incremento en la violación de las garantías individuales, ya que los casos de tortura crecieron 500 por ciento y aumentaron de forma exponencial las desapariciones forzadas y las detenciones arbitrarias.

En un informe rendido ante senadores, dice la nota de los reporteros Andrea Becerril y Víctor Ballinas, del diario *La Jornada,* el ombudsman señaló que del 1 de enero de 2005 al 31 de julio de 2012, la CNDH recibió 5 568 quejas en las que se imputó a la autoridad el incumplimiento de algunas de las formalidades para la emisión de órdenes de cateo o durante la ejecución de éstas, así como para las visitas domiciliarias.

Informó que se investigan 2126 casos de desapariciones forzadas y se tiene registro de 24 091 personas reportadas como extraviadas o no localizables. En los últimos cinco años –precisó– se emitieron doce recomendaciones por estos hechos.

Otra práctica recurrente que realizan los diversos cuerpos de seguridad pública son las detenciones arbitrarias, resaltó Plascencia Villanueva: de 2005 a la fecha, la CNDH recibió más de nueve mil quejas por este rubro, lo que significa un incrementó de 121 por ciento en dicho periodo, lo cual nos da una idea clara de la dimensión del problema.

Eslabones de terror

I

–¿Por qué te declaraste culpable? –le preguntó un abogado a un joven detenido.

–Ya no aguanté, licenciado.

El detenido estaba en manos de agentes de la Policía Ministerial en el municipio de Navolato. Lo tenían en una zona deshabitada. Ahora sí, le advirtieron, te vamos a quemar. Rociaron gasolina alrededor de él. Tenía los ojos vendados y varios guamazos en abdomen y espalda. Le prendieron fuego a la maleza. Él se puso histérico, pero no reconoció el delito que le imputaban.

El abogado, quien pidió mantener en reserva su identidad, recordó que su defendido le relató el clímax: los agentes hablaron entre ellos, reclamándole que no confesara. Entonces uno le ordenó a otro que trajera a la niña, dijo que también la quemarían. El detenido preguntó a qué niña, y le respondieron que su hija, que la traían en la cajuela, amordazada y con la cara tapada.

"No. No, por favor. Díganme dónde firmo", fue su respuesta. Y se puso a llorar.

Eso fue hace alrededor de dos años. Y sigue preso por el delito de homicidio en el penal de Culiacán.

II

En 2012, un joven había sido detenido varias veces por robo. Ocho detenciones, sumaba. En esa, la octava y última, los agentes del Grupo Élite descubrieron que tenía una orden de aprehensión. Lo llevaron a la zona conocida como La bajada del río, en Navolato. Lo metieron a una casa abandonada, lo desnudaron, acostaron y amarraron, y le pusieron la chicharra en los genitales.

"El bato no aguantó –contó un familiar– y sí, es malandrín, andaba de vago y todo, pero para que le hagan eso, pues ya es otra cosa. Cuando le pusieron la chicharra en los huevos les pidió que mejor lo mataran."

Este caso fue durante los primeros dos meses del año pasado. Pero la gente no quiere hablar. Saben que los policías tienen toda la información, que pueden volver y que así como abusaron y los golpearon y torturaron, no hay castigo. Así, igual, pueden volver.

III

A un detenido en la ciudad de Los Mochis, municipio de Ahome –ubicado a cerca de 200 kilómetros al norte de Culiacán–, lo acusaron de secuestro. Lo golpearon cuanto quisieron, a capricho y gusto de los uniformados. Al final le mostraron fotos de su esposa e hijos. Le dieron datos de su domicilio e información personal. Y le anunciaron: "Vamos a ir por tu esposa, para violarla."

En otros casos, los agentes amenazan con matar, levantar, quemar a los detenidos y a sus familias. Los colocan en el filo de cualquier superficie: una mesa, un escalón. Cualquier desnivel es bueno. Le dicen que están en lo alto de un puente o un edificio, que lo van a aventar para que parezca un accidente, si no se hace responsable de los delitos que le imputan.

Otros recursos son colocarles una bolsa en la cabeza y asfixiarlos, o bien un trapo mojado en la cara y empiezan a verter agua para que el detenido se ahogue.

Complicidad

Para Leonel Aguirre Meza, presidente del organismo no gubernamental Comisión de Defensa de los Derechos Humanos (CDDHS), no es casualidad que todos los detenidos en casos de alto impacto –en los que hay línea de las autoridades, desde el gobernador hasta el procurador o el jefe de la policía, de esclarecerlos–, aleguen que fueron sometidos a tortura.

"No todos los investigadores torturan, claro. Pero sí te puedo decir que cuando ésta se da hay complicidad del Ministerio Público, del defensor de oficio y de los jefes de la policía. Siempre encontrarás que las confesiones van firmadas por el defensor de oficio, que por cierto nunca defiende al inculpado", comentó.

Recientemente, agregó, los ministeriales han incurrido en prefabricación de culpables: informan que la persona a la que fueron a buscar para cumplir una orden de presentación girada por el Ministerio Público, se retiró voluntariamente y sin problema alguno, después de declarar ante el fiscal, "pero lo cierto es que los mantienen incomunicados, en casas de seguridad, y los presentan hasta que los torturan y confiesan".

En apenas tres meses de 2013, este organismo ciudadano lleva al menos seis casos de tortura en contra de las corporaciones de seguridad y doce el año pasado "y ésos son de los que sabemos, los que nos llegan, y nadie, nadie, ninguna autoridad investigó al respecto".

De arriba

"La tortura viene de arriba, no del policía", afirmó un agente investigador, adscrito a uno de los grupos especiales de la Policía Ministerial.

Asegura que ya no es tan escandaloso y que ahora se cuidan los golpes. Para él, la efectividad, la siembra y cosecha del terror en el detenido, está en el impacto psicológico que le causa estar desnudo ante ellos, vendado, amarrado, acostado, a merced de sus captores.

Afirmó que todos los grupos especiales encapuchan a sus detenidos. Todos lo hacen. El método incluye amarrarlos con cinta adhesiva color café, mejor conocida como "cinta canela", y después viene lo fuerte: el taladro en el cerebro que producen las referencias a la familia y otros recursos.

Le permiten que vea un poco, abriéndole parcialmente la capucha o vendas, para que vea fotos: son sus hijos, sus hermanos y hermanas, la esposa. Le anuncian que los van a matar. Pueden ahogarlos con agua, pero "lo fuerte es que los amenaces con tocarle a la esposa, los hijos, cuando les cortas el cartucho del arma al oído. Ellos entonces tiemblan. Ahí está lo cabrón".

El agente reconoció que la viuda de Alfredo Cuen, acusada de su homicidio, fue desnudada, aunque él no participó en ese caso. Para los organismos de derechos humanos, de acuerdo incluso con criterios marcados a nivel internacional, el hecho de que las desnuden implica agresión sexual. No importa que no haya contacto físico. Y con eso basta para ser considerado tortura.

"También llaman por teléfono y les ponen a alguien del otro lado de la línea que coincida con la voz del hijo o la hija, de la esposa. Obviamente esto está bien preparado, se conocen previamente edades, otros datos, para que parezca real."

Para él, los detenidos confiesan con una rapidez impresionante con estos métodos. Pero uno de los que más efectividad tiene es hacerlos sentir que están en lo alto de un puente y que los van a dejar caer. "Va a parecer un accidente, les decimos. Y eso hace que en caliente hablen."

Bienvenida al infierno

En un reportaje publicado por Gabriela Soto, en el periódico *Ríodoce,* Yesenia Graciano habla de sus tormentas. Y las tormentas aparecen en sus ojos, en esa piel maltratada. Todo en ella es gris y triste. Parece haber regresado de un campo de concentración nazi, de la Segunda Guerra Mundial:

"La pesadilla más recurrente es que a mi hija, Ana Luisa, le duele mucho la cabeza, y que cuando la llevo al doctor, le hacen una cortada, como que la van a operar, y le brota demasiada agua de la cabeza", sostuvo.

La mujer de 36 años de edad cuenta las secuelas derivadas de aquel inmenso dolor que recorrió su cuerpo cuando fue detenida y torturada por agentes investigadores de la Procuraduría General de Justicia del Estado, según concluyen los dictámenes emitidos por la Comisión Estatal de los Derechos Humanos en Sinaloa (CEDH) y el Colectivo Contra la Tortura y la Impunidad, AC (CCTI), que aplicaron el Protocolo de Estambul a la detenida, en el penal de Culiacán, ante las denuncias de tortura sufrida durante su aprehensión y posterior reclusión.

Recordó aquellos golpes propiciados por unas manos extendidas que azotaron ambos lados de su cabeza y afectaron la capacidad auditiva del lado izquierdo. También los puñetazos recibidos en su pecho, abdomen, glúteos, espalda. La asfixia por momentos o el exceso de agua en su rostro, que le provocó perder el conocimiento quién sabe cuántas veces.

Desde hace ocho meses, Yesenia no concilia el sueño, sus pesadillas siempre son violentas. Teme a los hombres armados, desde aquel 11 de julio de 2012 cuando fue sometida al yugo de la "justicia institucional", que indujo a la firma de su confesión acusatoria como autora intelectual del asesinato de su esposo, exdirector de Deportes de la Universidad Autónoma de Sinaloa, Alfredo Cuen Ojeda.

Juan José Ríos Estavillo, presidente de la CEDH, manifestó que un asunto es el proceso penal que siguen jueces, con la participación de la Procuraduría General de Justicia del Estado y la defensa del inculpado, para determinar si es o no inocente, y otra es si se incurrió o no en tortura.

Dijo que el juez penal que lleva el caso de Yesenia Armenta no ha considerado la recomendación que por tortura giró la CEDH a la PGJE y que no fue aceptada por ésta. Pero sí el Juzgado Tercero de Distrito, que pidió información al organismo sobre esta recomendación, ya que aparentemente la defensa está promoviendo un amparo.

"La autoridad en materia de si hay o no tortura, que es nuestra comisión, ya dijo que sí hubo tortura. Y si el juez valora esto es su decisión para el proceso. Pero desde mi punto de vista, la reforma constitucional del Artículo 1°, del año 2011, lo obliga", señaló.

La reforma indica que todas las autoridades tienen la obligación de promover, respetar, proteger y garantizar los derechos humanos.

Respecto a la respuesta de la procuraduría local, el ombudsman afirmó que la función de la CEDH es conminarlos a que acepten la recomendación emitida en este caso, pero independientemente de esto "si acepta no es patente de corso para decir que con esto el detenido o detenida sale de prisión".

Aseguró que las autoridades no deben preocuparse por la imagen que tienen ante la ciudadanía, sino por las personas y sus derechos, "y eso es lo que todos debemos preservar, porque víctimas y detenidos tienen los mismos derechos, están en igualdad de circunstancias".

Lamentó que los agentes ministeriales usen la orden de localización y presentación, emitida por el Ministerio Público, como orden de aprehensión, lo que es violatorio de los derechos humanos.

"Lamentablemente esto se practica en Sinaloa, se ha venido utilizando así, y no lo contempla la ley", sostuvo. Informó que el agraviado tiene de plazo hasta el 27 de marzo próximo para inconformarse ante la CNDH por la respuesta asumida por la procuraduría local en el caso de la tortura practicada en contra de Yesenia Armenta.

Dijo que si una autoridad no acepta una recomendación y esto no se impugna, la comisión estatal puede remitir el caso al Congreso del Estado para que tome el expediente, tal como lo señala el Artículo 102, apartado 6, de la Constitución federal.

Vericuetos legales

Marco Antonio Higuera Gómez, titular de la procuraduría estatal, presentó a Armenta Graciano como autora intelectual del asesinato de Cuen Ojeda, con ayuda de su hermana, Noelia, una agente de la Dirección de Tránsito en Guasave –hoy prófuga–, quien fue la encargada de contratar a Andrés Humberto Medina Armenta, quien pertenece a la célula criminal de los hermanos Beltrán Leyva. Y fue él, dijo la autoridad, quien disparó contra el hoy occiso.

Según la versión oficial, también participaron Luis Enrique Hernández Maldonado, Silvano Araujo Medina y Miguel Ángel Estrada, presos en el penal de Culiacán. En su declaración posterior ante el quinto juez de distrito se declararon inocentes y denunciaron de ser torturados durante su detención.

Higuera Gómez desechó la recomendación emitida por la CEDH contra la fiscalía por maltrato, y asegura que se respetaron los derechos humanos de la ofendida. En tanto, el magistrado del Supremo Tribunal de Justicia del Estado, Enrique Inzunza Cázarez, afirma que una confesión obtenida con amenazas y golpes no es válida para imputar un delito a una persona.

Y aunque las cicatrices de los golpes físicos desaparecieron hace cuatro meses, la depresión y el dolor permanecen como un jardín infernal en su interior. Yesenia poco a poco intenta recuperar su tranquilidad. Para evitar despertar aterrada cada noche por alguna pesadilla, toma medicamento controlado: Fluoxetina y Tafil.

Recordar duele

En el primer módulo de la sección femenil de este centro penitenciario, ella cuenta y vuelve a contar. Se escarba en sus heridas. Vuelve a llorar y vuelve también a sangrar. Así lo dicen sus lágrimas. Llanto sobre llanto, herida sobre herida. Y a escarbar y seguir escarbando dentro, profundo y doloroso recuento.

La mujer es de piel morena, silueta delgada y menuda. Entre pausas hondas, divaga. Habla despacio. Tiene miedo. Terror, más bien. Esas son las secuelas de la tortura, determina el análisis clínico psicológico del resultado del Protocolo de Estambul, realizado por el CCTI.

El 11 de julio de 2012, alrededor de las siete y cuarto de la mañana, en el entronque que dirige al Aeropuerto Internacional de Culiacán por el bulevar Emiliano Zapata, un automóvil cierra el paso al que conduce ella, un Accord 2011, Honda. Del vehículo, descienden dos hombres. Uno camina hacia ella y el segundo se traslada al lado del copiloto, donde se encuentra su hermana María Ofelia.

El hombre vestido de civil le ordena descender del automóvil. Acusa que el Accord tiene reporte de robo, por lo que debe acompañarlo para aclarar la imputación. Ella responde que es un error, que el auto tiene dueña y es ella, que los papeles se encuentran en orden y que los puede mostrar. Pero los argumentos no son suficientes. Nuevamente, el hombre, quien trae un arma fajada al pantalón, le ordena bajar.

De inmediato, otros dos vehículos, al parecer tipo Tsuru, de la marca Nissan, se colocan detrás de su automóvil. El camino está completamente cerrado. No tiene opción. Toma su bolso, desciende y sube al carro delantero. El segundo hombre obliga a su hermana a acompañarlos.

Su cuñada, Patricia Cuen Ojeda, hermana del occiso, así como del alcalde de Culiacán con licencia y actual presidente del Partido Sinaloense, Héctor Melesio, se sube al Tsuru estacionado atrás. Esa vez fue la última que se vieron.

El conductor regresa hacia la ciudad por el mismo bulevar. Un retén del Grupo Élite, de la Secretaría de Seguridad Pública (SSP) estatal, asegura la ofendida, detuvo el vehículo. El hombre que viaja a su lado muestra una identificación. Y continúan su camino.

Su hermana, María Ofelia, interroga a los hombres: ¿hacia dónde las llevan? ¿Dónde se encuentra Patricia? Es la misma respuesta para ambas preguntas: "Todo va a estar bien. Son sólo preguntas sobre el robo del carro." Enseguida, el silencio se disipa por voces emitidas en claves a través de un radio.

En una calle cercana a las instalaciones del periódico *El Debate,* el automóvil detiene otra vez la marcha, delante de otro auto estacionado. Desciende un hombre gordo y con barba, vestido de civil también, y cuestiona: "¿Quién es la mujer que conducía el Accord?" Yesenia responde afirmando. Le ordena que baje del automóvil y la sube al asiento trasero de otro. De su lado izquierdo y en el piso del vehículo hay "muchas armas, muchas armas" de diferentes calibres, cortas y largas. Le ordena que se recueste sobre ellas y le coloca una maleta encima. Otro hombre le sujeta las manos hacia su espalda y le coloca unas esposas en sus muñecas delgadas. También ajusta una venda alrededor de sus ojos.

El automóvil avanza algunas calles, ingresa a un edificio, quizá a una bodega o un estacionamiento. Yesenia no logra descifrarlo. Ahí, en ese cuarto oscuro, empieza su pesadilla. La misma que disipa su sueño y atormenta su tranquilidad cada noche, sin tregua desde ese día.

El conductor la baja del automóvil y le indica que se mantenga de pie mientras llega alguien más y empieza el interrogatorio.

–¿Cómo te llamas? –cuestiona una voz masculina, en tono fuerte, contó la ofendida a los médicos, según documenta la relatoría del CCTI.

–Yesenia Armenta Graciano.

–¿A qué te dedicas?

–Ama de casa.

–Y tu esposo, ¿cómo se llama?, ¿sabes por qué estás aquí?

–No.

–Te haces pendeja. ¿Cómo se llama tu marido?

–Jesús Alfredo Cuen Ojeda.

–¿Y él, dónde está? –pregunta y sube su tono de voz.

–Está muerto.

–¡Lo mandaste matar, hija de la chingada! –acusa mientras le lanza un golpe con la mano extendida a la cabeza.

Y los golpes continúan. Las manos de varios hombres le azotan la cabeza y otras más lanzan objetos a su espalda. Uno de ellos le pregunta por Lily, una cliente de la lavandería a quien al parecer los agentes investigadores intentan involucrar en el asesinato. Yesenia niega conocerla. Entonces arrecian las amenazas.

"Ahí viene el Apá. Al Apá le gusta mucho cortar orejas, cortar dedos, cortar manos. Está afilando el cuchillo el Apá", amenaza la misma persona, según detalla la víctima en el mismo documento.

Después cubren su cabeza con una bolsa de plástico, la sujetan desde la parte trasera para reducir la filtración de oxigeno a su cuerpo. Su cuerpo se sofoca, intenta luchar para recuperar una bocanada más de aire vital que le permita sobrevivir, pero no lo logra. Sus piernas se resquebrajan y se desmaya. Antes de ocasionarle la asfixia, sus victimarios le quitan la bolsa, un poco de oxígeno ingresa a su cuerpo y despierta a su terrible realidad. Los agentes repiten el martirio cinco veces.

Ante la negativa de Yesenia por reconocer a Lily, nuevamente cubren su cabeza con la bolsa, la ajustan casi hasta asfixiarla. Mientras que otra persona golpea su abdomen.

"¿Sabes qué?, ya me emputaste. Voy hablar con el jefe para ver si te cortamos la cabeza. No quieres decir nada, pinche vieja lacrosa", amenaza uno.

Las agresiones cesan por un momento. Después, regresa la persona y le pide el dinero recibido del seguro de vida de su esposo fallecido. Ante el rechazo, el hombre lanza un golpe con un objeto pesado hacia su ojo izquierdo.

Los investigadores deciden trasladarla a otro lugar. Yesenia sube a una camioneta tipo Suburban. El trayecto es largo. Se detienen y la cambian a otro vehículo. Al subir, una voz grave da la bienvenida: "Ya te entregaron los ministeriales con nosotros hija de la chingada. Aquí ya es otra cosa." Ella piensa que son sicarios. Y retoman el camino.

Llegan a otro edificio. Baja del automóvil. Un hombre le quita las esposas, le ordena desnudarse y se las colocan de nuevo.

Sobre el suelo hay una cobija tejida a cuadros, roja. Le indica que se recueste, la enrollan. Un hombre se sienta sobre su cadera y alguien más le detiene los pies. Entonces, otra vez, los golpes salvajes se reparten a diestra y siniestra, en su pecho, abdomen y piernas. Uno de ellos le dice: "¡Qué tal, hija de la chingada! ¿Por qué aparecen tantas viejas muertas encobijadas?", detalla el documento del CCTI.

Entonces, alguien más la toma del cabello hasta sentarla. "Vengo manejando más de dos horas desde Badiraguato. Y mi Apá ya me dijo que te cortara la cabeza y también la de tus plebes, así que ahorita vas a hablar."

Y las agresiones se intensifican. Untan un poco de polvo debajo de su nariz. Y sorpresivamente echan agua abundante sobre su cara. Yesenia pierde la conciencia. Para despertarla de su letargo, sus agresores empiezan a golpearla. Su cuerpo reacciona y vomita agua y eructa. En tanto, sus victimarios preguntan asuntos personales de su familia e insisten sobre Lily. Los hombres continúan vertiendo agua sobre su rostro hasta que ella pierde el conocimiento una, dos, tres, o quizás cuatro veces.

Retoma de nuevo el relato la mujer y describe que después, uno de los agresores desajusta un poco la venda para descubrir sus ojos irritados. Le muestran varias fotografías y le preguntan a quién conoce. En una de ellas identifica a su hermana Noelia, quien es agente de Tránsito en Guasave y actualmente prófuga, pues las autoridades policiacas la acusan de contratar a los sicarios que asesinaron a Alfredo Cuen Ojeda.

Entonces, un hombre la instruye: "Vas a decir, hija de la chingada, que tú mandaste matar a tu esposo. Que tú pagaste 85 000 pesos, que te pusiste de acuerdo con tu hermana Noelia, y que ella contrató a los asesinos; que tú le diste el dinero en la Central (de Autobuses)", asegura Yesenia durante su relato.

Luego, le quitan la cobija. Y sin ser suficiente, sujetan sus pies y la cuelgan de cabeza hacia el piso. Y de nuevo, los golpes brutales a su cuerpo. Uno tras otro, sin cesar.

Entonces, Yesenia escucha el ruido que emite una motosierra o un taladro eléctrico al encender, seguida de una voz amenazante: "Ya estuvo bueno. Vas a hablar o seguimos con tus plebes y tu hermana." Cede ante sus agresores y grita que sí, que firmará los documentos que quieran. Ella ignora que estamparía hasta huella dactilar en la confesión acusatoria que la mantiene hoy encerrada en la cárcel, dice.

"Soy su defensor"

Alrededor de las 23:30 horas Yesenia es trasladada al Ministerio Público. Ahí comprende que sus agresores son agentes ministeriales y que la habían mantenido cautiva por órdenes de altos funcionarios de la fiscalía estatal.

"Me levantaron un poco la venda, otra vez, para que pudiera ver lo que yo firmaba. Y la mano de un hombre me agarró los dedos, y me pone una tinta, me la aplastaba (sobre un documento), y la huella a un lado de la firma. Después de eso, yo lloraba muchísimo. Alguien me puso un kleenex en la mano y escucho que dice: 'Soy fulano de tal y soy su defensor de oficio'."

"Después de eso, me dolía muchísimo la cabeza, me dolía todo el cuerpo. Ya no sabía ni qué era lo que me dolía. Era todo, todo, todo. Siento que lo que más me dolía era mi alma", expresa Yesenia. Voltea su mirada hacia la reja y se queda nuevamente en silencio por unos segundos. Se va a través de ese cancel.

Al día siguiente, el 12 de julio, la joven mujer yace casi moribunda en una celda del Ministerio Público. No ha probado alimento y los médicos que la revisaron no le proporcionaron medicinas. Llega un grupo de policías ministeriales y uno de ellos le ordena ponerse de pie. Le colocan un chaleco grueso, pesado, negro.

La trasladan a otra habitación donde hay un escudo de la fiscalía estatal sobre la pared. Ahí la esperan reporteros y fotógrafos. Entonces comienzan las ráfagas de flashes. Su imagen acompañará la noticia de ocho columnas del día siguiente. La autoridad logra que un juez local autorice mantener a la detenida arraigada durante treinta días.

Y aunque la víctima no identifica a quienes participaron en su detención irregular, la CEDH sí lo logró y emitió una recomendación a la PGJE para iniciar procedimientos administrativos contra los agentes de la Unidad Modelo de Investigación Policial, al agente del Ministerio Público adscrito a la Dirección de Averiguaciones Previas, a los peritos de la Dirección de Investigación Criminalística y Servicios Periciales adscritos al Departamento Médico de la Policía Ministerial que participaron aquel día, especifica la recomendación 02/2013.

"Yo pensé que no iba a sobrevivir a todo eso, sin saber cómo estaban mis hijos. Fue algo espantoso, lo peor que se puede vivir. Cuando yo llego a este lugar (al Cecjude), veo que hay árboles, plantas, luz, que hay personas que a lo mejor su vocabulario no es el adecuado, pero también veo que hay una iglesia, sentí que tenía la oportunidad de ver a mis hijos, que mis hermanos vinieran a visitarme, como han estado llegando, somos muy unidos. Le di gracias a Dios por darme esta oportunidad de disfrutar, aunque sea por momentos, a mis hijos y a mis hermanos", expresa Yesenia desde la cárcel, ahora más tranquila.

"Se hacía de enemigos fácilmente"

Yesenia está segura de que la única prueba de la Procuraduría General de Justicia del Estado para inculparla del asesinato de su esposo es la declaración firmada a base de maltratos.

"Lo que sé es que no tienen nada, más que la confesión, porque no tienen por qué tener otra cosa", dice, de acuerdo con la nota publicada por Soto en *Ríodoce*.

Reconoció que en su matrimonio había "problemas normales". Pero, por su carácter agresivo, el ex director de Deportes de la UAS "se hacía de enemigos fácilmente", afirma su viuda, quien insiste en declararse inocente del homicidio.

"No sé si fueron problemas de la campaña, algún enemigo personal que tuviera. Yo lo ignoro." Se refiere a la campaña por el senado, a favor del hermano del hoy occiso –quien fungió como uno de sus operadores–, Héctor Melesio: en 2011 su esposo sufrió un atentado cuando trasladaba a los niños a su casa. Un automóvil lo siguió pero logró escapar de sus agresores.

En junio de 2012, durante el proceso electoral federal, sufrió dos agresiones más. En el café Starbucks, el cristal de su camioneta fue quebrado para sustraer un maletín con documentos de la campaña de su hermano, quien competía para ser senador por el Partido Nueva Alianza (Panal).

Días después, cuando su esposo se dirigía a Badiraguato, observó que el pivote de su vehículo estaba "picoteado". Por seguridad, entonces, el ex universitario cambió el automóvil y tomó la camioneta marca Renault tinta. Es la misma que intentó abordar cuando fue ultimado a tiros, justo frente al restaurante Chics que todas las mañanas frecuentaba.

Los atentados no fueron denunciados, pero los consideraron represalias electorales.

"Él me dijo que no me preocupara, que eso ya estaba arreglado, que ya sabían quién había sido", dijo ella.

En tanto, menciona que su cuñado, Héctor Cuen Ojeda, no ha atendido los tres llamados para ampliar su declaración ante el juez, ni su cuñada Patricia, quien también estuvo presente cuando la privaron de la libertad.

—¿Hay algún otro elemento, aparte de su confesión, que tenga el Ministerio (Público) en contra suya?

—Lo que sé es que no tienen nada, más que la confesión, porque no tienen por qué tener otra cosa. Lo único que le puedo decir es que a ninguna de esas personas, que están ahí, las conozco. A ninguna, al joven que agarraron junto conmigo, que lo presentaron, yo lo conocí hasta el día 11, a las nueve de la mañana, cuando a mí me estaban tomando las huellas en la Ministerial.

Yesenia ahora se agacha. Mira al suelo, como si quisiera tatuar con esos ojos tristes el concreto del área femenil del penal. Su voz se apaga. Sus ojos hablan. Su rostro surcado por los malos tratos y las tragedias encadenadas. Está sola y viaja, aunque duela. Viaja seguido, al pasado. A buscar amigos, familiares, hijos. A sentirse acompañada.

12 DE MAYO DE 2013

Del libro *Con una granada en la boca*

Lobo perdido

Hola, soy Jénifer. Secuestraron a mi hermano.

La joven mazatleca recurrió a las autoridades municipales, a la Unidad Especializada Antisecuestros de la Procuraduría General de Justicia del Estado, al procurador, al alcalde y al gobernador. Y de todos obtuvo la misma respuesta: indolencia y complicidad. Ahora lo hace a través de las redes sociales. Denuncia y denuncia. Habla de su dolor, de la impunidad, la violencia, la colusión entre autoridades y delincuentes, y la ausencia de justicia.

Todos los días, varias veces. Su metralla no tiene descanso: critica al alcalde Alejandro Higuera Osuna, al gobernador Mario López Valdez, al procurador Marco Antonio Higuera, y al hoy expresidente Felipe Calderón, por heredar esta estela de muerte y destrucción, y convertirse en una vergüenza nacional.

El 4 de abril, Jenifer escribió en su muro:

"Tengo algo que decirles… amigos hoy es un día muy, muy, muy triste... y la tristeza me hace llorar pero no importa, ya me acostumbré. Sufrir, llorar, tristeza, todo. Solo falta que me parta un rayo… el día está nublado. No importa si tú no estás... no importa nada. Gracias señor Calderón. Su guerra me dejó huellas en el alma, gracias. Dígame, ¿a usted, qué le dejó?"

Los hechos

Antonio Sáenz Pratt, de 33 años y con domicilio en el puerto de Mazatlán, fue visto por última vez el 9 de marzo de 2012, alrededor de las cuatro de la madrugada. Iba con varias personas y al parecer habían realizado un recorrido por antros del lugar. Entre sus acompañantes estaban Marco Antonio Ramírez, primo del hoy desaparecido, y dos mujeres.

La víctima conducía una camioneta tipo L200, marca Mitsubishi, modelo 2010 y placas UB-53629, de Sinaloa. Lo último que dijo, de acuerdo con los testimonios de las personas aparentemente implicadas y que declararon ante el Ministerio Público, pero que gozan de libertad, que iba a Culiacán, la capital de Sinaloa, a cerca de 200 kilómetros al norte de Mazatlán.

Preocupados porque no sabían de él, sus familiares acudieron a la agencia Tercera del Ministerio Público, a interponer una denuncia, el 12 de marzo. Los primeros días tras la desaparición, que luego sabrían que se trató de un secuestro, el teléfono del plagiado sonó y sonó. Después, en intentos más recientes, dejó de hacerlo y envió la llamada directamente al buzón de voz.

Carlos Castillo Conde, padre de la víctima, informó a la fiscalía y a los agentes del Ministerio Público que el 13 de mayo recibió tres llamadas del mismo número de teléfono: 6642632543.

"Esta llamada fue contestada por un sobrino de nombre Pedro Santos, quien le manifestó que una persona de sexo masculino y de voz norteña les dijo que él tenía a Antonio y que quería un millón de dólares, respondiéndole que no contaban con esa cantidad de dinero; logró escuchar una voz pero no supo si se trataba del ofendido, pero dijo que esa persona se quejaba como si lo estuvieran golpeando", reza el informe policial, oficio 044/2012, rendido a Marco Antonio López Pérez, agente del Ministerio Público especializado en investigaciones de secuestros, por dos policías investigadores, de nombres Omar Erasmo Carrillo y Paúl Melgoza Millán.

En algunas de las visitas a la fiscalía o a las instalaciones de la Policía Ministerial del Estado, Carlos Castillo se hizo acompañar por una persona que dijo ser agente de la Policía Federal de Proximidad Social –antes Federal de Caminos–, otro de la Policía

Federal Ministerial y uno más de la Ministerial del Estado. Informó que les había pagado 50 mil pesos para que le ayudaran en las indagatorias. Pero el Ministerio Público y los mismos agentes adscritos al área de investigaciones del delito de secuestro le sugirieron que se deshiciera de ellos y dejara que interviniera personal especializado y de un negociador "para no entorpecer las investigaciones".

Y estuvo de acuerdo.

"El negociador lo asesoró sobre cómo tenía que responder a las llamadas que le hicieran los secuestradores, exigiéndole el monetario a cambio de su hijo, se le instaló un equipo de grabación en el teléfono celular en el cual había recibido las llamadas, y una vez instalado sonó el teléfono.

"Contestó la persona diciéndole el secuestrador que ya era mucho tiempo, exigiéndole el dinero a base de groserías y amenazas y diciéndole que querían diez millones de pesos por la libertad de su hijo, siguiendo nuestras indicaciones; le exigió una prueba de vida al secuestrador y recibió una respuesta negativa por parte del mismo, diciéndole que dentro de tres días le volvería a marcar, cortando la comunicación."

El enemigo en casa

Marco Antonio Ramírez, de 32 años, originario de Villahermosa, Tabasco, y con domicilio en Mazatlán, es primo de Antonio y participa en los primeros contactos que la familia tiene, a través del teléfono, con los secuestradores. En al menos dos ocasiones contesta el aparato cuando llaman los delincuentes. Pero la familia sospecha de él, aunque no se lo dicen.

La tercera o cuarta llamada es atendida por el padre de la víctima, quien se trasladó desde fuera de Sinaloa y se hospedó en un hotel del puerto. Platica con los secuestradores y les anuncia que ha reunido tres millones de pesos luego de haber hipotecado algunas de sus propiedades, pero que le pongan en el teléfono a su hijo para comprobar que está con vida.

Al parecer, los secuestradores se molestan y amenazan con matarlo. El padre se desespera, tiene problemas de salud y entra en crisis. Al final logra calmarse. Entonces la familia se da cuenta que la tarjeta de débito que tiene la esposa del secuestrado fue usada y entre quienes hicieron compras con el plástico está Marco Antonio.

En la ampliación de la denuncia, el 22 de marzo, Alejandra Noriega Solís, esposa de la víctima, declara que el día 11 acudió a una sucursal de Bancomer para revisar su tarjeta de débito 00187603541 y encontró que habían hecho compras a su cargo: "Fueron en un negocio llamado Remates Paola, en Villa Unión, Mazatlán, el 9 de marzo, alrededor de las tres de la tarde, mediante una identificación falsa y una fotografía que no era la mía."

Las indagatorias, algunas de ellas realizadas por los mismos familiares, indican que las compras las hizo Marco Antonio Ramírez e Isabel Grandes Carranza, quienes fueron identificados por las vendedoras del negocio. Las compras ascendían a cerca de 30 mil pesos y en la lista de lo adquirido están una lavadora, una secadora, estufa, refrigerador, un bóiler, dos televisores, un enfriador de agua y una cafetera, entre otros electrodomésticos.

"Después de esto, el día de ayer recibí una llamada del número 6691910529 (celular) y al teléfono de mi suegro también llamaron de otro número 0050496911473 y hemos estado recibiendo amenazas diciéndonos que nos van a matar e insultos muy fuertes, que nosotros no vamos a vivir nunca en paz porque ellos así lo quieren y el nombre de la persona que le habló a mi suegro es Luis Manuel Palma, que es el verdadero apellido de Marco Antonio (Ramírez) el cual trabajaba con mi esposo aquí en la ciudad", señaló la esposa.

Marco Antonio laboraba en la empresa Central de Máquinas, un taller de reparación de máquinas de construcción, propiedad de su primo Antonio Sáenz Pratt. Fue cuando los federales que apoyaban y custodiaban al padre del hoy desaparecido se dieron cuenta de que el sobrino estaba implicado en el secuestro, lo detuvieron y lo entregaron a la policía, junto con su esposa. Y fue así, con este episodio, que las negociaciones y exigencias de dinero, se convirtieron en amenazas.

"Yo le agarré una tarjeta de débito del banco Bancomer, al día siguiente viernes 9 de marzo de 2012, en la mañana; mi empleado y yo nos fuimos a Villa Unión ya que como yo tenía la tarjeta fui a preguntar si podía comprar con ella (…) me fui por mi novia, ella se llama Topacio Nohemí Cabello Higuera y le dije que me acompañara a Villa Unión; como ya sabía que la tarjeta estaba a nombre de mi primo, ya que llegamos a la tienda escogimos varios muebles y ya que pasaron la tarjeta le dije a Topacio que firmara con el nombre de Alejandro Noriega Solís; fui en la camioneta de mi propiedad, una Chévrolet Cheyenne color azul, modelo 2001 y en ella subimos los muebles, luego me los traje a Mazatlán y los metimos a una casa en la colonia Jesús García, enseguida de donde vive la abuela de Topacio", dijo Ramírez, ante el Ministerio Público.

Manifestó sentirse avergonzado por haber abusado de la confianza de su primo al usar la tarjeta, pero negó tener responsabilidad en su secuestro: "Yo no cometí ese delito lo que sí sé que hice fue cometer abuso de confianza o fraude con la tarjeta de la esposa de mi primo."

Jénifer, hermana de Antonio Sáenz Pratt, cuenta que los federales que venían de México y estaban ayudando a su padre, le recomendaron que se comunicara con los de la Unidad Antisecuestros de Sinaloa, ya que todo parecía indicar que los delincuentes con los que estaban tratando no eran profesionales.

"Ellos recomendaron llamar a antisecuestros al ver que los secuestradores no eran profesionales y los federales también sospecharon de Marcos. Cuando llegó antisecuestros al hotel le explicaron todo. Ese día hablaron (los secuestradores) y se les dijo que ya tenían tres millones de pesos, pero que lo pusieran al teléfono para saber que mi hermano está bien.

"Dijeron que nos mandarían un brazo... vuelven a llamar y al no estar Marcos, mi papá, que nunca se negó a darles el dinero, contesta y les dice que pongan a mi hermano al teléfono 'Ya me van a mandar el dinero de Mérida porque hipotequé mis propiedades.'"

"Ellos insultan a mi papá y lo amenazan con matar a mi hermano. Cuando llaman otra vez, mi papá les dice que le pongan a su hijo y lo insultan, también le reclaman que haya pedido la intervención del gobierno. Ahí es cuando se dan cuenta de la tarjeta de débito del banco y los federales detienen a Marcos y a Denis y los entregan a los ministeriales... mi papá y los policías van por Isabel, la esposa de Marcos, y la llevan detenida."

Fueron tres los detenidos: Marco Antonio, Isabel Grandes Carranza y Fiama Denis Ramírez Grandes, hija de ambos. Además, en las pesquisas aparece como implicado Luis Manuel Balladares Palma, también identificado como Luis Manuel Palma, padre de Marco Antonio, como partícipe del secuestro de Sáenz Pratt.

La detención fue el 15 de marzo de 2012. Versiones extraoficiales indican que los agentes ministeriales los torturaron para que informaran sobre el paradero del plagiado y horas después entregan a los tres detenidos a los del antisecuestros. La familia acude a la comandancia de este grupo especial pero unos agentes los retiran. Les avisan que ya están hablando pero que no pueden permanecer en el lugar, y les piden que regresen al día siguiente.

Temprano, alrededor de las seis de la mañana, la familia está de nuevo ahí. Uno de los policías del Antisecuestros les informa que los detenidos ya no están ahí, que fueron liberados por órdenes de un comandante a quien identificó sólo como Darío.

Bumerán

La familia explota y reclama a los jefes policiacos. Enterados de una gira del mandatario por el sur de Sinaloa, lo abordan y le informan sobre la liberación de los tres detenidos por este caso. El mandatario, Mario López Valdez, parece indignado. Se molesta y en ese momento llama al subprocurador Regional de Justicia de Mazatlán, Jesús Antonio Sánchez Solís, y cuando éste llega el gobernador lo regaña airadamente y le pregunta por qué soltaron a los secuestradores. Lo amenaza con correrlo a él y a los que hayan estado implicados en esta supuesta irregularidad, de los puestos en el servicio público. El mandatario le pide a Carlos Castillo Conde, padre de Antonio Sáenz, que acudan al lunes siguiente a la oficina de Marco Antonio Higuera Gómez, en Culiacán.

"El lunes mi papá, mi tía y mi hermano Erik van a Culiacán con el procurador y llega el subprocurador con papeles que les dio Marcos de un problema de mi papá y les dicen a mi familia que lo van a detener porque él tiene un delito y que es buscado por las autoridades de México. Mi padre, al ver esto, descubre que están con Marcos y les dice que él quiere a su hijo y no le importa nada. Salen de ahí y los federales sacan a mi familia de Sinaloa", cuenta Jénifer.

La madre de Antonio acude por su cuenta a Culiacán, acompañada de un comandante de la ciudad de México –se desconoce de qué corporación– y habla con gente del grupo antisecuestros. La interrogan durante cerca de cuatro horas y le muestran fotos y papeles que sólo Marcos tenía. La señora les responde que busquen a su esposo si quieren, pero a ella le interesa que investiguen el secuestro de su hijo y la liberación de los presuntos responsables.

"Cuando llega mi madre a Mazatlán nadie la quiere atender, nadie del gobierno. Y mi mamá espera que salga el subprocurador (Jesús Antonio Sánchez Solís) y habla con él en las escaleras de la oficina, le enseña la foto de Antonio y le dice que le ayude a buscarlo… pero el subprocurador la amenaza, le dice que no le haga escándalos en Mazatlán porque la van a 'levantar', y que no pegara las papeletas con la foto y la recompensa por las calles de la ciudad, que él se lo prohibía", manifestó la joven.

Pero no hizo caso y durante cerca de tres meses estuvo pegando carteles con la foto de su hijo por todo Mazatlán. Jénifer informó que los antisecuestros mandaron "levantar" a su mamá, a través de un grupo de encapuchados, ya que les molestó que trajeran al abogado Juan Pablo Beltrán Núñez.

Personas allegadas a la madre y con vínculos con grupos de poder en el puerto le confiaron que tanto el alcalde Alejandro Higuera como el gobernador estaban molestos por el caso y por la denuncia interpuesta por el padre del joven secuestrado, en contra de los servidores públicos que dejaron en libertad a los tres supuestos plagiarios.

"Ellos le contaban muchas cosas, cómo Higuera, el gobernador y el procurador juntaron a todos y los regañaron por la demanda que les puso mi papá. Y que Higuera dijo 'No quiero que este asunto dañe mi imagen, que no publiquen nada y que no salga nada a la luz de este caso'", señaló Jénifer.

Búsqueda incesante

La familia mantiene la búsqueda, a pesar de que ha pasado poco más de un año y no hay avances en las investigaciones. Por su cuenta, con la participación de amigos y de otros contactos, mantienen la esperanza de encontrar con vida a Antonio Sáenz Pratt, ya sea en el puerto sinaloense y fuera de la entidad, y la exigencia de que los responsables de esta desaparición sean castigados por las autoridades.

A través de una de estas personas, se enteraron de que una célula del cártel de los Zetas mantienen cautivas a personas en una mina de la sierra del sur de la entidad. Les dijeron que ahí podría estar Antonio, pero no han dado con su paradero, además de que no cuentan con las autoridades encargadas de seguir investigando el caso.

"MIGUEL ANGEL CABELLO LLAMAS, EL Y SU HIJA TOPACIO NOEMI CABELLO HIGUERA, SON

COMPLISES DE EL SECUESTRO DE MI HERMANO AN-
TONIO SAENZ PRATT... EL GOBIERNO DE MAZATLAN
LOS PROTEGE....VIVEN EN CALLE NARCISO MEN-
DOZA #248 ESQ. JUAN ALDAMA, COL. BUROCRATAS,
MAZATLAN SIN", levanta la voz Jénifer, desde su cuenta de
Facebook.

Jénifer grita. No sabe de otra. Hace esfuerzos por sonreír,
pero le gana la lluvia de cada marzo y de cada día. Siente que no
cuenta con nadie. Está segura de ello, por eso traslada su rabia a
las redes sociales para que el caso de su hermano no quede en el
desierto, en algún solar baldío, en los archivos empolvados de lo
que nunca se investiga y permanecen en los estantes de las oficinas
de la policía y la procuraduría.

Ella se ha encargado de traspasar esas gruesas paredes y
arrojar luz sobre las sombras tísicas y darse amaneceres en tiempos de silencio, en tiempos en que es escaso, en tiempos de desesperanza y desolación. Se sabe sola pero se acompaña. Están con
ella los cientos o miles de seguidores en las redes sociales. No se
arredra: aplasta el acelerador. Es un lobo estepario, como muchos
mexicanos. Un lobo herido, perdido, naufrago. Pero no uno callado, rendido o domesticado. No.

Lobo perdido

Se dicen lobos porque su madre, de nombre Bernarda Lobos Jasso,
les llamaba lobitos cuando eran pequeños. Ahora él, Antonio, con
dos hijos –uno de quince y otro de trece– y dos hermanos, lo único
que tienen es el recuerdo, la memoria de un hombre amoroso,
responsable y tierno, está en la lista de personas desaparecidas en
México, en casos de evidente intromisión, omisión o complicidad
con las autoridades, desde las corporaciones policiacas municipales, estatales o federales, hasta el Ejército Mexicano y la Secretaría
de Marina.

El 22 de febrero de 2012, el semanario *Proceso* publicó:

"En vísperas de que el gobierno de Enrique Peña Nieto divulgue la relación de desaparecidos durante el sexenio de Felipe Calderón, Amnistía Internacional advirtió que dicha medida será insuficiente si no se traduce en investigaciones que determinen 'en cuáles desapariciones participaron agentes de las fuerzas armadas y policías'.

En un comunicado, la organización internacional consideró como un avance la difusión de la lista de desaparecidos al permitir 'dimensionar la magnitud de este problema, el cual fue tolerado e ignorado por el gobierno federal y los gobiernos estatales durante la última administración'.

Sin embargo, Amnistía consideró necesario que las autoridades federales expliquen de qué manera esa base de datos puede convertirse en "un mecanismo eficaz para investigar las circunstancias de las desapariciones, establecer el paradero de las víctimas y llevar a los responsables ante la justicia."

Además, calificó de "escalofriante", la cifra estimada de 27 mil desaparecidos durante el sexenio de Calderón. Versiones extraoficiales indican que el número de desaparecidos en México, también llamados levantones y desapariciones forzadas, podría llegar al triple de esta cifra.

En una carta enviada al gobernador Mario López Valdez, la hermana, más reflexiva e igualmente valiente y dura, cuarteada y encallecida su piel por la tristeza y los golpes burlescos e indolentes de los servidores públicos, dice:

¿Qué espera, gobernador? Es muy triste ver que en Sinaloa prevalecen las complicidades en el ejercicio del poder. Mario López Valdez llegó a la gubernatura con la esperanza de muchos de que las cosas cambiarían para bien. Pero a pesar de que pareciera imposible, vemos retrocesos gravísimos. El ridículo público y cínico de parte del Procurador General de Justicia y el Secretario de Seguridad Pública no deja lugar a dudas de que esas complicidades han llegado a límites que los sinaloenses no podemos tolerar. Pocas cosas tan graves podemos ver como el hecho de que quienes están encargados de hacer respetar la ley la violen con insultante descaro, a la vista de todos y sin importarles exhibirse en sus desenfrenos. Actuar así sólo puede darse porque se sienten seguros de gozar de impunidad absoluta, aunque tenemos que sumar también un apasionamiento desbordado que por eso mismo resulta imposible de mantener en el clóset. Los asuntos privados deben quedarse ahí, en lo privado, sin mezclarlos con la cosa pública. Así debiera ser, pero desgraciadamente ocurre lo contrario con altos funcionarios que gobiernan privilegiando la hormona sobre la neurona. Si lo denunciamos aquí, es porque en esa mezcla de lo privado y lo público perjudican a Sinaloa. Quizá crean en el Gobierno de Sinaloa que sólo unos pocos vemos estas inmoralidades; otro grave error. Nosotros preferimos pasar de los chistes y la mofa al señalamiento público y directo, con la esperanza de que quien puede se decida a corregir. Aunque por ahora no parece que exista la suficiente voluntad. Ya veremos quién se cansa primero: si nosotros de señalarles, o ellos en sus ilegales omisiones.

16 de mayo de 2013, en Facebook

Jénifer no da un paso atrás. Pregunta, insiste, reclama, grita y vuelve a gritar. Le vienen a la memoria los primeros recursos que obtuvo su hermano Antonio cuando era niño y que su mamá le quitó para comprar algo de comida. Era trabajador, responsable, cariñoso y solidario, desde niño. Todavía recientemente le reclamaba él, a manera de juego, ese billete del que fue despojado en aquel entonces. Bromean ellos: eran una familia feliz, unida, fuerte, ahora quebrada, inundada de agua con sal, desesperanzada y sin embargo inventando y alimentando esperanzas que la realidad no da.

"¿¿¿¿¿ BUENO ????....AYYY MI QUERIDO Y ADORA-DO PROCURADOR DE SINALOA... AY NO SE PREOCUPE,

MI PROCU, YO SE. . . QUE NOS CANCELO LA CITA. SI, SI, LA ESPERAMOS 15 DIAS EN EL HOTEL... PAGANDO Y PAGANDO... BUENO PERO NO SE PREOCUPE QUE EL DINERO ES DE PAPEL PARA ESO PARA QUE VUELE... ASI VAN A VOLAR MUCHOS BUITRES. . . HAMBRIENTOS DE PODER.

Escribió el 9 de marzo de 2012

Cuenta que su madre sigue viendo a servidores públicos de la policía ministerial y del antisecuestros. Uno de ellos le dijo que cuánto les iba a dar si encontraban a su hijo muerto. Ella contesto que nada, que tenía dinero para pagar a los secuestradores y sin regateo alguno. Otra información recogida de oficinas gubernamentales indica que Antonio Sáenz Pratt está vivo y en manos de la Unidad Especializada Antisecuestros, pero no lo quieren soltar. "Es un asunto de dinero, señora", le dijeron.

También le ofrecieron que ella pagara a un agente de la ministerial para que retome las investigaciones. Algunos de ellos, ante las respuestas negativas de la madre, ya no le contestan las llamadas a sus oficinas o al teléfono celular.

Muchos de estos servidores públicos, recuerda Jénifer, se burlaron cuando la madre llegaba a sus oficinas y reventaba en llanto. Pero su madre se repuso y no deja la crucifixión que sufren ella y su familia y su hijo desaparecido, ni abandona la búsqueda, a pesar de las puertas, oficinas y escritorios escarchados de los funcionarios encargados de hacer justicia.

"Llorar es debilidad. Y yo no soy débil", dice ella, aunque ha permanecido enferma, no inerme. Y mucho menos inerte.

En junio de 2013, la Procuraduría General de Justicia del Estado informó que Antonio Sáenz Pratt, el empresario mazatleco que está desaparecido desde el 4 de marzo, cuenta con cinco identificaciones con otros nombres y tres de ellas con domicilios diferentes, de acuerdo con indagatorias realizadas por la Procuraduría General de Justicia del Estado (PGJE) sobre este caso.

Las pesquisas indicaron además que el padre de la supuesta víctima, de nombre Carlos Castillo Conde, ha usado otras identidades, entre ellas Carlos y Pablo Gutiérrez Silva, y José Antonio Sáez, originario de Mérida Yucatán y con domicilio en Guadalajara, Jalisco. Además, se le vincula con fraudes y otros delitos, como el homicidio de Pablo Luvinoff Arroniz, líder de la comunidad gitana en México.

La nota a la que hacen referencia las investigaciones de la procuraduría local, publicada en el diario *El Rotativo,* del estado de Querétaro, incluye la fotografía del padre de Sáenz Pratt, bajo el encabezado "Actúa mafia gitana en México", el 23 de junio de 2003.

Luvinoff Arroniz fue ultimado el 26 de septiembre de 2010, cuando convalecía en el hospital HMG de la ciudad de México, a pesar de que contaba con vigilancia de la Policía Judicial del Distrito Federal. Los homicidas entraron a su cuarto y le dispararon a corta distancia con un arma calibre 22, al parecer con silenciador.

Jénifer contesta. Sin sobresaltos, atados sus pies al frío piso: "Si mi hermano se cambió el nombre, no es un delito y no hay una orden de aprehensión contra él porque lo checamos en Plataforma México, con todos los nombres que usa, y no hay una orden de aprehensión. Mi madre permaneció once meses en Sinaloa y siempre se negaron a recibirla. Si tienen algo contra de él, lo quiero en una cárcel, así lo digo yo y se los dijo mi madre en su momento, detenido, pero no secuestrado o muerto. Y si mi padre es culpable de algo, que no juzguen a mi hermano por eso."

El 25 de abril 2013, Jénifer escribió en su muro:

Mis lágrimas por ti se secaron… y mi pena la llevo conmigo, nadie puede entender cuánto te quiero. Los demonios te arrancaron de mis manos... ellos siguen ahí, riéndose de mí… y tú no estás... te escondieron en las tinieblas de la noche, para que no te encuentre... donde estés, no desesperes...yo iré por ti, y volverás. . . al mundo de los vivos.

Y dice, replica, como un rayo que rompe y reniega de la oscuridad. Todos los días, a toda hora, en las redes sociales:

"Hola, soy Jénifer. Secuestraron a mi hermano."

26 DE MAYO DE 2013

Del libro *Con una granada en la boca*

Donde pite el tren

Morder la tierra, apartar con dentelladas malezas, regar el monte con sudor y lágrimas y buscar entre piedras la esperanza. Andar senderos. Inaugurar zapatillas, zapatos, tenis y pies desnudos en caminos no andados. Atisbar espejismos, alimentarlos a pesar de la desesperanza, donde sólo hay selva baja, montañas pelonas y asomos desérticos. Buscar, buscar, buscar: como Mirna, que ya no busca vivo a su hijo, sino su osamenta.

Mirna Nereyda Medina Quiñónez es maestra y una de las líderes del grupo de unas 30 personas. Las llaman rastreadoras y en su mayoría son mujeres que buscan a sus hijos, hermanos, padres y esposos desaparecidos. Suman cerca de 40 durante 2012 y 2014, en el municipio El Fuerte.

Roberto Corrales Medina, de apenas 21 años, es su hijo. Era, dice ella. No cree que esté vivo. Son seis meses después de su desaparición, aquel 14 de julio de 2014. Mucho tiempo para que sus captores lo conserven vivo. Y a pesar de que no se llevaban bien, pronuncia un sórdido y funesto y claro y contundente "te amo", cuando pasa por la manta grande que cuelga del puente peatonal de Mochicahui, con el rostro de su hijo.

"Soy Roberto Corrales Medina. Me secuestraron en El Fuerte. Ayúdame a regresar a casa. Si sabes algo avísale a mi madre, está desesperada 6981-127691", reza en la parte superior de la lona. Y abajo, el mensaje de Mirna: "Hijo, mientras no te entierre te seguiré buscando." Junto a la manta, hay tres más con fotos, mensajes y datos de jóvenes desaparecidos, en las que se pide ayuda a la ciudadanía.

"Yo busco la osamenta. Mi hijo está muerto. Lo sé. Lo quiero de regreso, como sea. No importa que sean los huesitos. Esa es la razón de mi vida. Mi razón de estar viva. No tengo nada más", manifestó Mirna.

Hace apenas unos meses, en la primera mitad de 2014, todavía se jactaba de que eso de personas desaparecidas era un asunto ajeno, distante, que ni siquiera rozaba su vida de tranquilidad y certidumbre, a pesar de los vaivenes económicos. Veía y veía en los periódicos y escuchaba los noticieros de radio sobre los plantones, las marchas, las protestas de los familiares de los desaparecidos en Sinaloa y en el país. Ahí estaban las exigencias de justicia, de que fueran devueltos con vida, y las denuncias de complicidad del Ejército Mexicano, la Secretaría de Marina y las corporaciones policiacas estatales en cada uno de estos casos. El narcotráfico manda, los capos dan las órdenes. Y los de uniforme, de cualquier nivel de gobierno, las acatan. Limpian el camino de enemigos, aunque éstos no siempre sean delincuentes de organizaciones contrarias o personas que estorban en la operación de sus negocios.

Pueden ser asuntos pasionales, una deuda de cualquier tipo, una denuncia pública en los medios de comunicación, un asunto estrictamente empresarial y lícito, una calificación reprobatoria en cualquier institución educativa. Pero también un malentendido, un saludo, el mirar a una mujer, un conflicto vial –choques, cerrones intempestivos, el uso del claxon o de las luces altas–, o un problema vecinal.

"Bendito Dios que tengo a mis hijos. Mis dos hijos. Jóvenes, varones, bien sanos. A mí esto de las desapariciones, de los levantados y ejecutados no me va a pasar", fueron las palabras de ella, en aquel funeral durante el mes de mayo, en su tierra, Mochicahui. Habían levantado y asesinado a un joven, hijo de una persona que ella conocía. Y ahí estaba entonces. Y aquí está ahora, entre el monte y las montañas, hurgando en el horizonte las esperanzas y esculcando bajo las nubes para encontrar rastros de su hijo Roberto.

Chácharas y cobro de piso

Quinientos pesos. Eso era lo que le cobraban por semana los de la Procuraduría General de la República (PGR) por dejarlo vender discos piratas en Mochicahui, de donde son originarios Roberto y su mamá. Ella tiene una pequeña, casi minúscula, tienda de accesorios automotrices. De vez en cuando, él se metía a la casetita de lámina de acero y se encargaba del puesto, ubicado junto a una gasolinería. Afuera, varios metros alrededor, se dejaban ver estacionados vehículos usados de diversos modelos y precios, con el signo de pesos en los cristales.

Pero él también vendía memorias USB, además de los cedés piratas, y cambiaba teléfonos celulares por las memorias. Hizo muchas veces esta transacción con los aparatos de telefonía móvil, sobre todo con un "tirador" de droga identificado sólo como Pancho, quien desapareció luego de que Roberto fue sustraído por un grupo de hombres que viajaban en una camioneta Explorer color negro.

"Ahí vienen… estos sí son mis amigos", expresó, de acuerdo con versiones de testigos, y desde entonces no se le volvió a ver. Por eso su madre sostiene que esos que se lo llevaron eran conocidos y él, confiado, se subió a la camioneta.

Ante esto, Mirna pidió a la Procuraduría General de Justicia del Estado (PGJE) que solicitara los videos grabados a través de las cámaras de la gasolinería que está a un lado del lugar donde lo levantaron, en la cabecera municipal de El Fuerte, justo en la entrada principal a esta ciudad. Sólo así podían identificar a los que se lo llevaron, el tipo de vehículo que usaron y avanzar en las investigaciones.

Los fiscales que tienen el caso lo hicieron el 31 de julio de ese año, 17 días después de que fue visto el joven por última vez, pero los dueños de la gasolinería informaron que no tenían el material porque el día 12 el sistema de videovigilancia se había quemado y apenas el 30 de julio estaban pidiendo una cotización para instalarlo de nuevo. Señalaron además el nombre de la empresa y persona que se los iba a instalar. Pero el material de video en el que se grabó el momento en que el joven se sube al vehículo no apareció. Y eso que los especialistas informaron que aunque el video se borre, queda grabado en un disco duro instalado en una computadora de la gasolinería.

Pero indagatorias realizadas por Mirna Nereyda indican que la cotización del equipo de video para la gasolinería nunca se realizó y que la persona que dijeron que iba a realizar el trabajo tampoco estaba enterada. Entonces pidió de nuevo la intervención de la fiscalía estatal porque los propietarios de la gasolinería habían mentido. Nada pasó.

Otra línea de investigación son las llamadas telefónicas realizadas y recibidas en su teléfono celular, el 6681 675273. Sobre todo esas que hizo y recibió días previos a su desaparición. Lenta la burocracia, insensibles los servidores públicos encargados de realizar estas pesquisas, y corruptos y cómplices muchos de sus investigadores y agentes de la Policía Ministerial. En medio de esa maraña ella iba y venía, aportaba pruebas logradas por su cuenta, exigía, recordaba, se peleaba, manoteaba y también terminaba desesperada y a punto de sucumbir. Pero no cejó.

El mismo día que hizo la denuncia, pidió al personal de la agencia del Ministerio Público, de la Subprocuraduría General de Justicia zona norte, que revisaran esas llamadas del aparato marca Blackberry de su hijo. Así lo hicieron. Pero en lugar de hacer la revisión de llamadas de los días previos, en la solicitud sólo incluyeron los días posteriores a su desaparición.

"Entonces, ¿de qué se trata todo esto? Y así hemos andado. Ya han pasado cuatro, cinco, seis meses y esto sigue igual. Son unos hijos de su puta madre." Y Mirna se puso a llorar como loca, de coraje, de impotencia.

Argumenta que ahí está la clave, en esas llamadas. Él usaba mucho el teléfono celular y hablaba en demasía con ese tal Pancho. El último mensaje que dejó en el aparato móvil de uno de sus familiares fue si habían ido a cobrarle quienes iban cada semana por dejarlo vender discos piratas. Y su voz se apagó. En el buzón de voz hay silencio. No hay más voz.

Cuando "desaparecido" es un lugar

Roberto, con sus apenas 22 años, tiene tres niñas: una de cuatro años, la mayor, otra de dos, y una más de apenas mes y medio, que estaba en la panza de su madre cuando él fue desaparecido. Previamente había vivido con otra joven, y otra más antes de haber embarazado a esta última, con quien se casó.

Además, la joven con la que vivía tenía un hijo que no era de Roberto pero que él aceptó como propio. Esa muchacha había enviudado cuatro años atrás. A su esposo lo encontraron muerto a balazos, luego de haber salido de su casa rumbo al trabajo. Pero antes su pareja fue interceptada por encapuchados y lo localizaron con el rostro desfigurado. Ahora suma una viudez más, la de un desaparecido. Tres ausencias en total, en esa corta vida.

Tan corta como las vidas de esas nietas. Una por cada matrimonio. Xiara Jael Corrales Andalón tiene cuatro años, Izamar Corrales Carrasco tiene apenas dos, y Dana Roberta Corrales Rodríguez, es el tesoro más reciente y apenas nació hace un par de meses, en noviembre de 2014.

"Xiara es una niña muy hermosa que siempre está orando para que su papá regrese. Está muy delgada desde que no lo ve. Le hizo un altar a su papá. Su madre se volvió a casar y vive con otro señor, pero para Xiara su papá siempre va a ser su papá", cuenta Mirna.

En ocasiones, la niña pregunta a Mirna. La niña lo espera, cuestiona, quiere a su papá.

"A veces se me acerca y me pregunta: 'Abuela, ¿cuándo va a venir mi papá de desaparecido?' Como si *desaparecido* fuera un lugar. Y me dice: 'Dile que ya se venga.' Yo lo único que le puedo decir es que ya, que ya va a venir."

Señaló que cuando le decía que iba a buscar a su papá, la niña preguntaba si ya lo había encontrado: "Le dije que se había ido a un lugar, como un bosque, como en los cuentos de hadas, y que su papá se perdió en el bosque. Por eso voy a buscarlo, para que encuentre el camino de regreso. Ella quiere ir conmigo a buscarlo, pegarse con las rastreadoras, pero jamás la voy a llevar."

En las fotos, Xiara siempre aparece con su padre abrazándolo y besándolo. O él a ella. Varias de esas gráficas están en el altar que esa pequeña montó en su casa. No sabe, no le han dicho, que el altar es para los muertos.

Mirna cuenta que todas las viudas la apoyan. Por ejemplo Dulce Irasema Andalón Villalobos, de 24 años, se la pasa publicando en *feis* que regrese el padre de su hija.

"Pone cosas muy bonitas, publica y llama por teléfono y dice que desea que mi hijo regrese, de todo corazón. Sabe que mi hijo no se merece nada malo porque mi hijo es una persona buena. La niña que tiene dos años, Izamar, sólo llama por teléfono y pregunta por su papá. Igual María Carrasco, también publica mucho y lo comparte, y dice que desea que regrese mi hijo. Seguido pone: 'Mi tesoro, te extraño mi amor.' Por eso sé que también les duele, que están conmigo en esto."

Las rastreadoras

Reportes del diario nacional *La Jornada* y del semanario *Ríodoce* indican que son grupos de personas. Albañiles, campesinos, amas de casa, comerciantes, maestros. Los une el hecho de ser familiares de personas desaparecidas en los municipios de Ahome, El Fuerte, Guasave y Choix. Todos ellos están ubicados en el norte de Sinaloa, donde las pugnas entre los cárteles de Sinaloa y una célula de los Beltrán Leyva, liderada por Fausto Isidro Meza, a quien llaman El Chapito, se traducen en matanzas, emboscadas, asesinatos y desapariciones.

Esta organización criminal enemiga de Joaquín Guzmán Loera, El Chapo, e Ismael Zambada García, El Mayo, jefes del Cártel de Sinaloa, tiene gran influencia en los municipios de Guasave, Ahome, Choix y El Fuerte. Las corporaciones policiacas, todas, han operado para ellos. Ahora, a través del gobierno estatal y con el apoyo del Ejército Mexicano y la Secretaría de Marina, pretenden desterrarlos y recuperar el control para el cártel oficial: el de El Chapo y El Mayo.

Pero los muertos los ponen los de abajo: la gente, los estudiantes, los campesinos y obreros, y los policías que se rebelan o traicionan o no se alinean. Ni el jefe de la Policía Ministerial del Estado ni el comandante de la Novena Zona Militar han sido heridos en estas refriegas. El blindaje no alcanza para todos. Es sólo para unos pocos y siempre poderosos.

Los rastreadores forman brigadas y no necesariamente trabajan coordinadas con otras de municipios diferentes. Por su cuenta, preguntando aquí y allá, han dado con fosas clandestinas y una vez que lo confirman avisan a las autoridades que, como no investigan, no localizan estos cadáveres.

Reza la nota publicada en *La Jornada*, en abril de 2014:

Sabuesos. Eso son los que sin el apoyo de las policías municipal y Ministerial del Estado, y mucho menos de la Procuraduría General de Justicia (PGJE) de Sinaloa, encontraron en fosas diferentes, muy cerca una de otra, cinco cadáveres de personas ejecutadas en las cercanías del río Fuerte, en la comunidad de San José de Ahome, municipio de Ahome, a unos 200 kilómetros al norte de Culiacán, la capital, los primeros días de abril.

Fueron cadáveres de cuatro hombres y dos mujeres, y de acuerdo con versiones extraoficiales sobre las primeras pruebas periciales, dos de los hombres murieron ahorcados y uno más fue torturado salvajemente; otro tiene varias lesiones de bala.

Al menos hay dos grupos visibles de estos sabuesos. Están en Guasave y El Fuerte. Siguen las huellas de los ríos y arroyos, las llamadas anónimas que los alertan de cadáveres que nadie ve ni quiere encontrar, sólo ellos, sus dedos.

"Son cientos, quizá miles, las personas desaparecidas de 2012 a la fecha, a manos de las corporaciones policiacas, pero sobre todo de Jesús Carrazco Ruiz, ex secretario de Seguridad Pública en Ahome y actualmente subdirector de la Policía Ministerial del Estado. Son ellos, los familiares lo dicen, porque con ellos han sido vistos antes de ser desaparecidos, con el pretexto de que son investigados", manifestó uno de los rastreadores.

No hay nombres. Ellos prefieren el anonimato, porque de lo contrario "nos matan, oiga".

Fueron cuatro tumbas clandestinas las encontradas por el grupo de rastreadores durante la primera mitad de ese año. Preguntaron y dejaron de hacerlo cuando al fin les confirmaron que en esta zona cercana a San José de Ahome había varios cadáveres enterrados por supuestos policías, luego de meses de realizar investigaciones.

El grupo de civiles escarbó por su cuenta y desenterró varios cadáveres. Dejaron de hacerlo cuando se dieron cuenta de que eran más de tres las víctimas, en esas cinco fosas clandestinas.

En abril de 2011, fueron desenterrados trece cadáveres de fosas clandestinas en Bachomobampo. En San José de Ahome, en noviembre de 2013, fueron encontrados tres cadáveres. En abril de ese año localizaron otros tres en la comunidad Benito Juárez.

Datos de la Procuraduría General de Justicia del Estado indican que las fosas clandestinas están en estas regiones, pero también en la comunidad Rosendo G. Castro, Tosalibampo y Concheros, municipio de Ahome.

En este caso, fueron cinco cadáveres en avanzado estado de descomposición, en cuatro fosas. Desconfiados, pero sin más opciones, avisaron a la policía y al Ministerio Público para que sacara los cadáveres e hicieran el trabajo pericial; nada se sabe hasta ahora sobre la identidad de las víctimas, pues los resultados de las pruebas de ADN no han llegado, aunque a la autoridad no parece importarle.

Los familiares lo dicen: antes de ser desaparecido, Saúl Enrique Higuera Cota les advirtió que si algo le pasaba "fue Carrasco. Ese cabrón me extorsiona con 50 mil pesos".

Una noche, el jefe policiaco y sus agentes fueron a la casa de Higuera, en San José de Ahome. Le gritaron desde afuera y Saúl salió del inmueble. Estuvieron hablando y cuando parecía que iban a despedirse, la familia salió a ver qué pasaba. Fue entonces cuando escucharon que Carrasco les gritó: "Ahorita se los traigo", de acuerdo con una denuncia publicada en el semanario *Ríodoce* y escrita por el reportero Luis Fernando Nájera.

Y ese "ahorita" no ha llegado. Muchos meses han pasado y la familia sigue sin saber nada de Saúl. Ahora ellos y otros integran este grupo de sabuesos: una suerte de justicieros y gambusinos en busca de la paz que les traerá encontrar a sus seres queridos que permanecen desaparecidos.

Martín López Félix, es uno de los pocos abogados críticos de las políticas anticrimen que se aplican en Sinaloa. Dijo que en la zona norte y en especial en Ahome hay un vacío de autoridad, en donde los cuerpos de policía considerados como especiales y los criminales actúan con total impunidad.

"Los hallazgos de dos, tres, cuatro, cinco o catorce cuerpos en fosa masiva clandestina jamás son investigados, y todo se queda en el horror social", manifestó.

Dijo que tanto la procuraduría local como las corporaciones municipales son ineptas y corruptas, y lamentó que tanto los narcotraficantes como los policías a su servicio gocen de impunidad.

"Entonces, ¿para qué sirve una autoridad que no aclara nada?", preguntó.

Mirna y un grupo de ocho mujeres recorren el monte. Un día antes, el 24 de enero, habían encontrado un cadáver. Andaban rastreando porque les avisaron de otro. Era un camino gris, bajo un nublado que anunciaba equipatas (lluvias ligeras). La yerba seca. Seis mujeres se quedaron atrás y Mirna y una hija de un desaparecido, una menor, junto a ella. A lo lejos, como a un kilómetro, vieron sorpresivamente la silueta de un hombre. Y luego otro y otro y otro más. Ella pensó que les iba a ir mal: "Los vi y dije: 'Aquí nos llevó la chingada.'"

Se le ocurrió acercarse. Intentó no reflejar temor ni malicia. De lejos los saludó. Los llamó plebes, que en el habla sinaloense es una forma de referirse a las personas pero con cierta familiaridad. El hombre que parecía el jefe se adelantó. Los otros lo siguieron, pero a prudente distancia. Parecían custodiarlo. No vieron armas. Ella le dijo que andaban buscando una planta medicinal. El hombre le respondió por aquí hay una de esas matas. La condujo. La menor no se separó de ella. Ésta es, dijo el desconocido, apuntando un matorral.

Ella le dio las gracias. El hombre le dijo, a secas y de golpe, que ya iba a oscurecer, que mejor se fueran. Para entonces ya estaban otra vez las ocho rastreadoras juntas. Hay mucho coyote, no las vayan a atacar. Miriam le contestó que ya se iban. Pero ya, atajó él. Es por su bien.

¿Estoy detenida?

Mirna se ha vuelto investigadora, policía, sabueso, detective. Sólo le falta meterse en el mundo "cochino" como llama ella a la delincuencia, "pero eso ya no". En julio encontraron cinco cadáveres en una fosa, dos más en agosto y otros cinco en noviembre, en la comunidad La Choya. Todos ellos en el municipio de El Fuerte.

Entre las fuentes extraoficiales consultadas –porque pocos hablan del fenómeno de las desapariciones y los que acceden es a cambio de mantener el anonimato–, advierten que algunas de las investigaciones conducen a Santos Mejía Galaviz, ex comandante de la Policía Municipal de El Fuerte, dado de baja por reprobar el examen de control y confianza, como responsable de estas desapariciones y asesinatos.

–¿Usted por qué se hizo rastreadora –se le pregunta a una de las mujeres que participa en estas búsquedas.

–Porque una vez le pregunté a un comandante que sólo conocí como Antonio, de la ministerial, dónde ha buscado a mi hijo para no ir a buscar yo ni entorpecer las investigaciones. Me acuerdo que el hombre se me quedó viendo. No me había puesto mucha atención hasta que le hice esa pregunta. Entonces levantó el rostro y me miró. Recuerdo que me dijo: "¿Yo? Yo no lo busco, son los campesinos, los vaqueros, los que encuentran cadáveres." Por su culpa, por eso me hice rastreadora.

Con otras mujeres fue llevada a las oficinas de la procuraduría en Los Mochis, luego de que encontraron una fosa con cadáveres, en noviembre. ¿Estoy detenida? Preguntó insistente a los uniformados. Les quitaron los teléfonos celulares y los tuvieron ahí, de las siete de la tarde a la una de la mañana.

–¿Estoy detenida? –volvió a preguntar.

No, contestaron.

–¿Entonces me puedo ir?

Otra vez, no contestaron.

–Entonces sí estoy detenida.

Los investigadores de la ministerial querían saber quién les había avisado de esa nueva fosa que encontraron. Pero no pudieron siquiera prender los teléfonos celulares que les habían quitado y que luego les regresaron, antes de liberarlas.

Mirna muestra una foto. Es una imagen difusa. Ella se ve pero no se le notan sus facciones. Se ve borrosa, como desprendida del papel, de la imagen, de ese entorno entre amarillo, sepia, gris. Es lo que queda de mí, dice.

Quiero ser abogada

–¿Y tu papá?
   –No tengo.
   –¿Por qué?
   –Está desaparecido.
   Es Doreli y tiene once años. Su padre verdadero huyó del hogar cuando era apenas una bebé, pero desde niña fue criada por ese agente de la Policía Municipal de El Fuerte que está desaparecido. Su madre, Lourdes, es hermana de la esposa del uniformado.
   Doreli es morena, de bonitas facciones y mirada vivaz. Tiene promedio de ocho de calificación y va en el sexto grado, en la escuela María R. Pacheco, de San Blas, donde vive. Se agacha. Lleva sus manos al rostro. Se talla los ojos. Como que se encoje. Empieza a llorar.
   En ese momento pasa el tren. Se escucha silbar. La máquina ruge y es un rugir que abraza el viento y lo lleva a todos los rincones de las casas de adobe y las calles angostas de esa comunidad de El Fuerte. Todo está cerca, hasta el tren y la vía. Pero Doreli no lo quiere ver. Ahora está abatida. Es un montoncito de carne y huesos y lluvia, acurrucado en esa silla de plástico.
   Rosario Peñuelas Yocupicio es el policía levantado por un comando. Su esposa, María del Rosario López Flores, hace piñatas para alivianar la economía familiar. Cuelgan de una especie de tendedero con formas de estrellas de cinco y seis picos, también hay de personajes de caricaturas y una muy grande, la más grande, en forma de bote de cerveza Tecate Light.

Fue un 8 de enero, de 2013. El agente salió de su casa, eran poco antes de las siete de la mañana. Ya llevaba el paquete y dentro el itacate con su desayuno.

Esperaba el camión y testigos declararon que había varios hombres en dos camionetas y que tenían mucho estacionados ahí, cerca de donde Rosario esperaba el camión que lo llevaría a su trabajo. Lo llamaron y él escuchó pero quiso ignorarlos. Sospechó. Abrieron las puertas y se dirigieron hacia él, entonces corrió. Le dispararon, lo hirieron en una pierna cuando quiso brincar un cancel y entrar a la casa de un vecino. Lo metieron a una de las camionetas y se lo llevaron. Pidió ayuda. Gritó que lo dejaran. En el lugar, la madre, que acudió momentos después de enterarse de que lo habían privado ilegalmente de la libertad, encontró el charco de sangre en la entrada de esa casa en la que su esposo quiso refugiarse.

–¿Qué hay de las investigaciones?

–Nada. No ha habido nada.

Señaló que el director de la Policía Ministerial, Jesús Antonio Aguilar Íñiguez, quien ha sido acusado de formar parte del crimen organizado y operar para el Cártel de Sinaloa, le informó que las indagatorias iban muy avanzadas, pero no le dio detalles: "No espero que haya avances, no les creo. Y la verdad, de la autoridad no espero nada. Espero más de la justicia divina que de ellos."

–¿Dios existe?

–Claro.

–¿Por qué estás tan segura?

–Por el hecho de despertar, de ver la nueva luz del día y que hay muchas grandezas en la vida. Y si no existieran, nosotros tampoco. Por eso sé que existe Dios. Él cobrará caras las facturas a los que se llevaron a mi esposo. Pagarán peor. Eso pienso.

Tienen tres hijas, Yoely Darlene, de dieciséis años, Yameli de diez y Thaily María, de seis. Como su esposo está desaparecido, la corporación le da a ella el dinero de la quincena. Inicialmente le pagaban 4 220 pesos y ahora el cheque se redujo a 3 400 pesos. "Están robándome", dice.

Sobreviven con la venta de piñatas, que en las fiestas de Navidad y Año Nuevo le dieron cerca de 3 000 pesos, pero que en tiempos normales le permiten captar unos 400 pesos… si bien le va, a la semana. De ahí debe pagar la escuela de las hijas, el agua, el gas y la energía eléctrica, además de la comida. "No alcanza, oiga."

Yoely dice que se agüita mucho con lo que le pasó a su padre. Era un hombre al que poco veía pero simpático, que la abrazaba cuando iba por ella a la escuela, divertido. Su madre tercia en la conversación y asegura que su esposo era muy trabajador: llegaba de la policía y se quitaba el uniforme para ir a tocar el bajo en un conjunto musical, en un bar de la localidad, y los otros días podía incorporarse con un conocido en la limpia de un predio y recolección de escombro. Además, cuentan sus hijas, trabajaba en la parte trasera de la casa, arreglando televisores y licuadoras.

Yoely está triste. Se le empaña la mirada cuando cuenta que en la escuela se burlaban porque era hija de un desaparecido. Como si no bastara la desgracia de quedarse sin papá. Denunció ante maestros y autoridades del plantel. Nadie puso fin a la doble humillación. Una vez golpeó a un joven porque la estaba molestando. Se cansó de la indolencia de los maestros y del director, e hizo justicia por mano propia: le dio varios golpes en la cara y la suspendieron. No se arrepiente. Lo volvería a hacer, dice sin pensarlo. "Vale madre si no."

Faltó a algunas clases en la preparatoria de la Universidad Autónoma de Sinaloa, donde cursaba el segundo grado. Andaba en lo de su papá, buscándolo. Iban a mítines, pero también a reuniones en la Procuraduría General de Justicia del Estado y sometiéndose a las pruebas de ADN por si daban con cadáveres, para determinar si alguno de ellos era su padre. Dice que hasta la querían obligar a que pagara un vidrio de una ventana del plantel. Pero ella no lo quebró. Ahora dejó de ir, pero quiere recuperarse y estudiar mecánica y electrónica, y trabajar en eso, pero después de terminar la preparatoria. Aunque también le gusta la música y quiere ser *diyei*.

"Me quería meter a la Marina, pero siempre no. Quería estudiar para hacer peritajes en los lugares del crimen, criminología creo que se llama, pero ya no puedo", lo dice con una seguridad que taladra, que perfora, que deja herido a cualquiera. Tiene faros de puerto bajo su frente.

Ella y sus hermanas, y su madre, y la hermana de ésta, viven en una casa que antes era usada por drogadictos. Es una casona vieja, grande, de paredes anchas y altas. Ahora no tienen energía eléctrica porque no hubo tiempo para ir a pagarla. Esa es la explicación que Rosario da. Tienen ahí diecinueve años. El síndico, la máxima autoridad en esa comunidad, les pidió que ocuparan ese inmueble para que no hubiera vagos en el sector y así lo hicieron. Un juicio legal, ausencia de testamento, adeudos, papeles, dificultan que los dueños la recuperen y facilita que ellos sigan ahí, en esa guarida que parece más un hogar que una casa sin luz.

"En ocasiones nos gana el bajón. Lo extrañamos… vivimos de sus recuerdos. Era, es, un hombre muy responsable, no tenía problemas con nadie ni andaba temeroso o nervioso cuando pasó lo de su levantón. Ahora, la verdad, le doy gracias a Dios por no haber escuchado las ráfagas cuando le dispararon. Estaba la música de la casa a todo lo que da, para que se despertaran las niñas para ir a la escuela. Porque si hubiera oído los balazos me arranco para allá. Salgo corriendo a ayudarlo. Y también a mí me hubieran llevado… o matado. Sólo Dios sabe."

−¿Lo amenazarían?

−No sé. Todo me lo imagino.

Doreli está cerca. Dejó atrás su posición fetal y ahora escucha atenta la entrevista. Parece pedir la palabra.

−Entonces Doreli, ¿qué quieres ser cuando crezcas?

−Abogada.

−¿Por qué?

−Porque quiero sacar adelante a mi mami.

Regresar el tiempo

Juana Pacheco Laurean tiene 49 años y dos hijas. Judith Guada-lupe y Yuridia Antonia Castro Pacheco, de diecisiete y doce años. Su esposo, José Antonio Castro Vázquez, es agente de la Policía Municipal de El Fuerte y fue desaparecido el 4 de agosto de 2014. Salió de su casa, en Tetamboca, rumbo a San Blas, a comprar Die-sel para operar la maquinaria con la que trabajaba preparando un terreno para cultivar.

"No regresó." Así dice Juana, bajita, blanca, con arrugas que no merecen su lindo rostro ni corresponden a su edad. Parecen ahondarse cuando habla de su hombre y de la falta que le hace. Esa silla es como una arena movediza y conforme habla se hunde en esa tragedia. Ha emprendido una lucha como rastreadora y ahora no se raja, aunque sí su piel: pareciera que uno puede asomarse a esos rastros que deja la desolación y un mañana extraviado entre tanta injusticia, alojados en esas arrugas en su piel.

"No regresó", repite.

Había sido comandante de la corporación, pero fue in-capacitado debido a una lesión en el nervio ciático. Lo paralizó durante cerca de cinco meses desde el pie derecho hasta la espalda. Así trabajó unos días, hasta que le permitieron que se ausentara, previo dictamen médico. Y lo bajaron también de rango.

"Duró un mes sin caminar, después lo hizo con muletas y así se iba a la parcela, a la leña, con todos sus dolores. Yo siempre le pedía que si se iba por acá o por allá, que nomás me avisara. Tenía otra mujer y un hijo con ella. Nomás avísame, para no estar esperándote. Y así lo hacía. Me avisaba siempre y yo le echaba la bendición. Pero esa vez no llegó, le llamé al cel y me mandó a bu-zón. Al día siguiente lo esperé a las cinco de la mañana para ir a la parcela y nada. Se llegaron las diez y nada", recordó.

Su hija más chica despertó. Preguntó si su papá ya se había ido a la parcela. Su madre la vio y se aguantó las ganas de llorar. No hija, no ha llegado. Ambas agacharon la cabeza. A Juana le entró la desesperación y fue a casa de la familia de él, de sus hermanos. No le supieron decir. Se armó de valor y fue a buscar a la otra mujer, a preguntarle si estaba con ella. Tampoco supo decirle nada. Arruga sobre arruga.

Y entonces recordó aquella vez que iban pasando por la comunidad de Bellavista, en ese municipio de El Fuerte, azotada por la violencia y ahora fantasmal: la yerba crecida, las paredes vacías y las calles baldías. Grupos armados llegaron y arrasaron. El pueblo entero parece un alma en pena. Mientras pasaban, ambos –ella y su marido– se ensombrecieron, impactados por el tétrico escenario de abandono. Su esposo, que la tomaba de la mano, le dijo que jamás iban a pasar por eso.

"'Yo chueco o como ande, siempre voy a trabajar bien. Ni tú ni mis hijos van a sufrir por esto', así me dijo. La verdad me dio gusto que me lo dijera pero aquello que veíamos era más fuerte que todo. Y mire, ahora cómo andamos. Lo que son las cosas. Él desaparecido y ese pueblo fantasma sigue tal como estaba cuando pasamos."

–¿Usted cree que está vivo?

–Tengo fe. Deseo que así sea. Pero ya quisiera encontrarlo, vivo o muerto, para descansar. Es un dolor muy grande, oiga. Mis hijos preguntan por él. Yo digo: "¿Qué pasará, cómo estará?" No los maldigo, oiga. La verdad. No deseo que esos que se lo llevaron, sufran. Pero tampoco deseo que sufran lo que nosotros, nadie. Es un dolor grande, grande ¿Por qué no lo mataron y lo tiraron ahí para enterrarlo y darle cristiana sepultura? ¿Por qué?

Si pudiera

Judith no podía dejarle de hablar a su padre. Aunque estuviera encabronada, no se le daba. Su padre, ese comandante de la municipal, hombre de armas y mucho trabajo, siempre encontraba cómo hacerla reír. Le hacía caras, muecas, le sacaba la lengua.

Y *pas*. Estallaban las risas. "Era muy chistoso", dice. Recuerda que siempre la abrazaba y que le repetía a su esposa: ya lo pensé bien, ya quedó resuelto, tú te vas con Yuridia y yo me quedo con Judith, nosotros nos vamos lejos, de viaje, al cabo que a ti no te gusta salir. Le repetía. Era uno de sus chistes.

"Todavía me da por preguntar por él. Si pudiera cambiaría todo para volver a ver a mi papá", manifestó. Ella quería estudiar para ser pediatra. Su padre quería que fuera enfermera. Luego le pareció buena idea la criminología… pero cuesta mucho, dice. Ahora piensa en gastronomía. Es más barata que otras carreras.

Está en segundo de preparatoria. No se le olvida que una de las principales coincidencias con su padre, que le sigue haciendo ruido sobre todo ahora que no está, es que él le anunció que la apoyaría en todo. La hizo sentir bien que él se lo dijera, igual que cuando fue a la escuela a hablar con el director, porque Judith estaba sufriendo abuso escolar. Ella se supo importante. Su padre había ido a la escuela porque la amaba y se preocupaba. Pero no está. No sabe quién puede ayudarle a hablar con las autoridades del plantel, quienes la acusan de fingir estar enferma y no le aceptan los documentos probatorios que lleva para justificar sus faltas.

Para ellos, si ella está deprimida porque su padre fue levantado por hombres armados no es importante. Si va a la procuraduría a hablar, tampoco. Si acude a buscar a su padre, con las rastreadoras, menos. Es igual si va a terapia o si a raíz de todo esto le salió una bola en el abdomen, que se une a la incipiente gastritis que ya padecía. No importa. Ellos dicen que debe ir a la escuela, gritar presente aunque permanezca ausente, ida, media viva porque la otra mitad se la llevó su padre. Se la llevaron ellos, cuando lo levantaron.

"Yo era de dieces. De nueves y dieces. Ahora he estado sacando ochos. Tengo que entregar trabajos para recuperarme y los compañeros no quieren prestarme sus apuntes para ponerme a estudiar. Uno de ellos me cobraba 500 pesos por permitirme fotocopiarlos. Yo le dije que no. Tal vez me vaya a extraordinarios en algunas materias, porque no la voy a hacer. Análisis histórico, matemáticas, español, esas se me están dificultando. Todo porque no estuve en clases, porque no podía. No puedo."

A Judith la operaron porque tenía una bola en el estómago. No podía comer y le dolía mucho. Apenas habían pasado 21 días de la desaparición de su padre y los nudos en su interior asomaban, molestaban, amenazaban con volverse una calamidad y muchas enfermedades. Sobresale una de ellas: depresión. Por eso, ella, su madre y su hermana van a terapia con una psicóloga.

Su madre vendió todas las vacas y piensa en rentar la parcela en la que tenían sembrado sorgo. Pero hay problemas con su cuñado, quien pretende quedarse con la propiedad. La emergencia económica asoma y ahí se queda, en el panorama inmediato de esas vidas mutiladas. La quincena de su esposo pasó de 5 000 a 3 200 pesos dizque por un impuesto al trabajo y un seguro de vida. Esa fue la quincena en enero, aunque en noviembre el salario fue de 3 800 pesos.

Los agentes de la Policía Ministerial la citaban a declarar a Tetamboca, de donde son ellos. Eran los policías asignados al caso. Lo hicieron dos veces. Cita y otra cita. A ninguna acudieron los uniformados. Algunos integrantes de la familia del agente desaparecido creen que esos mismos policías pudieran estar implicados en el levantón. Nada de lo que puedan estar seguros. Nada de lo que puedan dudar.

Judith no tiene miedo. Hay claridad en sus ojos. Sus palabras salen diáfanas. Flechas derechas, con destino cierto. Así son sus expresiones. Recuerda que su padre le decía que ella sería alguien en la vida si estudiaba, y que para conseguir algo hay que trabajar y muy duro. Alguna vez le contó que las pesadillas sólo reflejan los errores y temores, por eso hay que enfrentarlas y salir adelante.

Yuridia, su hermana menor, es peleonera. Más bien no se deja y de todos se defiende. Dice que su padre era "repugnante" y se le pregunta ¿era? Ella corrige. No, es. Es buena persona. Dice que su padre era grosero, pero hasta las malas palabras le quedaban. Que además se chupaba los dedos cuando comía. Todos. Y se lo festejaban y reclamaban en la misma proporción.

"Yo sólo quiero que entre por esa puerta. Por la misma puerta que se fue. Que llegue con sus gritos, su escándalo. Eso es lo que más quiero. Es lo que más extraño. Por eso quiero que vuelva. Que vuelva, nomás", manifestó.

Se siente fuerte para salir de todo esto, junto a su hermana y su madre. Y tiene una esperanza: encontrarlo... como sea, pero encontrarlo.

Y a Yuridia y a sus hermanas se les hizo. Un día de enero de 2015 les llegó el aviso anónimo. En las cercanías de San Blas, cerca del lugar donde esta familia fue entrevistada para que contara sus testimonios para este libro, había una osamenta. Ellas, las rastreadoras y sus hijas –todas ellas menores– fueron a buscarlo, pero no tuvieron suerte. Esas búsquedas son bajo las piedras, entre el ramerío y las raíces, entre un monte semiseco que sólo parece admitir huesos humanos. No tuvieron suerte. No ellas.

Tuvieron que avisar a la Policía Ministerial para que auxiliara en la búsqueda. Y rindió frutos: el 30 de enero los uniformados encontraron una osamenta. La camisa, los tenis, el pantalón y la cachucha fueron importantes. Hasta las canas todavía pegadas a la cachucha –que fue regalada por sus hijas– hablaron de él y de que esa muerte les tocaba, les pertenecía. Es él, dicen los investigadores. Es él, dicen ellas, las niñas, y también la esposa. Se fueron a la funeraria, esperando que les entregaran esos huesos y todo lo demás, pero no. Tienen que esperar, les dijeron en la Procuraduría General de Justicia del Estado (PGJE) para que quede legalmente reconocido, luego de las pruebas de ADN. Tardarán semanas, quizá meses. Pero nada qué ver con la honda desesperación de buscarlo y no encontrarlo: esperar que entre por esa puerta, por la que salió... esperarlo sin saber si volverá. Ahora lo saben. Y también ellas se mueren. Y también descansan, como él, en paz.

Pesadillas

Doreli está en las penumbras, en su casa de San Blas. Afuera hace frío y tuvieron una mañana de bruma. Parece que esa neblina anidó entre ceja y ceja pero no baja a sus comisuras, su saliva, esa lengua y los labios. Doreli no se calla, no se detiene. Parece que viene por la revancha y quiere decir más y más sobre su padre.

Tiene pesadillas, confiesa. Llora y llora y llora, mientras prepara sus palabras para contar esos malos sueños. Su padre está amarrado, sentado en una silla. Su padre, el verdadero, porque el otro, el que fecundó el óvulo no está ni estuvo ni le sonrió tanto como ese que fue herido de bala y levantado por hombres armados. Ése es su padre y ahí está, metido en sus sueños porque lo extraña y lo quiere ver y de añorarlo se le presenta, pero no de la mejor manera.

Lo ve atado. No dice nada. Sus captores lo tienen y lo golpean y golpean. Él no habla. Es el mismo que arreglaba abanicos, licuadoras y televisores. El que las invitaba a entregar los aparatos, una vez arreglados, cuando le pagaban. Y si eso sucedía, les daba a ella y a sus hermanas para sus golosinas. "Lo extraño mucho."

Pero él no está ahí, en esa sala besada por una mirada brumosa que todo oscurece. Ya se retira el sol de esa región norte de Sinaloa y él permanece arrinconado, en esa bodega sin medida: no quiere comer, le pegan muy fuerte pero no dice nada, iba herido de una pierna y sangra mucho. Le platica a su mamá su sueño y ella le responde que todo está bien, que no se espante.

"Quiero que aparezca. Como sea, pero que aparezca. Lo extrañamos mucho. Que vuelva para que se le pague bien la quincena a mi tía, porque lo que le dan no nos alcanza."

Muchas muertes trae Doreli en esa mirada de llovizna: su tía Adela murió en enero de 2014, poco después murió su nana María Elena; el 19 de enero de 2013 mataron a su tío Genaro y su tío Manuel sigue preso. Ahora son muy pocos en su familia, dice. Se siente mal porque luego de que murió su tía, no quieren sus tíos acoger a la abuela y pretenden que viva sola en su casa, la misma en que fue muerto a tiros Genaro. Dice que no tiene motivos para estar alegre. Y por todo se culpa: de noche, a solas, se golpea la cabeza con lo que tenga a la mano. Así quiere lavar sus culpas, las que no tiene, y que todo regrese a lo de antes. Que vuelva su papá.

"Quiero que regrese mi papá Rosario para que todos seamos felices." Y llora más. Pero ya no tiene lágrimas. La llovizna se las llevó.

Donde pite el tren

Mirna Nereyda no deja de buscar a su hijo. Le dicen que ahí, detrás de una parcela de maíz. Que bajo el puente, que del otro lado de aquel cerro. Que en el camino que lleva a tal pueblo o cerca del arroyo o pasando el río. Le dan señas de árboles, de plantas medicinales. Le llaman desconocidos y le dicen que está vivo y le piden dinero a cambio de informarle dónde lo tienen. Pero ella va a todas y a ninguna. No acepta que esté vivo porque no cree que un grupo delictivo se interese en tenerlo tanto tiempo con vida. Por eso insiste: yo no lo busco vivo, ando buscando su osamenta, sus huesitos. Aunque en eso se vaya ella o tenga que acudir a hombres armados que le digan por este lado o por el otro. Ampollada, quemada, con el rostro insomne de la vida amputada y el mañana cercenado, apuesta todo: van sus restos, lo que le queda, por él, por ese joven de 22 años que sigue siendo su hijo.

Camino a San Blas y luego, en otro viaje, rumbo a El Fuerte. Pasa en dos ocasiones bajo ese puente peatonal del que cuelga la manta con el rostro de su hijo, los datos de la desaparición y el teléfono de ella para que llamen. Pronuncia un sonoro, lapidario: "Te amo." Lo dice al aire, al recuerdo, a todo y a nada. En la comunidad La Esperanza está sembrada la muerte, como en casi todos los pueblos de la región. Ahí, aseguran los que saben, cerca de 90 por ciento de los jóvenes, hombres y mujeres, son matones.

Ahí, viudas, huérfanos y ejecutados son mayoría. La población flotante se traduce en salir del pueblo para ir a otro a matar a alguien. Huele a pólvora, pero también a panteón, a cempasúchil sin 2 de noviembre. A ráfaga rasgando el viento y perforando la bruma de enero y esa lluvia fina, casi intocable, *mojatontos*, del 22 de enero.

Se pregunta si su hijo estaría metido en el narco. Se contesta que no, que se hubiera dado cuenta. Y luego repite que tal vez y que no se percató. Y después asegura que no se vale, que para eso se supone está el gobierno y que debe castigarse. Nadie merece morir bajo este cielo sin Dios y sin nadie, en el monte. Ahí, donde tantas veces lo ha buscado. Dice que lo sueña: él, Roberto, corriendo no muy recio, por uno de los lados de la vía, con el rostro cubierto con no sabe qué, y diciéndole que lo alcance, que si lo alcanza va a decirle dónde está. Y ella corre y corre. Se quita las zapatillas, se pone los tenis. Se quita los tenis y se pone botas. Se descalza o usa huaraches. Y corre y corre y corre. Y él le dice, casi festivo, que lo alcance. Y ella se esfuerza, grita, llora y corre más. Y no. No lo alcanza. Y entonces despierta. Y con tal de verlo, cierra los ojos llorosos para seguirlo soñando.

Sueña otra vez. Son sueños recurrentes, que empiezan y empiezan, pero no terminan. Y se repiten con macabros y dolorosos caprichos. Encuéntrame, *amá*. Le dice él. Ven, encuéntrame. Dónde, hijo. Aquí, *amá*. Aquí. Dónde. Donde pita el tren.

Y busca en La Constancia, La Esperanza, Mochicahui, San Blas y Tetamboca. Y vuelve a buscar. Pero no está. Y el tren no deja de pasar.

Del libro *Huérfanos del narco*

Sevicia

Su esposa lo identificó en el Servicio Médico Forense. Ése era el cadáver de Julio César. Lo enterró y esa tarde de marzo, bajo un cielo quieto, fue a dejarle flores al panteón de su comunidad. Lo vio ahí, inerme. Y todavía espera volverlo a ver.

Su madre lo miró en el ataúd. Pero se pregunta y se pregunta por qué a él, si sólo era un estudiante: uno pobre, trabajador, metido en su preparación académica, preocupado por lo que estaba pasando en el país, y solidario. Ha asumido que quienes los han acompañado después de esta muerte llorarán unos minutos. Ella lo hará toda la vida.

Sí. Ese de ahí, de la caja de madera, era su hijo. El mayor. Apenas tenía 22 años. Muerto a golpes, lesionado con un objeto pesado. Y desollado. Pero ella, Afrodita Mondragón Fontes, todavía no lo cree.

Pero sí. Es él y está muerto. Y no volverá a pisar esas calles angostas y empedradas de Tecomatlán, bajo ese cielo gris que parece siempre llorar. Es él, Julio César Mondragón Fontes, uno de los jóvenes que fueron víctimas de la masacre en Iguala, estado de Guerrero. Es él, un padre de una bebé que cuando él fue muerto apenas tenía dos meses de nacida. Es él y fue asesinado a golpes, luego de haber sido torturado salvajemente: su piel arrancada, con niveles de saña y crueldad pocas veces vistas en el país.

La foto de su rostro desollado dio la vuelta al mundo: fue el rostro no del miedo, sino del terror, de la parálisis, de la atrocidad como mensaje, la perversión como instrumento y arma psicológica frente a las protestas, la inconformidad social, las movilizaciones de los jóvenes normalistas y de otros, muchos, sectores sociales en Guerrero y en buena parte del país.

Sevicia, le llaman. La crueldad, la atrocidad en el rostro de ese joven atleta que quería ser maestro del tipo normalista rural. La piel arrancada, las oquedades oculares deshabitadas, los dientes plenos, el rojo de la carne y los tejidos nerviosos y músculos, como lienzo en el que fue plasmado un solo mensaje: esparcir lo macabro, intensa y salvajemente, y con eso lograr un efecto multiplicador de incertidumbre, desconfianza e indefensión.

Camino a Tecomatlán

Tecomatlán es una comunidad pequeña y forma parte del municipio de Tenancingo, Estado de México. Si uno sale de la Ciudad de México, está a dos horas aproximadamente si se va en automóvil. No es un camino largo, pues suman alrededor de 100 kilómetros de distancia. Pero sí sinuoso, cargado de un trafical automovilístico propio del purgatorio de asfalto y acero, algo de montañas y curvas que parecen ejercer una suerte de vaivén con el paso de vehículos. Muchos camiones de carga, tres casetas de peaje muy pegadas una de otra. Y un paisaje tercamente verde, que en uno de los tramos nos presenta en el firmamento, al fondo, donde parece que empieza a bajar la línea terrestre, el nevado de Toluca.

Toluca, es el camino que se sigue. Luego desviar a Tenango y al final a Tenancingo. Árboles grandes y viejos, en senectud, por caídos y generosos y de un verde que parece abrazar el chapopote de la carretera. Grandes edificios al pasar por Santa Fe y luego la industria, los comercios, los restaurantes de La Marquesa, las montañas al fondo y a la mano, la poderosa zona industrial mexiquense, el mapa de pinos que avisa que hay serranía y baja temperatura y un nublado que parece tatuaje celestial permanente en la piel del cielo.

Luego el camino se angosta y divide los pueblos y parte las plazas y le quita el respirar a la yerba. Y al final, Tenango, y apenas unos veinte minutos más, Tenancingo. Unos ocho kilómetros más y ya está uno en Tecomatlán. Árboles por todos lados, tantos como topes. Una carretera demacrada y llena de cicatrices por el acné y la lluvia y el descuido gubernamental. Algunas escuelas, casas chicas de patios grandes, y un pequeño pueblo cuyas calles, empedradas a veces y otras con suelo de cantera, se levanta y sube y sube. Arriba, en lo alto, la iglesia Del Calvario: con blanco y rojo, en lo alto, escoltada por muchas luces y escalones, vigilante y portentosa.

Aquí todos se conocen y se saludan. Si no son hermanos sí muy amigos, se gritan en la calle, de carro a carro o mientras caminan y se cruzan en las aceras: "¡Hermano!" Los otros no se llaman por su nombre, son primos, tíos, cuñados. Y así se llaman en voz alta, a la hora de saludar. Cuentan sus habitantes que cerca de 70 por ciento de las familias se dedican a la elaboración de pan. Es un pan grande, gigantesco, redondo, relleno de higo y con ese sabor a horno de patio de casa, a hogar y piloncillo, a leña de campo, a lodo y padrillo y años y más años de milenarias tradiciones. Lo hacen y lo venden en la carretera, en ciudades cercanas, paradas de autobuses y hasta en regiones de estados vecinos. Es famoso el pan de Tecomatlán y sus habitantes son solidarios, cálidos, generosos y amables.

En sus cocinas se prepara regularmente sopa de hongos, setas que recolectan en el campo o en algunos plantíos. La preparan con salsa chipotle. Lo mejor, dicen, es tomársela bien caliente. Hay aguacate por todos lados. El mejor de los alrededores se da aquí, pero Cuitláhuac Mondragón, tío de Julio César, se lamenta que los más chicos y no tan buenos hayan sido puestos en su mesa, en la sala y cocina de esa casa grande de los padres.

Es un hogar de tres o cuatro recámaras. Hay dos casas pegadas a ésta que son de integrantes de la familia Mondragón, en un callejón que termina en estos patios, como parte de un cerro tupido y malhumorado, por lo empinado.

Hace frío acá. Las nubes tienen rasgaduras de un viento caprichoso que no baja a este pueblo, pero que provoca que desciendan ligeramente las temperaturas. El cielo parece querer llorar y la noche se niega a instalarse por fin. Parece haber luces del otro lado de los cerros pero es el sol que se va y que no se va. Que parece quedarse del otro lado de las montañas, amamantando árboles y prolongando despedidas.

Despedidas como la de Julio César, que nadie parece creer. Y los que creen, porque lo vieron tendido en el féretro y cayendo tres metros abajo, en el camposanto, piensan, aseguran, fervientes y temblorosos, que él va a volver.

Pero no. Ya en la entrevista, dicen que no. Que está muerto y que ellos, los Mondragón Fonte, Marisa –la viuda de Julio César, con quien concibió una niña de apenas ocho meses–, su madre, abuelo, hermano, cuñadas y tíos, aseguran que él no volverá. O que quizá lo hará, cuando regresen los otros, los 43 normalistas desaparecidos.

Yo quiero ser normalista… normalista rural

Julio César lo dijo no una, sino cientos de veces: él quería ser maestro normalista rural. Estuvo hasta segundo año en la Normal de Tenería, en Tenancingo, a unos tres kilómetros de su casa, en Tecomatlán. Pero se salió, o más bien fue expulsado. Acostumbrado a cuestionar, integrante de una familia disidente y crítica, él era de esos que no se quedan callados y que suelen no medir las consecuencias.

Él, joven, atlético, dedicado al estudio, amiguero e inteligente. En una de las asambleas organizadas por el Comité Estudiantil –liderado por estudiantes activistas, que en estas normales del centro y sureste del país tienen mucho peso social y poder dentro del plantel, al grado de controlar la admisión de nuevos educandos–, a Julio César se le ocurrió preguntar en qué gastaban el dinero que ellos colectaban en la calle, las plazas, los camiones y centros de trabajo.

Regularmente eran los de grados inferiores, sobre todo de primero, los que salían a botear, a pedir cooperación a los ciudadanos que viajaban en vehículos particulares o camiones, y a los peatones o clientes de negocios o empleados. Bastó con preguntar eso para que lo vieran como enemigo. A los pocos días, las autoridades del plantel le anunciaron que estaba fuera y le dieron sus papeles.

Nos revela Cuitláhuac, su tío y también maestro normalista y ex integrante de un comité estudiantil y egresado de Tenerías. El tío es alto y recio, pero también amable. Parece investigador, policía, periodista, sacerdote y guía espiritual. Ordena ahí, en el comedor. Atiende, aconseja, sugiere. Los demás familiares lo ven con respeto y lo saludan con mucho cariño. Cualquier duda sobre alguna fecha, nombre o dato, pide que mejor nos esperemos a confirmarlo. Hay que estar completamente seguros, confirmar y ser precisos. Estamos hablando de algo serio, dice.

Junto al comedor grande, para unas doce personas, hay varios ejemplares de *La Jornada*. Sobresale la portada del 21 de febrero, con letras grandes, anunciando la nota principal: "No cerrar el caso de los 43, exigen eurodiputados." El encabezado parece tener sentido de pertenencia: está ahí, en el seno de una familia de una de las víctimas de Iguala, de la Normal de Ayotzinapa, uno de los seis muertos en los hechos de esa noche y madrugada funesta. Léeme, dice el periódico del sábado. Ahí, a esa familia, pertenece el ejemplar, pero también la información, el caso y sobre todo la lucha.

Derrotado por abrir la boca, Julio César se fue a seguir estudiando. Ingresó a la Normal Nacional Benemérita. Ahí valoraron su nivel académico, pues mantenía un promedio de nueve. Pero las dificultades económicas le impidieron continuar en esa institución. En 2013 probó en la Normal de Tiripetío, en el estado de Michoacán, también controlada por los activistas del Comité Estudiantil. Terco como él solo, insurrecto, volvió a cuestionar qué pasaba con tanto y tanto dinero que juntaban en los cruceros y las brigadas en las que él participaba.

Estaba apenas en el proceso de admisión. Se preparó con entusiasmo y dedicación para presentar el examen. Sabía, por consejos de su tío Cui, que en el examen vendrían preguntas sobre Marx, el socialismo, corrientes marxistas, historia y otros temas. Era el examen "político" e ideológico. Pero había otros obstáculos en los que nadie podía competir con él. Adiestrado por cuenta propia, podía correr cerca de dieciséis kilómetros diario. De ida y vuelta a Tenancingo, era un recorrido que para Julio César representaba "pan comido". Por eso en el examen físico no pudieron vencerlo.

Cuando salían a correr, él tenía que trotar para esperar al resto del grupo. Cuando corrían, no había quién lo alcanzara. Eso, aseguran sus familiares, despertó envidias entre los activistas del comité, que estaban en grados mayores. Él se sabía preparado para los exámenes y cuando acudió a presentarlos, estaba seguro, y así lo dijo, que los había aprobado con mucho. Se desilusionó cuando le avisaron que había reprobado y que por lo tanto no lo admitirían.

"Eso fue lo que pasó. Además de la crítica que hizo sobre el dinero, ellos sintieron que él los retaba. Llevaban años sin dar cuenta de ese dinero que colectaban y muchos sabían que no era poco el dinero y que algunos se quedaban con parte de estos recursos. Eso hay que decirlo. Las cosas como son. Además yo nunca he estado de acuerdo con todo esto", contó Cuitláhuac.

Los miembros de esa familia, agregó, empezaron a ser "de izquierda" a pesar de que su padre, Raúl Mondragón, había sido regidor del Partido Revolucionario Institucional (PRI), de 2003 a 2006, porque se daban cuenta que ellos tenían beca y escuela y otros beneficios, no por el gobierno, sino porque eran sus derechos como mexicanos y "además, eran recursos que provenían de nuestros impuestos, no de regalo".

Ellos, los Mondragón Fontes, nunca han pertenecido a partido político alguno, pero sí han sido críticos. Saben que el petróleo debe ser siempre de los mexicanos y no de industrias mexicanas y extranjeras que sólo quieren llevarse la riqueza nacional. Tienen claro qué hay detrás de la reforma educativa, quién tiene la responsabilidad de la seguridad pública y por lo tanto quién hace negocios con los narcotraficantes. Quién manda, parece preguntarse Cui, su sobrino Lenin –hermano menor de Julio César–, y todos en esa casa. Ellos, ellos mandan, los poderosos. Pero saben que la Constitución dice todo lo contrario: el poder reside en el pueblo. Entonces hay que recuperarlo, pelear por ello.

Son luchadores eternos y de coyunturas, ante momentos adversos. Se levantan, gritan, protestan y se movilizan. Y además de eso, de la valentía imprudente y la dedicación al estudio, Julio César era amiguero, ayudaba a muchos y se preocupaba siempre por quienes lo rodeaban. Era también eso, un guía para muchos, a quienes aconsejaba, una mano tendida, la sonrisa de un joven en un pueblo que ahora parece siempre estar triste.

"Cuando estaba en la prepa era muy reservado. Había muchachas que se le acercaban, la preguntaban su nombre. En una ocasión, una chava se acercó y le empezó a hacer preguntas. Que cómo se llama y todo eso. Y Julio César le contestó. Pero luego luego le dijo que para qué quería saber. Y ella le respondió pues para saludarte, platicar. Y para qué, volvió a cuestionar él. Si aquí venimos a estudiar, no a andar noviando", contó Lenin, de 21 años.

Todavía le festejan ese momento a su hermano, porque además, en Tenería escribía pensamientos en una libreta y así "enamoraba" a las muchachas. Pero, también lo dicen, era muy reservado, y respetuoso.

Cui recuerda que antes, para entrar a una normal como la de Tenería, el único requisito era ser pobre e hijo de campesino. Eso les daba derecho a contar con una beca, pues la escuela era un internado y ahí les daban también comida. Ahora, manifestó con amargura, son los activistas del comité quienes controlan la admisión de alumnos, y los someten a pruebas que son "mariguanadas", como lo del examen físico y los cursos que dan los mismos alumnos, "cuando el asunto de la pedagogía no tiene nada qué ver con si tienes o no condición física… esto es nazismo, cuestiones tontas, banales, absurdas".

Los jóvenes activistas, agregó, se adueñan de la escuela, donde las autoridades educativas parecen desaparecer, e incurren en abusos en perjuicio de los aspirantes a primer grado. Entre las vejaciones está el que los obligaran a bañarse en lodo y a nadar en una alberca con agua estancada y lamosa. Así lo hicieron con Julio César y con cientos, miles de jóvenes, en planteles como Tenería, Ayotzinapa y Tiripetío. Era el castigo.

Ya sin escuela y después de haberse juntado con Marissa, una joven maestra originaria de Tlaxcala pero con domicilio en la Ciudad de México, Julio César decidió ponerse a trabajar. Lo hizo como vigilante en un centro comercial de Santa Fe, al norte del Distrito Federal. Justo el día en que descansó, una de las joyerías de este centro comercial fue asaltada por desconocidos.

Un día, llegó a casa de su tío Cui y le pidió que platicaran. Se sentaron a conversar. El joven le dijo que quería retomar sus estudios, porque él tenía que llegar a ser maestro normalista rural. Además, su joven compañera, Marissa, era ya maestra y venía un bebé en camino.

"Me dijo: 'Tío, ya tengo 22 años y creo que fue un gran error salirme de Tenerías, pude haber hecho algo más para quedarme. Y la verdad quiero regresar a estudiar, prepararme y ser maestro normalista.' Yo le contesté que había hablado demasiado en todos lados, y también en Tiripetío. No cambies tu forma de ser, le dije, pero debes aprender a quedarte callado… vete a la Universidad Pedagógica Nacional de Toluca, si tu vocación es el magisterio."

–No –contestó– lo mío es el normalismo rural. Me voy a Ayotzinapa.

–Se te va a ir el dinero en pasajes. Pero si es tu decisión, adelante. Yo te voy a echar la mano.

–Quiero darle futuro a mi hija.

Fue la última vez que platicaron seriamente. Cui ya lo había apoyado antes y lo volvió a hacer, además de que refrendaba la cercanía que tenían los sobrinos con él y el papel que él desempeñaba en el clan familiar, de por sí unido por tradición.

Afrodita Mondragón Fontes es su madre. Recordó que él seguido se quejaba de lo que gastaba en la renta de la casa –ubicada cerca de la estación del metro Observatorio–, en la Ciudad de México. Pero él también contaba con ella y hasta con los padres de Marissa, quienes le ofrecieron respaldarlo y le pidieron a la joven, ya embarazada, que lo apoyara para que el muchacho saliera adelante con sus sueños.

"Después de que se juntaron, fuimos al 'perdón' –ritual en el que se reúnen los padres de los novios luego de que éstos viven juntos, para que vean que hay buena fe de ambos y que les permitan continuar sus vidas en unión– y ahí el padre de Marissa le dijo: 'Apoya a este muchacho.' Julio César daba por hecho que entraba a la Normal de Ayotzinapa y que una vez que terminara la escuela, iba a tener trabajo y ganar dinero", manifestó.

Julio César, añadió, tenía esperanzas de haberlo pasado y así fue. Cuando partió para reiniciar sus estudios –desde el primer año, pues extrañamente no quiso hacerlo a partir de segundo grado–, se llevó una pala, un azadón, un machete, unos huaraches y una pequeña mochila.

Seguido se comunicaba por teléfono con Afrodita. Pasaban horas y horas hablando, aunque ella recuerda que más bien era un monólogo, pues se dedicaba a escuchar a su hijo que no paraba de hablar de la escuela, de lo duro que estaban los estudios pero también las jornadas extenuantes de trabajo físico. La última vez que habló con él fue también por teléfono. Ella lo tiene bien claro: "Me dijo que estaba todo muy peligroso, fue de las últimas veces que llamó… 'Está todo muy difícil, mamá. Los matan y ya. El gobierno mata muy seguido. Ha desaparecido a muchos jóvenes.' Y recordó el caso de los jóvenes ultimados a balazos en una gasolinería, en el 2011."

En el doble asesinato fueron muertos Jorge Alexis Herrera Pino y Gabriel Echeverría de Jesús, alumnos de la Normal Isidro Burgos, de Ayotzinapa, en diciembre de 2011, durante un desalojo. Alrededor de un mes después, murió en el hospital un empleado de la gasolinería donde fue el tiroteo, de nombre Gonzalo Miguel Rivas, de alrededor de veinte años, quien también había sido baleado.

Hasta ese momento, era todo lo que se sabía de Ayotzinapa, estado de Guerrero a nivel nacional: la represión por parte de la policía una protesta estudiantil que había derivado en bloqueo de calles.

Aun así, con todo y la represión y la sangre en esas calles por donde parece no haber Dios, Julio César festejaba sus avances en los estudios y el esfuerzo que hacía para salir adelante, ver a su esposa embarazada y encontrarse de nuevo con el resto de su familia. Cuando lo hacía, decía, de pie y con el puño izquierdo en alto: "¡Hasta la victoria, madre!", emulando a Ernesto Guevara de la Serna, El Che, emblemático y carismático jefe guerrillero de la Revolución Cubana, aunque nacido en Argentina.

¿Cómo está Julio?

Un familiar cercano mandó un mensaje por teléfono a Cuitláhuac. Eran alrededor de las catorce horas del 25 de septiembre de 2014 y fue así cómo se dio el diálogo que luego se convirtió en el inicio de una agria conversación y un episodio macabro y doloroso.

—¿Cómo está Julio?
—En Ayotzinapa, bien.
—¿Pero ya hablaste con él?
—El lunes, apenas. Platicamos por el chat.
—¿Seguro que está bien? ¿No has visto las noticias?
—No. No he tenido tiempo… con la maestría apenas tengo chanza. Al ratito prendo la tele.

–¿Entonces no está enterado de lo que pasó en Iguala?... es que hay muertos, reprimieron a los estudiantes.

Días antes, Julio César había perdido su teléfono celular. Para comunicarse con él, tenía que ser a través de un compañero de la escuela, identificado como César, originario de Tlaxcala, quien le prestaba su teléfono móvil y –luego se enterarían– también está entre los desaparecidos.

Lo último que supieron del joven es que le habían pedido materiales, pintura entre ellos, y le habló a Cui y a su madre para que lo apoyaran con algo de dinero. Cui recordó que la última vez que había estado ahí, en la casa de sus padres, le había dado 500 pesos.

En su página del Facebook está Julio César y otros dos jóvenes, sentados en la banca de una plaza. La imagen corresponde al 19 de septiembre de ese año. Entre los de la foto está César, su compañero de la escuela, quien le facilitaba el teléfono para que llamara a su familia o recibiera llamadas de sus parientes. Ahora, ninguno de los tres está. Trío de fantasmas y recuerdos y sonrisas sin labios ni voz: borrados de la faz de la tierra. A un lado aparece la leyenda, junto a la fecha: en Tixtla, Guerrero, del mes en curso. Julio César trae una camisa roja, que tiene pintada una cruz negra, como plasmada a brochazos, en el frente de la prenda.

Le llamaron. Nada. Otra vez. La misma respuesta del odioso buzón que invita a dejar mensaje de voz. Entonces es Marissa la que se comunica con ellos. Les dice que Julio está en la lista de desaparecidos. Momentos después cambia la versión. Aclara que es otro Julio, que se confundieron. Cui entonces decide acudir a casa de sus padres. Marisa alimenta la tensión cuando les dice que su pareja tampoco está entre los ejecutados, que para entonces sumaban seis.

Llega a la casa y Afrodita no sabía nada. Lenin se acerca al tío y le cuenta: "Es él. Uno de los ejecutados es él, el de la camiseta roja." Lo reconoce, asegura, por una cicatriz que tiene en una de sus manos. Y por la ropa y las facciones... de las faciales, de las que quedan muy pocas. Entonces les mostró la foto que ya aparecía en redes sociales, publicada en un medio electrónico conocido como Denuncia Ciudadana Iguala. Lo ve. Es su ropa, su piel, sus rasgos, la cicatriz, su mano. Es él. Pero no hay rostro.

"No estaba identificado pero supimos que era él por su ropa. Bueno, yo no tenía todavía la certeza pero Lenin y Marisa sí, por la ropa, por las facciones, las cicatrices que tan bien conocían", recordó Cui.

Alrededor de la una de la madrugada, entra al portal del periódico *El sur*, que tiene cierto prestigio en el estado de Guerrero. Abre la nota sobre la represión contra normalistas de Ayotzinapa y se entera de que había tres personas muertas, y entre ellas, aunque no estaban identificadas, había un joven cuyo cadáver había quedado a pocos metros del cuartel de los soldados, con características parecidas a un estudiante a quien conocían como El Chilango. Toda la noche en vela. Él lo sabía –y varios en la familia- que a Julio César así lo apodaban.

–¿Cómo le decían a Julio? –preguntó en voz alta, para sí, pero esperando que alguien le respondiera.

–El Chilango.

El 28 de septiembre, de madrugada de nuevo. Para Cuitláhuac, ya estaba confirmado. Eran muchas coincidencias y lo sabía, aunque hubiera querido tener indicios en sentido contrario o por lo menos esperar que estuviera entre los desaparecidos, algunos de los cuales luego, paulatinamente, fueron saliendo de sus guaridas. Pero muy pocos habían vuelto de esa larga noche en la que sólo hubo horas oscuras y sin manecillas.

No sabía cómo darles la noticia a su hermana y a la esposa de Julio César. No sabía qué hacer ni cómo enfrentar la situación, hasta que decidió viajar a Chilpancingo, a donde habían trasladado los cadáveres. Iban él y Marissa. Cuatro horas de viaje. Cuando llegaron se fueron directo al Servicio Médico Forense y fue ella, la que decidió entrar. Cui reconoce que tuvo miedo, que le faltó valor, que no tuvo más fuerzas. Aguardó afuera y ahí se topó con uno de los integrantes del comité y el director del plantel, José Luis Hernández.

—¿Y cómo están las cosas? —preguntó, fingiendo desconocer lo que había pasado.

—Solamente hay dos muertos… —respondió el del comité estudiantil.

"Yo sabía que había, en ese momento, 53 desaparecidos y tres ejecutados ¿Con qué intención me dijo eso? ¿Qué ocultaban los del comité, la dirección de la Normal? Quizá nunca lo sepamos. Yo le respondí que cómo era posible que dijera 'sólo dos'. ¿Y si fuera uno y ese uno fueras tú? ¿Igual lo minimizarías? Y ya no dijo nada. Me le quedé viendo, pensando: 'Si me contesta me lo trago… para darle unos chingadazos.'"

"'No son dos, sino tres muertos y también hay 53 desaparecidos. Y te voy a decir una cosa: a mí no me vas a echar tu rollito, yo soy egresado de la Normal de Tenerías y estuve en el comité. A mí no me quieras sorprender.' Eso fue lo que les dije. Inmediatamente desaparecieron."

Marissa salió y le confirmó lo que temía. Ese mismo día les dieron el cadáver, pero personal de la Comisión de Derechos Humanos de Guerrero les advirtió que se lo llevaran cuanto antes porque temían que un grupo armado se los quitara en el camino y no supieran más de él. Eso le sirvió de pretexto para negarse al homenaje que proponían hacerle los del comité en la Normal, en Iguala.

Un funcionario se les acercó y les dijo que de acuerdo con las posibilidades de ellos, qué servicio funerario iba a contratar para el traslado. Eso hizo que Cuitláhuac sintiera fuego por dentro. Enrabiado, les respondió que si encima del asesinato y de todo lo que les estaba pasando, tenían que pagar: "¿O sea que ni eso pueden hacer? ¿De qué me ven la cara? Fue un atentado del municipio, del Estado ¿y ni siquiera el cuerpo de mi sobrino me puedo llevar?"

El hombre aquel, a quien no logró identificar, reculó. Le dijo que no, que era un malentendido. Arreglaron todo para que la funeraria Chilpancingo hiciera el servicio, con cargo al gobierno estatal. Los de Derechos Humanos le informaron que el de su sobrino era un caso muy fuerte, con tortura de por medio, y que no había certeza de que llegaran con bien a casa, que se apuraran.

Personal de la Procuraduría General de Justicia del Estado le decía que podían aceptar dinero por concepto de reparación del daño, que a los familiares de los jóvenes muertos en la gasolinería les habían entregado un millón de pesos. Contestó que sólo le facilitaran las cosas, pero ellos insistieron. Le dijeron que era un buen dinero, que seguro les darían el doble porque "era un caso muy fuerte".

"Es mi derecho, sé que por ley me corresponde y no renuncio a ello, pero por lo pronto no quiero saber nada. Ellos comentaron que lo pensara, que era una buena cantidad. Yo sabía que querían que dejara de exigir justicia, que era como una compra de conciencia. Es una imprudencia, algo antiético, eso de tentarnos con el dinero: querer canjear la vida de un hombre, su muerte, por el olvido, por dejar de pelear", manifestó.

Por justicia, advirtió el tío del joven asesinado, se entiende aclaración de los hechos: quién fue y por qué, su detención y castigo, quien caiga.

La policía, luego de tanta insistencia, los escoltó... hasta Quetzamala, "y de ahí para adelante, con el Jesús en la boca. Eran pasadas las doce de la noche".

Nada

El informe de los periciales dice que lo mataron a golpes, con un objeto "contundente". Pero ni Cuitláhuac ni Lenin ni la joven viuda se lo creen. Por este hecho, está detenido un ex policía identificado como Luis Francisco Martínez Díaz, quien también estuvo presente esa noche funesta de septiembre, cuando fueron asesinados dos integrantes del equipo de futbol Avispones, el chofer y varios jugadores, quienes iban en un autobús y que aparentemente

fueron confundidos por los agresores. A ellos les dispararon indis-
criminadamente.

Entre jugadores y estudiantes hubo seis muertos y más de
23 jóvenes heridos, quienes no fueron auxiliados por autoridad alguna. La aprehensión fue cinco meses después del multihomicidio
y la desaparición de los 43 estudiantes.

Cui se ríe. Su sobrino era fuerte y aunque no era de pleito,
sabía enfrentar y salir de asuntos de ese tipo. Un solo policía, repite. Y vuelve a reírse. Es una risa dolorosa: más hiel que saliva y sal
en esa sonrisa ladeada, incompleta, de sombras.

"No hay una investigación científica y sobre todo que sea
confiable, porque Julio César no murió de un navajazo o balazo.
Él fue golpeado brutalmente y sería ilógico, tonto, pensar que un
solo policía fue el responsable de esto. Lo es porque aunque Julio
César no era de pleito, sí sabía defenderse y era fuerte y los que lo
conocían, lo respetaban."

Dijo que poco después de los hechos estuvieron con el
procurador y también con el presidente Enrique Peña Nieto. Ahí
les informaron de los avances, que eran casi nulos, y establecieron
compromisos muy claros, que eran diez. Se quejaron, el procurador y el mandatario nacional, de los medios de comunicación, de
lo que publicaban, y se comprometieron a informar a los familiares
de las víctimas, antes que a los medios, de los avances.

Pero nunca lo hicieron. Es más, asegura Cui, ellos se siguen enterando de esos supuestos avances a través de periódicos,
radio y televisión, aunque saben que de fondo, sustancialmente,
no hay avances.

"Todo sigue sin justicia. Insisten en que fue un hecho ais-
lado, que hay detenidos, pero no les creemos."

—¿Has vuelto a Iguala para ver los avances?

—Sí, hemos vuelto.

—¿Y qué hay de nuevo?

—Nada. Sólo que abrieron dos expedientes sobre el caso de
mi sobrino: uno por su ejecución y la de los jugadores y el chofer

del equipo Avispones, y otro por delincuencia organizada. Pero son expedientes raquíticos, no hay una investigación contundente... son expedientes flacos, escuetos, a seis meses de la masacre. No hay avances, en sustancia. Ahora nos piden que lo olvidemos, que lo superemos. Lo piden Vicente Fox y Peña Nieto. Qué imbéciles. Y hacen cambios en el gobierno pero nosotros sabemos, lo tenemos bien claro: son las mismas caras, con el mismo resultado: nada.

Contexto

Los jóvenes habían sido enviados a colectar dinero, como suelen hacer. Se los ordenó el Comité Estudiantil, los llamados activistas. Esa noche del 26 de septiembre y madrugada del 27 se destapó una cloaca dolorosa, podrida y tristemente memorable. Una cloaca de muchos túneles venosos, llenos de sangre y corrupción. Túneles, canales, ríos, mares. Todos conducen al gobierno, a todos los niveles, y al crimen organizado. Ambos, que son uno solo. Allá, arriba, en las cumbres. Y abajo, en las apestosas y cotidianas catacumbas.

Todo es confuso, desde entonces. Algunas versiones dicen que los policías actuaron por órdenes del alcalde, José Luis Abarca y su esposa, María de los Ángeles Pineda, en complicidad con grupos criminales y a través del jefe de la policía local, Felipe Flores. Que pensaron que eran narcotraficantes, enviados por cárteles enemigos a los que sirven las autoridades de esta región de Guerrero.

Pero la mayoría de estas voces dicen que el cártel Guerreros Unidos y la Policía de Iguala actuaron juntos y con el mismo objetivo: aniquilar a toda costa a los estudiantes que colectaban, que tomaban camiones, que protestaban. Detenerlos por cualquier razón. Detenerlos y reprimirlos. Y extinguirlos.

El choque fue brutal. Fue más bien un aplastamiento de todo tipo de inconformidad social: les pasaron por encima y en la confusión, el abuso de poder, la arbitrariedad, se llevaron a los futbolistas de Avispones.

En las calles de Iguala se hablaba de muchas balaceras. Los tiros se escuchaban cerca y lejos. Todo era humo, polvo, el terror vuelto viento y fusil y fuego. Los periodistas, enterados del agarrón a balazos, optaron por refugiarse. Nadie quiso acudir a cubrir los hechos, tomar fotos, reportear, por miedo a ser herido o asesinado. Y mientras unos avisaban de los primeros ataques, ya estaban ejecutando a otros y operando para desaparecer a los jóvenes normalistas.

Los estudiantes fueron sometidos, torturados y desaparecidos. La cifra inicial era de más de 50, cuyo paradero era desconocido. La cifra fue bajando poco a poco, al paso de las horas, porque algunos de ellos, que se habían escondido por miedo, empezaron a salir de sus guaridas, casas o de donde fuera. Hasta que el número de desaparecidos llegó a 43 y ahí se quedó.

En enero, la versión de la Procuraduría General de la República (PGR) —que atrajo las indagatorias del caso— indica que los jóvenes fueron golpeados con salvajismo, pero ninguno como Julio César, a quien además de desollar vivo le sacaron los ojos y lo expusieron públicamente. A los otros, dicen, los trituraron e incineraron, y sus restos fueron lanzados a un río. Pero no hay pruebas que respalden esta información, ya que se basó, denuncian insistentemente los familiares de los desaparecidos, en declaraciones de detenidos.

Algunos de los jóvenes que lograron evadir el operativo pidieron apoyo a los militares, quienes se limitaron a tomarles fotos y apuntar sus nombres, regañarlos y retenerlos ilegalmente. Pero ninguno de ellos intervino a pesar de la masacre. Muchos de los lesionados fueron sacados de los hospitales por militares, quienes luego los entregaron a los policías.

En marzo de 2015, Jesús Murillo Karam fue removido de la titularidad de la PGR, ante el fracaso en las pesquisas del caso Ayotzinapa y el desgaste del gobierno de Peña Nieto, y enviado a la Secretaría de Desarrollo Agrario, Territorial y Urbano (Sedatu). En su lugar fue nombrada Arely Gómez, hermana de Leopoldo, vicepresidente de Noticieros Televisa.

Protestas, muchas. Una de ellas, de las primeras, logró concentrar a por lo menos 25 000 personas en la Ciudad de México. En medio de este ambiente, hubo un centenar de países de América y el mundo donde las protestas se multiplicaron. Algunas de ellas han seguido al presidente de la República, cuyo mandato pasó a ser repudiado en México y allende las fronteras.

En uno de los reportes más recientes, la PGR informó que sumaban 104 detenciones. Así lo informó los últimos días de marzo de 2015 su nueva titular, Arely Gómez.

Pero a los inconformes y mucho menos a los familiares de las víctimas no les importa esta cifra. Hay mucho más que números detrás de los asesinatos, torturas y desapariciones. Organismos internacionales, como Amnistía Internacional, piden que el caso sea categorizado como desaparición forzada y no como homicidio por la PGR, para que no caduque.

Las más importantes pruebas y estudios periciales, a petición de activistas y de padres de los normalistas, las han realizado en el extranjero, especialistas de Estados Unidos, Argentina, Australia y otros países, ante las deficiencias de las pesquisas realizadas por las autoridades mexicanas, la complicidad entre éstas y el narcotráfico, y la poca o nula credibilidad.

Buena parte de la ciudadanía y de gobiernos extranjeros pusieron en duda la "verdad histórica" planteada por la administración de Peña Nieto, cuyo mandato se desmoronó poco después de cumplir dos años de gobierno.

Por eso, a su paso por México y el mundo, en multitudinarios conciertos musicales, actos deportivos, culturales o sociales, cualquier atisbo de vida pública y toma de calle, estadio o edificio, se replica "nos faltan 43".

Sevicia

El 13 de noviembre de 2014, en una nota firmada por la connotada periodista Blanche Petrich, en *La Jornada*, la especialista Clemencia Ortega, psicóloga y experta en acompañamiento psicosocial, opinó: "La sevicia, como crueldad extrema, como acción para imponer sufrimiento y transmitir un mensaje aterrador, se hizo presente en los crímenes de Iguala, en particular en el cuerpo del joven estudiante mexiquense Julio César Mondragón."

Dijo que la muerte por tortura, en este caso desollamiento, tiene como objetivo "la intención de que la sociedad pase del miedo al terror; que pretende no sólo paralizar y generar incertidumbre, sino destruir los valores de la comunidad, de la familia de la víctima".

En la nota, puede leerse:

En los años 90, como parte del equipo de la Comisión Intereclesial Justicia y Paz de Colombia, Clemencia Correa trabajó en atención a víctimas del paramilitarismo en la región afrocolombiana del Chocó. Un hecho singular marcó la historia de múltiples violencias en el país en esa época: el asesinato del líder campesino Marino López, a orillas del río Cacarica, decapitado. Los agresores, que actuaban en coordinación con el ejército colombiano, jugaron futbol con la cabeza ante la mirada desmayada de espanto de la población. El resto del cuerpo lo arrojaron a una piara de puercos.

Es sólo un episodio de una guerra larga y cruenta, pero que quedó en la memoria colectiva como caso emblemático, símbolo del extremo al que podía llegar la violencia como demostración de poder. Por la colaboración en la búsqueda de la verdad y el acompañamiento de las víctimas del río Cacarica, Correa fue amenazada de muerte y salió al exilio.

Egresada de la Universidad Javeriana, fue perito psicosocial ante la Corte Interamericana de Derechos Humanos, que juzgó este caso, por el cual fue detenido y sentenciado el general Rito Alejo, entonces comandante de la zona militar, por sus vínculos con el paramilitarismo.

Correa fue catedrática del posgrado de derechos humanos de la Universidad Autónoma de la Ciudad de México (UACM) y en la actualidad brinda atención a víctimas y defensores desde la organización no gubernamental que dirige, Aluna.

En entrevista, señala que en el caso de Iguala, concretamente la tortura y ejecución extrajudicial de Julio César por uniformados el 26 de septiembre, tiene un paralelismo con el caso de Marino, de El Chocó, porque significó un salto cualitativo en la naturaleza del hecho violento. Lo ubica como una acción de sevicia inscrita en un marco de una guerra psicológica.

Por el efecto del terror provocado por la imagen del joven cadáver sin rostro ni ojos que circuló en redes sociales, a este crimen se le minimizó no sólo en el discurso oficial sino también en la atención de las movilizaciones sociales. "No queríamos o no podíamos ver lo que había sucedido, por no tener que reconocer esa dimensión de lo perverso."

Hasta ahora la Procuraduría General de la República (PGR) no ha informado que haya ubicado el origen de la fotografía, al autor y responsable de haberla puesto en circulación, una pista que podría conducir a los asesinos.

Esa imagen representa otra dimensión del terror, no sólo de lo que hicieron los agresores, sino de lo que son capaces de hacer.

Como no hay certeza de cómo sucedió el hecho, es inevitable preguntarse si murió por los golpes en la cabeza y luego fue desollado o viceversa. Son preguntas sin respuesta que lastiman profundamente. Pero, además, dejan ver otras sombras. Lo que se aprecia es que quien lo hizo, lo sabe hacer. Y que al dejar expuesto el cuerpo se quiso mandar un mensaje.

La experta destaca que, como en el caso de las desapariciones, en el del asesinato por tortura de Mondragón, de 22 años, es evidente la responsabilidad del Estado.

Antes, por todos los antecedentes de persecución, represión y criminalización a los estudiantes normalistas en Guerrero. Durante, por la participación protagónica de policías en los hechos, la omisión del Ejército en la protección de los ciudadanos atacados y porque, en ese caso, la PGR ni siquiera ha argumentado que el joven haya sido entregado por la policía a los sicarios. Y después, por la forma como la familia es revictimizada por el Servicio Médico Forense en Chilpancingo, por la negativa a entregarles la necropsia, que es su derecho, y por la forma como los funcionarios, desde el nivel más básico hasta el procurador Jesús Murillo Karam, se han referido a "el desollado", como un estigma.

Considera que el efecto de las 43 desapariciones forzadas y la versión que quiere imponer la PGR, sobre la imposibilidad de encontrar los restos y darle a las familias certeza jurídica sobre su destino no tuvo el efecto paralizador que se pretendía. Pero, al menos hasta ahora, en el caso de Julio César a escala social no se alcanza todavía a dimensionar lo que significó este nivel de tortura.

Reconoce, sin embargo, que se han logrado algunos avances para revertir el aislamiento inicial, gracias a que los centros de derechos humanos como Tlachinollan, al nombrarlo y defenderlo jurídicamente, le devuelven la identidad. Y la familia está haciendo un esfuerzo en ese sentido. A veces el efecto traumático es tan profundo que los familiares no lo pueden ni nombrar.

En la nota, aparece el abuelo de Julio César, Raúl Mondragón, posando en el patio de su casa, en Tecomatlán, junto a una maceta en cuyo centro, lleno de tierra, está un pequeño árbol de

Nogal. El mismo que su nieto plantó poco antes de irse a Ayotzinapa. Poco antes de morir.

Para el psicoanalista Raúl Páramo Ortega, en el artículo "Tortura, antípoda de la compasión", señala que se fracasa si se quiere caracterizar al torturador como una patología individual, ya que es resultado y reflejo de un tipo de sociedad, en este caso la nuestra.

> Las explicaciones a nivel de psicopatología individual siguen fracasando al querer caracterizar la personalidad del torturador. Ninguna explicación individual basta porque en realidad la personalidad del torturador corresponde a un tipo determinado de sociedad con la que se confunde. […] si algo tiene ese tipo de personalidad es precisamente no ser a-social sino producto neto de un tipo de sociedad.

En la nota sobre su declaración, publicada en el periódico *Zócalo*, el 6 de noviembre de 2014, manifestó que la sociedad que crea condiciones propicias para la tortura es aquella educada para la competencia, el egoísmo, la obediencia ciega, el autoritarismo y la violencia. Sin duda, todas esas características las encontramos en el México de hoy.

> El presupuesto fundamental, el núcleo central para que la tortura sea tortura, es el que el otro esté a mi merced. La disponibilidad –ciertamente forzada– del otro es condición previa para la tortura. En la medida en que se dé la situación de impotencia total, estará dada la invitación/seducción a cierto grado de tortura.

Afirmó que los mexicanos se encuentran vulnerables e indefensos ante poderes arbitrarios y opresores como la delincuencia organizada, la policía, el ejército y la burocracia, es decir, frente al propio Estado. Esto es desde ya, nos dice Páramo, una tortura incipiente instituida: la arbitrariedad de las autoridades, el abuso de poder, el desprecio por los derechos y la dignidad de las personas por parte de los gobernantes es la antesala de la tortura, ésta es el abuso de poder llevado al extremo.

Con estas condiciones de vulnerabilidad, desde luego dadas en Iguala, los torturadores enviaron su mensaje. De acuerdo con el artículo, el torturador

> pretende ante todo mostrar y mostrarse que es él incuestionablemente el más fuerte. Es su propósito fundamental, así sea enmascarado con pretextos racionalizadores del tipo de "lo hago para obtener información útil para el Estado", "estoy obedeciendo", "cumplo con mi deber", "defiendo los valores de la civilización occidental". La tortura requiere ideología. La práctica de la tortura no viene a ser otra cosa sino la concreción más extrema del uso del poder. La tortura es la práctica por excelencia del poder total. Los torturadores son poderosos o no son torturadores.

La catedrática e investigadora del Instituto Tecnológico y de Estudios Superiores de Occidente (Iteso), Rossana Reguillo, escribió en el sitio de internet Horizontal, el 26 de marzo:

> Ayotzinapa es el símbolo de que algo muy profundo se rompió en el cuerpo de la nación; después del 26 de septiembre de 2014 nada puede ser ya igual. No es que no hubiera antes esa bárbara violencia, esa descomposición de las instituciones, pero Ayotzinapa marcó un punto de inflexión porque develó el rostro del juvenicidio en el país.

Cuánta saña

Sentada en una de las sillas de ese comedor, Afrodita Mondragón Fontes, madre de Julio César, parece despierta y sin heridas. Se ve vivaz, de buen ánimo. Sus 42 no pesan en sus párpados ni se ensañan con sus ojeras. Se dicen consciente de todo: de que él se haya ido a estudiar tan lejos teniendo otras opciones más cercanas y económicas, de su muerte tan dolorosa, de que muchos le llorarán un ratito, como hicieron durante las exequias o cada vez que se acuerdan. Ella lo hará toda la vida.

Su voz suena como taladro. Cuando empezó a hablarse de Ayotzinapa, los muertos en Iguala y luego los desaparecidos, pensó "que todo era un sueño, que él me iba a llamar en cualquier momento, pues aquello sólo era un simple, un mínimo error".

Acepta todo y está consciente de lo que pasó, asegura. Pero no acepta que su hijo no volverá a llamarle, a pasarse horas planchándole la oreja de tanto que hablaba y hablaba, con esa pasión, de lo que estaba estudiando y aprendiendo, de sus sueños, su esposa e hija.

"Ese que estaba en el ataúd es mi hijo. Pero ningún ser humano se merece esa muerte. Nadie tiene por qué sufrirla. Pero además, mi hijo era buen ser humano, buena persona. No era de riñas ni conflictos. Era inocente. Qué dolor y qué duro y que gente tan cobarde… nadie se lo merece. Nadie debe morir así. Así con esa saña, con ese coraje", comentó.

A Julio César, agregó, le preocupaba a dónde iba el país y quería ser alguien importante en la vida, pero sabía que aquí no hay justicia y que todo se ha complicado con tanta violencia y corrupción.

"Si hay tanta gente mala, ¿por qué a mi muchacho le hicieron esto? ¿Por qué a mi hijo si no había guerra ni conflicto? ¿Acaso el crimen es ese, ser estudiante y joven, un estudiante pobre, humilde, de bien, comprometido, responsable, con principios? No me cabe en la cabeza tanta cobardía… tampoco que a Peña Nieto no le interesen los pobres ni hacer justicia."

Quiero que regrese

Es marzo y el cielo tiene los ojos llorosos. El arrebol de las nubes se mide por ese tono grisáceo, de un azul triste, mortecino y nostálgico. Es marzo y ya es tarde y el sol se declara en tregua, pero no cede porque allá, encima de los cerros, mucho más allá, todavía hay haz de luz que araña el firmamento y lo distorsiona. Es tarde y anochece y Marissa, viuda de Julio César, fue a verlo al panteón, muy cerca de ahí, a llevarle un "ramito" de flores.

Tres años de novios y luego esposos. Recuerda que se puso feliz cuando supo que iba a ser papá, platicaba mucho con la bebé, desde el otro lado de la panza de ella. Se tuvo que ir a la Normal, pocos días antes de que ella diera a luz, pero afortunadamente le dieron permiso para que llegara a Tlaxcala, donde viven los padres de Marissa, para que la acompañaran durante el parto.

Ese día se le veía triste. Y es que al otro día se tenía que regresar a la escuela, aunque en quince días más iba a estar de nuevo ahí y así sucedió ese 11 de septiembre: el último día que lo vio con vida.

"Pues es un momento muy difícil, ¿no? Cada día que pasa, se va intensificando la tristeza. A veces me encuentro sola y me pongo a pensar. A veces hasta lloro. Es muy difícil y más porque pues cada fecha, cada inicio de año, cada mes, cada año, viví muchas cosas con él, entonces me hace recordar por muchas razones, sobre todo en donde tiene su pobre casa, allá en el DF la cual me trae muchos recuerdos en donde vivíamos juntos, en donde platicábamos y al ver sus fotografías… me cuesta mucho."

Marissa cuenta que ambos se conocieron en un aniversario de la Normal de Tenería. Ella fue a bailar porque formaba parte de un club de danza y había egresado de la Normal de Panotla, en Tlaxcala. Que lo vio, sí, pero como un joven más, a quien no le tomó importancia. Pasó el tiempo y se trataron, y hasta establecieron contacto a través del Facebook y "pensé que quizá fuera a formar parte de mi vida".

Una fue a la casa del otro y viceversa. Ya enamorados, coincidieron en que querían tener un bebé. Ella tiene ahora 24 años y su hija cumplió ocho meses el 30 de marzo.

–¿Ves algo de él en ella?

–Todo. En lo físico, el color de la piel, los ojos.

–¿Se quedó entonces?

–Sí, pero en chiquito.

–¿Y algunos gestos o actitudes en ella?

–Pues muy seria, inclusive Julio era muy serio, no se reía. A veces yo le platicaba algo con tal de que se riera, y no, se quedaba muy serio. Entonces es lo que tiene mi hija, a veces quiero hacerla reír y sí se ríe, pero secamente.

–¿Cómo reaccionó él cuando supo que estabas embarazada y cuando nació?

–Pues muy feliz estaba, inclusive yo no me hacía a la idea de que estaba embarazada porque pues todavía quería seguir estudiando, quería seguir superándome, y él me decía: "Ve el lado bueno, vamos a tener un bebé, vamos a ser papás." Estaba muy contento. Entonces a partir de ahí conforme fue desarrollándose el embarazo platicamos, incluso cuando estaba en mi vientre le platicábamos mucho, le dibujábamos caritas a la pancita y tomábamos fotos aquí fotos allá y después cuando ya estaba en días para que mi hija naciera, pues él se tuvo que ir a la normal.

Pensábamos que no iba estar en el momento más importante, en el momento del parto, pero afortunadamente le dieron permiso de salir y estuvo conmigo, tuve a la niña en el estado de Tlaxcala, allá de donde son mis papás y de donde soy originaria. En el municipio de Coutla.

Me fui para allá y me fue a alcanzar él, cuando le dieron permiso en la Normal, y precisamente llegó él un martes y para el miércoles yo tuve mis dolores.

Ambos tenían la idea de que los bebés son feos cuando nacen. Por eso, ambos le decían "ratita" de cariño. Estaba feliz pero luego se puso triste. Se tenía que regresar a Ayotzinapa.

Marissa recuerda que cuando él le decía que quería ser maestro normalista rural, ella le contestaba que le echara ganas y luchara por alcanzar sus sueños. Así lo hizo cuando él se tuvo que ir a Michoacán, "entonces me decía que las palabras que yo le dijera eran de aliento de que realmente iba a echarle muchas ganas. Como no quedó, se regresó y se puso muy triste, dijo que era un fracaso y se preguntaba qué había pasado ya que le había echado muchas ganas. Entonces le dije que no se deprimiera que había más oportunidades que no sólo en esa escuela, que él podía entrar en la benemérita que se encuentra en el D.F. y que pues juntos podíamos echarle ganas, yo lo quería apoyar de manera constante, entonces da la casualidad de que un día me comenta que le había interesado Ayotzinapa, cuando me dijo eso yo me decaí, le dije que no porque ya estaba embarazada".

Cuando le hizo este anuncio, ella se resistió. Ya estaba embarazada y él lo sabía. Trabajaba, estaba al frente del hogar en la Ciudad de México, y ahora él estaría lejos. Le insistió en que debía estar cerca, ver crecer a la bebé, involucrarse en su educación y en el hogar. Pero él se sostuvo… y a los días, se fue.

—Yo le dije que teníamos que estar cerca de ella, verla crecer juntos, escucharla decir su primer palabra, ver sus primeros pasos. Entonces me decía que viera todo por el lado bueno, que él se iba a superar, que todo lo que él iba a sacar de ahí iba a ser a beneficio de su familia.

—¿Qué le vas a decir a ella cuando le hables de Julio César?

—Pues lo mejor. Realmente le voy a decir la verdad. Que desde que ella estaba en mi vientre él ya era un buen padre y que la estábamos esperando mucho.

Marisa llora y consigue una servilleta de papel para limpiarse. Moquea y su rostro se le transforma y hay luz y luego se apagan sus ojos, y de nuevo aparecen esos rayos esperanzadores, demenciales porque la realidad es dura y no cabe tanta verdad en esa mujer de 24 años que ya es madre y maestra y viuda, y que no lo puede creer.

Manifestó que Julio César se quejaba de las extenuantes jornadas de trabajo a las que los obligaban. Ya no aguantaba y lo decía. Era muy pesado y además denigrante.

–No se acostumbraba a que les hicieran una especie de sanciones fuera de lo común, algo de lo que él ya estaba cansado.

–¿Como cuáles?

–Decía que lo tiraban en agua sucia y lo obligaban a que diera vueltas, o que se metiera en la alberca llena de lama y totalmente sucia, y si no se metía los aventaban.

–¿Por qué les hacían eso?

–Por no cumplir con las indicaciones que se les pedían, o por cositas como dormirse en las reuniones que ellos tenían, él simplemente ya estaba cansado y que ya quería salirse pero que estaba esperando al mes de diciembre para pasar el primer semestre y continuar en la Benemérita.

Ese 11 de septiembre, cuando se vieron por última vez, ella y su hija lo acompañaron a la central de autobuses. Eran entre las seis y las siete de la mañana y sucedió algo extraño. Ella lo despedía, él decía que se iba y luego daba cinco pasos, y después los desandaba y se regresaba. Así lo hizo dos, tres veces.

"Avanzó cinco pasos, me volteó a mirar, se me quedó viendo. Después se dio la vuelta, avanzó otros cinco pasos, aproximadamente. Volteó a verme otra vez, se dio la vuelta y se fue. Se subió al autobús."

El dictamen médico, que ella tuvo en sus manos, indica que murió por un golpe en la cabeza. Uno fuerte. Pero realmente no sabe más detalles de la necropsia, porque "cuando fuimos a recoger el cuerpo, nos mandaban a Iguala a recoger ese expediente, pero en ese momento nadie quería ir a Iguala y ese informe se lo pasaban los de Semefo por vía telefónica para dar la orden de entregar el acta de defunción".

"A veces quiero que regrese. Quiero que regrese y que esté con nosotras... y a veces siento eso: que él está vivo y que quizá regrese cuando aparezcan los 43. Él va a regresar."

Dice que tiene esperanzas, a pesar de que fue ella quien acudió al Servicio Médico Forense a identificar el cadáver y estuvo en su sepelio y vio cuando el féretro se hundió en la tierra y desapareció para siempre en el camposanto.

"Yo reconocí el cuerpo, lo velamos, lo enterramos pero yo tengo esa corazonada de que él aún sigue vivo."

Premonición

En el cuaderno que Julio César Mondragón Fontes usó como diario, hay versos, letras que parecen de canciones y también dibujos. Cartas empezadas que nunca terminó y mensajes íntimos, a algún amor o ilusión. Pero siempre era él, sus estrellas en lo alto, sus lunas de octubre en cualquier mes del año y esa forma de ser, indeclinable y fuerte, honesta y divertida, queriendo arreglar el país, ayudando a sus amigos, escuchándolos y manteniéndose cerca de su tío Cui, de su madre y su hermano Lenin, y claro, de su esposa Marissa.

En una de las últimas páginas se lee: "Una persona como tú es difícil de encontrar, fácil de querer e imposible de olvidar."

Luego mensajes de amor, palabras sobre la amistad y sobre sí mismo: "Te regalo lo único que tengo: mi corazón. Ya no lo necesito, porque ahora vivo en el tuyo."

En la última hoja que rayó hay un dibujo. Es una muerte. Grande, casi del tamaño de la hoja de ese cuaderno tamaño carta. Una muerte que sonríe, macabra. Y trae una guadaña que parece destellar. También grande, en lo alto. Una muerte sin ojos, huesuda, con los dientes expuestos. Así, como él, tirado, ensangrentado, todos los huecos y músculos y huesos a la vista, luego de ser asesinado.

Del libro *Huérfanos del narco*

Cuando el país se perdía en la información y des-información respecto al paradero de los 43 estudiantes normalistas desaparecidos, Valdez Cárdenas se dirigió al Estado de México a revelar qué hay más allá del joven asesinado, cómo se mata, también, el alma de su familia. Javier Valdez no era periodista de marchas o plantones era un escritor que mostraba el corazón de la víctimas y de esa forma exigía justicia.

Cobrar por muerto

Ernesto Martínez Cervantes es reportero de la fuente policiaca del diario *Noroeste*, en Culiacán, capital de Sinaloa. En ese diario, empezó de madrugada como intercalador. Después pasó a fotomecánica y luego a fotógrafo; a esas horas, él estaba dispuesto a salir a la calle a tomar fotos de accidentes, operativos del gobierno y asesinatos. Así se hizo reportero de nota roja. Ahora le pagan por muerto y no es sicario al servicio del narcotráfico.

A Ernesto se le conoce más por su sobrenombre: Pepis. Quizá por alto y flaco, lo que hizo a sus conocidos bautizarlo como Pepino, alias que ahora se convirtió sólo en un apócope. Es moreno, tiene el pelo ondulado y con sus ojos rasgados podría pasar por vietnamita.

Con esa mirada de águila, de ave diurna, acostumbra a atisbar en los intersticios oscuros, a hurgar en las sombras para ver qué hay debajo, detrás o del otro lado de muros y paredes, alcantarillas del drenaje sanitario, y techos y suelos de las escenas del crimen en que se ha convertido toda la ciudad y buena parte del país.

El Pepis, que encontró en el periodismo su pasión, su razón de vivir, el tuétano de su vida, ya no se conforma con apuntar con su cámara, enfocar y clic, tomar la foto. También recolecta datos y escribe. Son notas diarias del quehacer de contar desde la perspectiva elemental y primaria, la sangre, los decesos, las balas y los casquillos, la avenida, la hora, las placas de los automóviles y el calibre de esos hocicos que escupen fuego y plomo. Sus notas no dicen *hola* ni *buen día*. Tampoco si está nublado o habrá lluvia. Sus notas bajan al drenaje profundo culichi, que está en el mismo suelo, en el pavimento o el terregal o la polvareda y el monte deshabitado: en la muerte nuestra de cada día. Hoy también hubo muertos, alguien perdió la vida o le fue arrebatada, alguien más jaló el gatillo y pum, pum, pum. Y la gente que escuchó las detonaciones se agachó, volvió a espantarse o corrió en busca de refugio. Otro u otros cayeron para no levantarse más. Otro u otros huyeron sin ser detenidos, como suele pasar en una ciudad, un estado, un país donde reina la impunidad. Pero Ernesto está ahí para el trabajo cavernario de mirar la sangre como en un espejo y reconocerse y reconocernos. Es el muerto, nuestro muerto, la ciudad y sus habitantes –esos humanos del mundo y el submundo– que siguen ahí, como el dinosaurio de Monterroso.

Y a él le pagan por eso. Por el dedo en el clic del disparador de su Cannon 50D. La gráfica de las manos inermes. Los ojos entrecerrados y la mirada fría, en el extravío. El pie descalzo. Los orificios ya secos. El charco rojo que dejó de crecer bajo el cadáver. Los casquillos glaciares y la piel amoratada. Pero también le pagan por muerto. Y no, no es sicario.

Una vida trepidante

El Pepis vivía antes en la punta de un cerro, en el sur de la ciudad. Ahora tiene su casa en el fraccionamiento Villa Bonita, pero más al sur. Tiene brazos largos y venosos, prietos como esa noche con la que convive diariamente, y dedos de muñeco de alambre, igual que de pianista. Torpe para la música pero ágil y certero para la acción, para llegar hasta los cadáveres, perseguir o ser perseguido por patrullas, olisquear la muerte muy de cerca.

Tiene 39 años, de los cuales diecisiete ha estado en el periódico *Noroeste*. Antes fue de todo y algunos de sus empleos tuvieron mucho que ver con lo que ahora hace, con el peligro, y esas fuertes sensaciones que lo hacen arrojarse al humo, correr hacia el fuego, moverse con o sin chaleco antibalas y esquivar el peligro.

Desde niño trabaja y de joven, con más razón, pues formó parte de una familia que padeció la pobreza; vendió tortas de jamón y pierna, fue ayudante de albañil y albañil graduado en la pega de ladrillos, vendió calzado femenino y también especias, mecánico de motocicletas, taquero, ayudante de cocina en una cadena de restaurantes, instalador de ductos de respiración en el basurero municipal, ayudante de chofer de pipas en el Ayuntamiento de Culiacán, cobrador, bombero y soldado del Ejército Mexicano.

"Son un chingo de jales. Hubo periodos en que trabajé en tres partes al mismo tiempo. Todo lo que fuera necesario para sacar un peso y que mi familia tuviera lo necesario para sobrevivir. Pero yo siempre he trabajado bien, con la frente en alto, limpiamente", afirmó. Y cuando lo hizo abrió más la boca y los ojos rasgados parecieron crecer arriba y abajo. "Con dignidad", repite. "Con la vida limpia, decentemente. Así han sido mis trabajos."

Cuando ingresó a *Noroeste* como intercalador, tenía que llegar a medianoche y de madrugada a su trabajo, ubicado en calle Ángel Flores, esquina con Ramón Corona, en el centro de la ciudad. Él entraba por la Corona, que es el acceso de los empleados y más a esas horas de la noche. Cuenta Pepis que en su trayecto, en motocicleta o de aventón, se topaba con accidentes automovilísticos, patrullas o ambulancias de la Cruz Roja en medio de la jauría citadina y las luces rojas y azules, los estrobos. Veía personas lesionadas, tiradas en el suelo, el llanto de los pasajeros que imploraban ayuda, los conocidos que lloraban por los que estaban atrapados entre los fierros: olores a gasolina y fuego, a sangre a borbotones, a miedo y espanto y pavor, a gritos queriendo espantar la guadaña de la flaca, a ruegos por la vida y por ayuda.

Pepis llegaba al periódico y avisaba. Cuando podía lo hacía por teléfono celular o radio. Había un hecho violento, incendio o accidente, y los reporteros debían estar ahí. Él no era reportero, pero le emocionaba contribuir en la cobertura, por eso informaba sobre las novedades con que se topaba en la calle, antes de empezar su jornada o después, cuando salía de madrugada.

Lo hizo muchas veces. Le tocaron vehículos volcados, personas extraviadas y deambulando, mientras la sangre invadía su cabeza, pecho o rostro, gente tirada y manoteando, cadáveres que nadie quiere ver, policías negligentes y cómplices, socorristas llorosos porque nada pudieron hacer, bomberos con el rostro envejecido, con la frustración de quien no pudo salvar, a pesar de escuchar imploraciones, agentes funerarios sorprendidos por la muerte de un conocido o coludidos con los matones, enterados de una nueva ejecución primero que la policía.

Por eso, por sus testimonios, en ocasiones desesperados y otras acongojado y rabioso, se le ocurrió pedir una cámara fotográfica. Una desechable, usada y barata, pero que sirviera a la hora de enfocar y disparar. No quería marcas grandes ni modernos aparatos, sólo una camarita para cazar la muerte, las miradas entrecerradas y perdidas, el ulular, los operativos, los charcos y no de lluvia, los baches de la ausencia de vida en el asfalto citadino. No más.

Y se la dieron. Y así empezó todo esto.

Cobrar por muerto

Sinaloa suma cerca de siete mil muertos en cinco años y casi cuatro meses, de lo que va de la administración estatal, encabezada por Mario López Valdez, Malova —como la cadena de ferreterías de la que el mandatario es dueño desde hace años—, más que los cerca de seis mil seiscientos que sumó en los seis años de gobierno en el sexenio anterior Jesús Aguilar Padilla.

Malova prometió disminuir la violencia, especialmente los delitos de alto impacto, entre ellos, los homicidios. No lo cumplió, igual que el cambio que ofreció cuando era candidato por la alianza opositora, integrada por los partidos Acción Nacional (PAN), de la Revolución Democrática (PRD), el Partido del Trabajo (PT) y Movimiento Ciudadano (antes Convergencia).

Era la oposición al tricolor, el Revolucionario Institucional (PRI), del que López Valdez fue senador y en el que había militado durante años. Ofreció un gobierno de cambio, ése fue su eslogan y principal discurso: la reversa también es cambio. Eso no lo dijo. Y su administración se desnudó como una de las más corruptas en la historia de la entidad, coludida con la organización criminal que dirigen Ismael Zambada García, El Mayo, y Joaquín Guzmán Loera, El Chapo –hoy preso y en vías de extradición a Estados Unidos–, el Cártel de Sinaloa.

Alrededor de siete mil y contando. En los cerca de ocho meses que faltan, la cifra, sin duda y lamentablemente, aumentará, igual que la pobreza, el desempleo, la falta de oportunidades, la deserción escolar y la desesperanza. El gobierno de Malova fue, por esto y otras razones, muy parecido a los emanados del priísmo más tradicional, que incluyen, además de actos de corrupta voracidad, la represión ante el disenso, el cuestionamiento, la crítica y la protesta social.

En este contexto realizan su labor los periodistas sinaloenses. En medio de una organización criminal líder en el país, y a nivel internacional, y bajo el yugo de un gobierno coludido con los criminales, represivo y ave de rapiña a la hora de hacer negocios con los recursos públicos.

Y es aquí, parado en la jornada de cualquier noche, de cualquier día, donde está Ernesto Martínez Cervantes, el Pepis, con su cuello largo y su piel morena, el pelo ondulado y ese andar de compás abierto y seguro, con su Cannon colgando del hombro o empuñada, cuando está cerca de realizar alguna cobertura, o para lo que se ofrezca.

Su salario es de alrededor de 9 mil 600 pesos al mes. Sus jornadas son de veinticuatro horas de trabajo y veinticuatro de descanso, pero los fines de semana sube a cuarenta y ocho horas de trabajo y otro tanto de descanso. Los pagos adicionales, macabros y penosos, son por muerto: Pepis recibe además de su salario 150 pesos por muerto, ya sea por accidente o asesinato violento. No incluye suicidios, sucesos que, además, este diario no difunde.

Ernesto se pregunta qué es él: un mercenario de la nota roja, un cómplice de la guadaña con pico de cañón de fusil automático, un gatillero del periodismo, un zopilote de la fotografía y la sangre, un buitre del clic de su Cannon, un sepulturero de la información, un panteonero de todo tipo de decesos, un cobrador al servicio de la flaca, un babeante reportero de la maldad, un contador banal de almas en pena, un...

A Ernesto le duele. Y mucho. Le apena y le entristece depender del número de muertos de cada jornada: que la noche valga la pena, que el desvelo se justifique, que alcance la cuota de asesinatos y atropellados para que caiga algo de dinero a esos desvencijados bolsillos y un poco más para la sopa y las tortillas, el huevo, el queso fresco, el pollo, la escuela, el transporte público y, con suerte, una salida al cine, a las nieves, al café o los refrescos en alguna plaza comercial.

"Yo a *Noroeste* lo tenía como un periódico muy serio, muy responsable, comprometido con la ciudadanía, no con el sistema o la derecha. Pero cambió y cambiaron muchas cosas en *Noroeste*, y una de ellas es ésta: la insensibilidad", manifestó Martínez Cervantes.

En alrededor de los diez años recientes –agregó–, se dieron una serie de actitudes irresponsables de parte de los directivos del rotativo, a los que se agrega la falta de dinero, pues el gobierno compra pocos espacios publicitarios, sobre todo porque se trata de un medio crítico.

"Pero también entiendo que está sostenido por bases sólidas que son los empresarios, los dueños, y que si tienen ese medio de comunicación es para mantener su línea editorial, pero para eso se necesita que sus trabajadores estén bien y reciban lo justo. No hablo de generosidad, sino de justicia, de un salario digno. Si tú peleas por la igualdad, los derechos de la ciudadanía, contra las injusticias de parte del gobierno, de ciertas personas, y en la propia empresa practicas esas mismas barbaridades, y son inhumanos, entonces yo pregunto, ¿dónde está la moral?, ¿son inmorales o tienen doble moral?; ¿cómo haces periodismo o cómo das la cara como defensor y dentro estás oprimiendo a tus propios trabajadores?"

Pepis está agradecido con la oportunidad de ser periodista. No olvida al intercalador que fue cuando recién ingresó a *Noroeste*, ni al joven aquel que estuvo en fotomecánica. Recuerda, con memoria milimétrica y de precisión cirujana, que Alfredo Jiménez Mota –actualmente desaparecido, tras haber sido periodista de *El Imparcial*, en Hermosillo, Sonora, donde publicó historias sobre el narcotráfico y los vínculos de éste con el gobierno–, era reportero policiaco.

Pero aclara: él no entró recomendado por nadie para alcanzar la categoría de reportero, ni tuvo influencias, tampoco le regalaron lo que ahora tiene. Ese bagaje, la experiencia, la mirada de águila que hurga bajo el pavimento y más allá. Todo le ha costado y mucho, pero también está agradecido con quienes le dieron la oportunidad de trabajar, aprender y le enseñaron a ser lo que ahora es.

"Todo lo que he logrado ha sido a chingazos. Agradezco a mucha gente que creyó en mí, porque fui una persona responsable. Recuerdo al Chino –como llamaban al jefe de producción– y le conté que quería ser reportero y me dijo: 'Piénsala bien, si la cagas allá, no hay vuelta atrás. Allá la cagas una vez y te vas.' Pero soy un hombre de retos, me gusta retarme y ver hasta dónde llego. El asunto que está pasando ahorita es que están pagando por muerto, por una vida, por accidente, muerte violenta, pero no suicidios… por cada muerto me dan ciento cincuenta pesos."

"Cuántos muertos tuve para ganar una quincena o cuántos hubo para desquitar las desveladas. Es algo cabrón. Se escucha feo porque es una vida o varias vidas de por medio. Imagínate qué debo esperar para compensar el desvelo, que haya un promedio de diez vidas humanas. Imagínate. Eso te va chingando psicológicamente… si no hay muerto, no me pagan las guardias", sostuvo.

Anteriormente –añadió–, las jornadas eran de ocho horas diarias y los de la sección policiaca realizaban guardias una o dos veces por semana. Había, por supuesto, más personal. Los recortes de empleados han llevado a *Noroeste* a jornadas de veinticuatro horas de labores, por el mismo lapso de descanso, y más recientemente, a cuarenta y ocho horas por cada una de ellas, es decir, de trabajo y de descanso.

"Entonces, todo esto desgasta psicológica, física y emocionalmente. Porque después de este trabajo, de estas jornadas, llegas a tu casa enfadado; si alguien te habla, te encabronas; llegas a descansar, no quieres saber nada de muertos ni de nada. Yo estoy bien mentalmente, pero estoy consciente de que esto se va deteriorando poco a poco, estoy estudiando y trabajando, y es una putiza que me estoy arrimando. Si dejo de estudiar, no vuelvo a agarrar la escuela. No sé por qué la empresa no instrumenta otro mecanismo, contrata más personas o te paga horas extra, y así deja de pagar por muerto. Yo no estoy de acuerdo."

Este esquema de pagar por decesos en accidentes o asesinatos –agregó– se realizó antes en este diario durante cerca de año y medio, entre 2013 y 2014, pero se suspendió porque contaban con más empleados en el área de información de carácter policiaco. Todo regresó a la "normalidad" durante 2015, porque dos empleados del área fueron dados de baja. Con esto, dos reporteros de nota roja hacen lo que hacían cuatro.

"Desde agosto del año pasado, más o menos, se retomó ese esquema, de veinticuatro por veinticuatro, y los fines de semana de cuarenta y ocho por cuarenta y ocho, y es el mismo salario. A mí me pagan 4 mil 800 pesos a la quincena por esa carga de trabajo tan pesada, pero si la muerte ocurre antes de las doce no cuenta, después de las ocho de la mañana, tampoco. No los pagan. Y entonces tú piensas en que haya muertos entre doce y ocho para compensar el desvelo, entre falsas alarmas: llegas hasta Pericos –una comunidad ubicada a cerca de cincuenta kilómetros al norte de Culiacán, en el municipio de Mocorito– y no hay nada, o es muerte natural o suicidio, y no pagan nada. Me pregunto entonces, ¿quién paga el cansancio, el estrés?"

La denuncia

La monotonía se rompió cuando Ernesto Martínez hizo la denuncia: soy reportero de la fuente policiaca del diario *Noroeste*, de Sinaloa, y me pagan por muerto. Estaban en el Encuentro de Periodismo de Investigación Rompiendo el Silencio, y él lo rompió de un solo golpe de martillo.

El encuentro, al que asistieron alrededor 140 comunicadores del extranjero y de veintidós regiones del país, sobre todo las consideradas violentas, fue en la Ciudad de México, por convocatoria de la organización Reporteros de a Pie, en diciembre de 2014. Asistieron Javier Darío Restrepo, un experimentado periodista de Colombia, que cuenta con reconocimiento internacional, e integrante de la Fundación para un Nuevo Periodismo Iberoamericano (FNPI) –creada por Gabriel García Márquez–, el peruano Gustavo Gorriti, premio Maria Moors Cabot, Manuel Alejandro Guerrero, de la Universidad Iberoamericana, Mike O'Connor, del Comité para la Protección de los Periodistas (CPJ), Balbina Flores, de Reporteros Sin Fronteras, y Lucy Sosa, del *Diario de Juárez*. También acudieron María Idalia Gómez, Jacinto Rodríguez, Daniela Pastrana y Rosario Mosso, del periódico semanal *Zeta*, de Tijuana.

Entre otros temas, los asistentes abordaron la necesidad de contar historias humanas en medio de la violencia, las condiciones laborales en que los comunicadores realizan su trabajo, los riesgos de la cobertura en regiones con fuerte presencia del narcotráfico y la necesidad de instrumentar medidas de seguridad para los reporteros.

Durante una de las charlas, Pepis denunció que además de que tenía un salario bajo y jornadas laborales extenuantes, a lo que se agregaba que le pagaban ciento cincuenta pesos en caso de muertos por accidente y homicidios dolosos. La expresión atrajo la atención de los asistentes y los que no escucharon de primera mano recibieron la versión de sus compañeros. Aquello fue más allá de una afirmación aislada, se llenó de nuevas e inquietantes voces, hasta que llegó a oídos de Gorriti y Restrepo, los gurús del periodismo que acudieron como invitados especiales.

"En la conferencia que dio Restrepo abordó el tema puntualmente. Se salió del discurso que llevaba preparado para hablar sobre esto. Entonces, yo no lo miraba en la dimensión de los periodistas mexicanos y extranjeros, pensé 'algo está pasando'. Yo lo tomaba como un disgusto, un malestar laboral. Pero no, es algo más serio", recordó Martínez.

Después de estas afirmaciones y de la condena enérgica de Javier Darío Restrepo ante la denuncia de Pepis, algunos reporteros se incorporaron como resortes y lo entrevistaron. Su denuncia se difundió a una veintena de regiones del país y llegó a oídos de comunicadores y académicos de México y el extranjero.

¿Cuál es el argumento del periódico para pagarte por muerto?
Que no hay dinero, pasan por una situación difícil y no tienen presupuesto para una modalidad diferente.

¿Te ha tocado que te paguen por un conocido, alguien que te duela, un policía, socorrista o reportero con quien hayas tratado?
No, no me ha tocado que me paguen por conocidos, pero sí por una niña muerta, atropellada. Me acuerdo muy bien que fue en la mañana, como a las siete, y acudí con la intención de obtener un poco más de dinero. Una niña de un campo agrícola ubicado por la carretera La 20, cerca de Villa Juárez, en Navolato. Y yo iba pensando 'ya con esto completo la cuota', y cuando llegué y vi a la niña, me sentí mal conmigo. Muy mal."

"He llorado por los muertos. He llorado por lo que pasó hace poco, por la avenida Las Torres, de un niño muerto que iba con un adulto. Ahorita me acaban de confirmar que murió el otro niño que iba con ellos y que resultó herido... me pega mucho. Tengo familia y tienen familia, y como quiera se refleja."

¿Entonces no te has acostumbrado a los muertos?
No, creo que no he perdido la sensibilidad.

¿Y perderla qué significa?
Que ya no me interese, que ya no sienta dolor. No perderla significa que soy humano y siento todavía.

Para un periodista, perder la sensibilidad es una forma de morir. Si no te importan los muertos, es mejor renunciar y retirarte del periodismo, ¿no te ha pasado?
Ya estás dañado, pero no me ha pasado. Yo estoy consciente de que existe la gente que tortura, levanta, mata; lo hace como respuesta a personas que hicieron algo. No digo que esté bien, sino que es consecuencia de algo que hiciste mal. Sé que el afectado tiene hijos, hermanos, padres, amigos, y no justifico la muerte, pero hubo condiciones para que se presentara todo esto.

¿Tú has convivido con matones?
No tengo nexos, pero sí conozco muchos.

Los agentes funerarios reciben avisos de los propios matones, a veces los militares o policías son matones.
Ellos mismos llegan a la escena del crimen y te mandan la foto. A cambio, te piden que los invites a desayunar o les pongas saldo al celular. Lo hacen para que lo publiques, tal vez para que ése que lo mandó matar se dé cuenta de que se hicieron las cosas como quería, porque ellos trabajan para los matones.

Recordó que en una ocasión venían por la avenida Obregón, muy cerca del templo La Lomita, en la colonia Guadalupe. Se transportaban en una camioneta del *Noroeste,* y en un semáforo la luz roja los detuvo. Una camioneta se les emparejó y uno de los hombres que iban en ella les gritó que ahí, adelantito, les iban a tirar un muerto, por si les interesaba.

"Sígannos", les dijo, como despidiéndose. Y arrancaron a toda velocidad.

Ellos no les hicieron caso, pues pensaron que se trataba de una broma. Minutos después, cuando llegaron a la redacción del periódico, les avisaron que ahí, en la colonia Guadalupe, acababan de encontrar dos personas ejecutadas a balazos. Los testigos informaron que los habían tirado desde una camioneta que coincidía con las características de aquella que se les emparejó y les avisaron lo que harían.

"En ocasiones, no encontramos a los muertos y los mismos matones llegan, armados, y dicen a los polis 'no es por ahí, sino más allá'", señaló.

Pepis se siente y se sabe libre. Asegura no tener compromisos ni vínculos con narcotraficantes, matones o policías. Eso –advierte– le quitaría su espíritu y la esencia que lo convierte en periodista.

"Conozco a mucha de esa gente, pero no tengo nexos. Yo soy libre y creo que es lo último que debo perder, si pierdes tu libertad, pierdes tu esencia como periodista, vas a ser portavoz, no más… de grupos de poder, de delincuentes, del gobierno, y ése es el problema que enfrentan algunos medios de comunicación: quieren que se escriba sólo su versión, y si no los rafaguean. Eso es porque alguien de dentro se comprometió a publicar las cosas como ellos querían y ésa fue la respuesta."

"Yo les digo 'no soy el dueño, no pongo lo que yo quiera', y me han amenazado, pero de esa manera me defiendo. No te pueden obligar porque no tienes ningún nexo económico o de otro tipo con ellos. Tal vez te amenacen, pero no puede pasar de ahí. Me han pegado con rifles, por lo mismo, y me han amenazado. Pero listo, aquí estoy."

¿Te sientes seguro en la ciudad?
No, para nada.

¿Ni como ciudadano ni como reportero?
No, hay mucha inseguridad. Pero, de todos modos, hago lo que debo hacer, estoy comprometido con la sociedad.

La muerte cerca

El 22 de enero de 2015, Ernesto, que ese día regresó de un periodo vacacional, hizo una cobertura en la bahía de El Tetuán, municipio de Navolato. Habían asesinado a una persona y en eso estaba, recolectando los datos, cuando lo llamaron por teléfono y le dijeron que si no llegaba a la redacción en quince minutos, su información no entraba.

El reloj marcaba las 10:30 de la noche y él estaba a cuarenta minutos de la redacción. Decidió subirse a la camioneta del periódico y emprender el regreso. Tenía que apurarse, era la orden del editor. Venía a cerca de 160 kilómetros por hora, en medio de un convoy de la policía, quienes optaron por cuidarse mutuamente en esa carretera. Pero antes de llegar a El Limoncito, cerca de la cabecera municipal de Navolato, se le atravesó un becerro: el vehículo de la funeraria, que iba delante, lo esquivó, pero el no.

Cayó a un barranco de alrededor de treinta metros de profundidad y según peritos de Tránsito Municipal y testigos, dio cerca de trece vueltas, y "los polis creían que me había matado, porque del carro no quedó nada, fue pérdida total. Me desperté pensando '¿qué, me quebré?' Los polis me ayudaron a salir y todavía tuve ánimo de tomarle fotos a la camioneta, que quedó destrozada. Nadie cree que no me pasó nada, únicamente un golpe en la espalda".

Señaló que es uno de los riesgos del trabajo de los periodistas: los jefes presionan para que mande la foto, suba la nota, les pase los datos por teléfono y, además, manejar a alta velocidad porque no cuentas con chofer.

"Y si a eso le sumas que un objeto o un animal se te atraviesa en la carretera, de noche. Ése es un riesgo: de que te quiebres, te mueras; yo iba a sumar veinticuatro horas trabajando, los reflejos ya no son los mismos, el cuerpo no responde, todo eso se junta y se convierte en tragedia."

Después de tomar esas fotos, el editor lo volvió a llamar. Estoy esperando las fotos –le dijo molesto. Él le contestó, también molesto, que si no se acuerda que minutos antes se había accidentado.

¿Vale la pena?

Pepis se describe como un hombre afectado psicológicamente. Se siente vulnerable y triste, contaminado por tanta muerte. Estudió la preparatoria cuando tenía alrededor de treinta años, luego la licenciatura en Historia. De un jalón, sin parar ni aceptar prebendas por su oficio de periodista, ha avanzado y ahora no puede parar en cuanto a sus estudios.

"Estoy enfadado por este sistema que aplica el miedo. La violencia te afecta, pero te adaptas; la muerte es pan de cada día y tratas de sobrellevarla, de sacar adelante tu forma de vida, pero emocionalmente me siento enfadado con el sistema. Tengo insomnio, irritabilidad y en ocasiones acumulo dos días sin dormir."

No quiere –advierte– tomar antidepresivos o pastillas para dormir. Teme que eso le genere adicción; por eso toma té de tila o de siete azares, para relajarse.

"Tengo problemas familiares, ¿por qué?, porque tienes veinticuatro horas y no ves a tus hijos, tu familia, tu esposa. Porque hay mucho trabajo y no llegas a casa, y ellos quieren que su padre vaya de la mano con ellos. El ritmo de trabajo es cabrón, porque dices 'voy a ir a una investigación o a una entrevista', y la familia ya sabe a dónde vas. Cuando estás en casa festejando un cumpleaños y te hablan, dices 'ahorita vengo', pero en realidad no sabes a qué hora regresarás. A mí me dicen, 'papá ¿ya te vas?, y les contesto: estoy trabajando. Ellos necesitan al padre, al esposo. Me estoy perdiendo de acompañarlos en sus vidas. O no llegas porque te salió trabajo, aunque esté trabajando desde las doce de la noche y sigues."

¿Y ha valido la pena?
¿Valer la pena? Creo que no, pero es un esfuerzo. Si yo tuviera mi título ahora tendría otras opciones; nadie me tiene a fuerza, pero si voy a otra área, no me pagarán lo que gano aquí, porque me van a decir que no tengo el título. Ésa es una de las razones por las que estoy trabajando y estudiando. Cuando tenga manera, voy a buscar otras opciones y seguiré ejerciendo el periodismo.

Sin dudar la vida de periodista de Pepis es amarga, cruel, un callejón sin salida, quise saber más pero los directivos del diario donde él trabajaba fueron buscados para que dieran su versión sobre el esquema de pago por muerto, pero se negaron a responder.

Bajo fuego

El diario *Noroeste*, que circula en todo Sinaloa, ha sido objeto de ataques: asaltos, persecuciones y despojos contra sus empleados, amenazas, robo de equipo por parte de agentes del orden y atentados a balazos en contra de su director editorial, Adrián López.
　　Muchos han sido perpetrados por la delincuencia organizada, sobre todo la ligada al Cártel de Sinaloa; pero otros, según lo ha planteado el mismo periódico, tienen su origen en el gobierno estatal. Con todo y sus altibajos, a partir de su fundación, el rotativo ha sido crítico en su trabajo periodístico.

"Desde febrero, cuando este periódico hizo la cobertura de la detención de Joaquín El Chapo Guzmán, las amenazas y los ataques, directos o mediante las redes sociales, se han hecho presentes.

Pero además, en los últimos años, *Noroeste* fue blanco de la delincuencia, que ha atentado contra los bienes patrimoniales de la empresa. Han sido cuarenta y siete casos en que esta casa editora registró robos, despojos y asaltos, en que personal y equipo han sufrido daños. También la casa del director ejecutivo de *Noroeste*, ubicada en un fraccionamiento privado en Culiacán, fue allanada por un grupo armado.

Los reportes indican que el edificio de *Noroeste* en Mazatlán fue rafagueado en 2010, después de recibir amenazas telefónicas relacionadas con una nota publicada sobre la delincuencia organizada. Meses después, afuera de las instalaciones del periódico, dejaron la cabeza de un desconocido.

Todos los casos han sido denunciados –incluyendo los despojos de motocicletas en perjuicio de los repartidores–, y la mayoría permanece impune.

El 2 de abril, en el libramiento Pedro Infante, de Culiacán, Adrián López, director editorial de *Noroeste*, fue atacado a balazos, luego de que lo despojaron del vehículo, cuando viajaba del aeropuerto a su casa. López fue herido de bala en ambas piernas. Los delincuentes se llevaron el vehículo, la computadora, los teléfonos y el dinero, y cuando se disponían a huir, lo hirieron.

Y aunque hubo personas detenidas, *Noroeste* duda de la versión gubernamental expresada por Marco Antonio Higuera Gómez, titular de la Procuraduría General de Justicia del Estado, y por el propio gobernador Mario López Valdez; él ve en estos ataques intimidación, hostigamiento, acechanza al periodismo que ejerce este diario.

Menos pacífico

El estado de Sinaloa sigue de cerca a Guerrero como el segundo menos pacífico de México; tiene la segunda tasa más alta de homicidio y de delitos cometidos con armas de fuego. El único indicador de que Sinaloa obtiene mejor calificación que la media nacional, es la cifra de delitos con violencia, al haber registrado una baja constante en el número de robos, violaciones y asaltos por cada 100 mil habitantes desde 2011, de acuerdo con informes del Índice de Paz en México, realizado por el Institute for Economics and Peace (IEP), organismo internacional apartidista y sin fines de lucro.

"Dicha tasa disminuyó de modo constante y ahora es 41 por ciento menor que en 2011, su peor cifra. Sin embargo, la tasa de crímenes relacionados con la delincuencia organizada se elevó en 2015 y la de homicidio registró un ligero repunte. Esta entidad muestra un deterioro en el indicador de presos sin condena, y es uno de los cinco estados con mayor aumento en este porcentaje. Pese a que los delitos violentos y homicidios bajaron desde 2011, Sinaloa incrementó sus niveles de presos sin condena. Asimismo, el estado no ha mostrado avances en el financiamiento de las fuerzas policiales desde 2011."

Además, el documento indica que Sinaloa se ubica en sexto lugar en el Índice de Paz Positiva, lo cual refleja una ventaja relativa en términos de las actitudes, instituciones y estructuras requeridas para avanzar en el nivel de paz.

"El estado alcanzó un buen desempeño en bajos niveles de corrupción, pero ocupa el lugar 25 en libre flujo de información y el 17 en altos niveles de capital humano. El enfoque de sistemas de la Paz Positiva del IEP señala que hay una fuerte correlación entre la corrupción y el capital humano a nivel global y que una debilidad en alguna de estas áreas puede representar un riesgo para todo el sistema."

Del libro *Narcoperiodismo*

Tres veces exiliado

Una mujer policía pasa cerca. Va en una patrulla de la Policía Municipal de Gómez Palacio, Durango. Afuera hay mucho movimiento: un montaje de cámaras de televisión, para que todo México se entere de que las cosas van bien, hay paz, justicia y tranquilidad. La agente maneja, des-pa-cio. Bajo la cámara, los ve a él y al reportero, grabando en la calle las imágenes de un operativo inexistente, cuyo objetivo es simular que hay orden, el gobierno manda y ellos investigan, persiguen y someten a los narcotraficantes. Pero no. La uniformada los ve bien. Parece afilar los ojos: enfocan mientras pasa como en una película policiaca, y al tenerlos de frente y a cortísima distancia, les dice: "Cuidado, tengan cuidado. Aguas."

Después de esto, a Alejandro y Héctor se les prendió la mecha. Un motín de reos los llevó al centro penitenciario de esa ciudad, donde recogieron testimonios de familiares, mientras entraban y salían patrullas de la policía y el ejército, y camionetas con cadáveres del Servicio Médico Forense. Y de ahí, al secuestro de cuatro periodistas, entre ellos Alejandro. Y todo explotó en sus vidas. Para esas horas, para esos seis días. Para siempre.

Ese 26 de julio de 2010, Alejandro Fernández Pacheco iba con Héctor Gordoa, recién llegado de la Ciudad de México; enviado por el área de noticieros Televisa, cubría diversas historias relacionadas con la violencia en esa región del país, luego de publicarse a nivel nacional que Margarita Rojas Rodríguez, la directora del penal de esa ciudad, dejaba salir a los reos y les daba vehículos oficiales y armas de cargo, como si fueran agentes de una corporación poliaciaca, para asesinar en Torreón, el vecino estado de Coahuila. Era la guerra entre el Cártel de Sinaloa y Los Zetas.

Pero el camarógrafo de Héctor perdió el vuelo, así que acudió al canal que la empresa tiene en esa ciudad. Alejandro estaba ahí, asignado a la edición de noticias. No había más camarógrafos, y ahí Alejandro quería estar, además, ya tenía experiencia. Por eso no tuvo inconveniente en acompañar al recién llegado a quien, por cierto, veía por primera vez.

"Entonces hablaron conmigo. Yo estaba en el estudio, tenía poco trabajando en Televisa, pero casi no salía a la calle, que es lo que me gusta. Me dijo el productor 'qué onda' y le dije que sí. Necesitaban alguien con experiencia, para grabar material y enviarlo a México, que salga bien y sepa a dónde va. A mí se me hizo un trabajo como cualquiera, pensé en mi material saliendo en México. Me llevé mi equipo y fuimos a Gómez Palacio, donde nos recibirían temprano", recordó Alejandro.

El reportero trabajaba para *Punto de Partida*, que dirige Denise Maerker; ya traía citas establecidas, entre ellas con los alcaldes de la región: Gómez Palacio y Lerdo, en Durango; Torreón, en Coahuila. Así que primero fueron a Gómez Palacio, donde el presidente municipal los hizo esperar mucho, hasta que los atendió. También entrevistaron a dos agentes, a quienes cubrieron el rostro para guardar su anonimato. Como lo esperaban, todo estaba bien. No había problemas, violencia, corrupción, ni narcotráfico. La violencia –dijo el edil– estaba descendiendo y los ciudadanos alcanzaban por fin la felicidad. Así lo contó Alejandro, escupiendo el sarcasmo.

Un reporte de 2011 indica que en Coahuila la incidencia de homicidios se disparó en cerca de cien por ciento y la mayoría de los casos se dio en Torreón. La información, basada en datos del secretariado ejecutivo del Sistema Nacional de Seguridad Pública, indica este comportamiento delictivo de diciembre de 2006 a diciembre de 2010; ese año hubo 381 homicidios en esa entidad, de los cuales 316 fueron en Torreón, la capital, esto indica cerca de 83 por ciento del total.

Esa parte de Torreón, además de La Laguna, se convirtió en una de las regiones más violentas y peligrosas del país. Los datos indican que hubo 665 asesinatos: 18 en 2007, 78 en 2008, 188 en 2009 y 381 en 2010.

Después de la entrevista, afuera del despacho del alcalde y mientras grababan la movilización de patrullas y agentes, montada para que ellos filmaran el reportaje, fue cuando la agente pasó de cerca y les dijo: "Cuidado, tengan cuidado… aguas."

Alejandro no sabe si esa mujer uniformada los amenazaba, sabía lo que se les preparaba o sólo les advertía porque en la región las pugnas entre cárteles y la incidencia de homicidios eran altas y, por lo tanto, preocupantes. Si fue una amenaza, ahora puede decirse, se cumplió.

Motín

Mientras grababan el desfile de policías, les avisaron que había un motín en el penal de Gómez Palacio, donde la directora había sido destituida por nexos con el narcotráfico. La funcionaria dejaba –como se anotó– que los reos salieran en vehículos oficiales y con arma de cargo, asesinaran en otra región, para "calentar" la plaza y afectar a los enemigos que la controlaban. Hacían el trabajo y regresaban al centro penitenciario.

Una nota publicada en octubre de 2010 y firmada por Gustavo Castillo, en *La Jornada*, señala que a Margarita Rojas Rodríguez, acusada de operar para el Cártel de Sinaloa –liderado por Ismael Zambada, El Mayo, y Joaquín Guzmán Loera, El Chapo– la detuvieron, arraigaron y consignaron ante un juez federal.

"La Subprocuraduría de Investigación Especializada en Delincuencia Organizada (SIEDO) ejerció acción penal contra la exdirectora del penal de Gómez Palacio, Durango, Margarita

Rojas Rodríguez y diez exfuncionarios de ese reclusorio por estar vinculados al *Cártel* de Sinaloa.

"La Procuraduría General de la República (PGR) informó que los consignados están relacionados con los homicidios que perpetraron internos de ese penal, a quienes se otorgaban permisos para salir a los bares Ferris, Juanas e Italia Inn, en la ciudad de Torreón, Coahuila, que dejaron más de diez víctimas.

"La Unidad Especializada en Investigación de Delitos Contra la Salud de la SIEDO solicitó y obtuvo orden de captura contra ex funcionarios de un juez de distrito con sede en Torreón, pero envió a los detenidos a penales federales de Veracruz y Nayarit.

"Los consignados son Margarita Rojas Rodríguez, Francisco Carlos Alberto Uranga Orona, José Guadalupe Rivas Ordaz, Roberto Enríquez Aguayo, Rogelio Benavente Mancha, Eduardo Rangel Arámbula, José Eduardo Espino Sánchez, David Rivera Castañeda, Raúl Francisco Robles Nájera, Lucio Villa López y Mayra Soledad Martínez Barrón.

"Los 11 trabajaban en el Centro de Readaptación Social número 2 de Gómez Palacio, Durango. Les imputan probable responsabilidad de la comisión de delincuencia organizada, homicidio y tentativa de homicidio calificado, ya que permitieron que reclusos utilizaran armas de los custodios para asesinar a ciudadanos de Coahuila, como parte de su presunta vinculación con integrantes del Cártel de Sinaloa.

"Los indiciados fueron detenidos entre julio y septiembre por agentes de la Policía Federal, luego de que en un video se observó que un policía municipal interrogado por miembros de Los Zetas afirmó que la directora permitía a internos de esa prisión salir a asesinar a integrantes de bandas rivales."

Héctor y Alejandro llegaron al penal del motín, en Torreón. Eran alrededor de las 13:30 horas y hasta las 15 horas, más o menos, se dedicaron a entrevistar a familiares de los reos y a jefes policiacos responsables del operativo. Cuando arribaron, los reporteros estaban lejos del penal, a unos cien metros de la entrada principal. No había fotógrafos ni camarógrafos, es de suponer que nadie tomaba fotografías ni grababa lo que estaba pasando en la cárcel, de la que entraban y salían patrullas y camionetas del Servicio Médico Forense, entre policías de diversas corporaciones y militares.

"Estaban los compañeros de los medios pero alejados, tal vez a unos cien metros. Como a una cuadra de distancia, tomando notas, pero no video ni fotos. Llegamos y saludamos, les presenté a mi compañero y nosotros nos fuimos a la puerta, donde estaba la gente enardecida, pidiendo que regresaran a la directora del Centro de Readaptación Social (Cereso); decían que era muy buena, que por qué la habían detenido. Recuerdo que había gente muy preocupada, sobre todo mujeres", señaló Alejandro.

Ahí permanecieron, recolectando testimonios e información sobre el motín y sus antecedentes, alrededor de dos horas. Cerca de las 15 horas decidieron irse, porque le avisaron a Héctor que el camarógrafo logró tomar un vuelo y se iba a incorporar, entonces ya no necesitaban a Alejandro. Héctor se lo dijo: "Para que te vayas a descansar, ya llegó el camarógrafo que perdió el vuelo."

Se subieron al vehículo, rentado por Héctor en el aeropuerto y, por lo tanto, no llevaba logotipos ni la leyenda "Prensa". Tomaron el periférico que conduce a Torreón. La luz roja de un semáforo bajo un puente los detuvo. Esperaban la flecha para dar vuelta, cuando vieron un carro viejo, tal vez un Thunderbird o un Cougar negro, de los noventa, dirigirse hacia ellos en sentido contrario. Se puso la luz para que avanzaran. Demasiado tarde. Ese vehículo viejo les cerró el paso.

"Nos van a matar", pensó Alejandro.

"Creí que se había descompuesto porque era un carro viejo. Se bajaron tres, traían armas cortas. Nos apuntaron. Pensé 'nos van a matar aquí. Aquí mero'. Y no. Nos gritaron que abriéramos las puertas traseras y se subieron en el asiento de atrás. Nos quitaron los teléfonos. 'Rápido, identificaciones. Todo'. Nos preguntaron para quién trabajábamos, porque el carro en el que íbamos no traía logotipos. Les dijo que para Televisa y ellos insistían para quién, quién era el jefe. No nos creían y nos iban pegando, mientras Héctor conducía. Nos habían ordenado seguir su carro, en el que iba otro de ellos. Pensaron que estaba funcionando el micrófono que traía en el chaleco. Íbamos hacia Lerdo, tras el carro negro de ellos, y se metieron a un camino de terracería, nos bajaron y nos metieron en la cajuela. Nos llevaron a una casa de seguridad, ahí estaba un compañero reportero que también estuvo en el Cereso, cubriendo el motín. Se llama Javier y trabajaba en Multimedios. Nos retuvieron hasta las seis o siete de la tarde, esperaban indicaciones de qué hacer con nosotros."

Hablaban por teléfono con sus superiores. "Sí, jefe. No, jefe. Lo que usted diga, jefe." Por supuesto, los capturados no sabían el apodo del interlocutor de esos que los plagiaron. Alcanzaron a escuchar que uno preguntó '¿qué hacemos con ellos?, ¿les damos cuello?, ¿les damos piso?, ¿le prendemos cerillos al carro?" Alejandro pensó que si quemaban el carro, sería con ellos dentro. No lo concebía de otra manera. Insistían en sus preguntas: "¿Para quién trabajan?" Era la que más se repetía. Tal vez no creían que eran empleados de una televisora, o si lo creían, igual estaban al servicio de alguna organización criminal y en función de eso cubrían o no ciertos hechos, escribían o no, grababan, entrevistaban. Periodismo manchado, sometido, desviado. Pero no, ellos no eran de esos.

"Íbamos acostados en la cajuela. Abrían la puerta, nos aventaban humo de mariguana y cerraban el carro. Me pegaban con la mano abierta. 'Pinches chismosos', y comentaban entre ellos por qué andábamos nosotros ahí. Después nos movieron a otra casa de seguridad, donde estuvimos de lunes en la tarde a viernes en la tarde; durante todo un día nos hicieron hablar con el productor de nuestra televisora. Héctor habló con sus jefes en México, con la producción del programa *Punto de Partida*, y Javier con los de Multimedios, y nos decían que les dijéramos a ellos que le bajáramos de güevos a la historia de la directora del Cereso,

297

que no publicáramos ya nada, porque si salía una noticia, al día siguiente ellos nos iban a quebrar. Y así fue, no se publicó nada. Preguntaron si iban por alguien de Tv Azteca y uno de ellos contestó 'no, ya con estos tenemos'."

Martes o miércoles –Alejandro no recuerda bien– a sus captores se les ocurrió que subieran un video a Youtube y se transmitiera a nivel nacional. Querían impactar, tanto en Televisa como en Milenio –del grupo Multimedios– con el objetivo de incriminar al cártel contrario de los hechos violentos.

De casa en casa

"El gobierno decía que nos retenía el Cártel de Sinaloa, pero nosotros nunca supimos quiénes eran. Nos imaginábamos algo por el área. Pero no preguntamos. Sacaron un video como de quince minutos y lo publicaron con Joaquín López Dóriga y Carlos Loret de Mola; en Milenio también lo pasaron. De eso me enteré después, pasó el miércoles; ese día hablaron con Héctor y lo dejaron salir el jueves porque le escribieron un *script* que querían que se transmitiera el jueves en la Ciudad de México. Héctor insistía en que me dejaran salir a mí, porque yo iba a editar. Pero no quisieron. El jueves en la mañana lo liberaron a él y a nosotros nos dieron chansa de bañarnos."

La liberación se da entre tres y cuatro de la tarde. Héctor sale en avión a México, pero antes Alejandro le pide que llegando a la televisora le hable a su esposa por teléfono y le avise que está bien. Héctor llevaba la encomienda, impuesta por los delincuentes, de que publicara el texto que le dieron y se transmitiera a nivel nacional. Si no, matarían a sus compañeros periodistas.

Alejandro estaba preocupado. Pedía abordar el primer avión para publicar la nota ese mismo día. Si no, los iban a matar. Héctor cometió el error de comentárselo a la esposa de Alejandro y así se enteraron familiares y amigos de ellos, así como el resto de los secuestrados. Y cuando vieron que no salió nada sobre el caso, todos pensaron que los iban a matar.

"Héctor habló con mi esposa y la tranquilizó, le dijo que iba a México a narrar una historia para liberarme a mí; mi familia y amigos esperaban el programa en la noche; cuando vieron que decidieron no sacar nada.

En lugar de publicar lo que los captores querían, Denise Maerker habló a cuadro sobre el caso, y en señal de protesta, anunció que la pantalla se iba a negros. Entonces, las teles oscurecieron.

"Psicológicamente sí estaba cabrón, porque nos decían que nos iban a matar, que nos iban a cortar la cabeza. Nos cortaban el cartucho a un lado y nos decían que iban a traer a la familia, a los hijos. Pero al día siguiente nos llevaron una gordita y un pedazo de torta y agua, pero no nos dejaban ir al excusado no, sólo nos pusieron un bote para mear. Pero nada más."

Recordó que al día siguiente escucharon un helicóptero. "Ojalá que nos rastreen por aquí", pensó Alejandro. Por un momento los dejaron solos, amarrados. Con los ojos vendados, pero solos. En esa casa había tres policías federales, uno herido. Estaban esposados. Había también un taxista y un policía preventivo, se desconoce de qué ciudad.

"Nunca llegó el helicóptero ni nos rescataron, y como a las seis o siete apareció gente de ellos y dijeron que nos soltarían. Dejaron ir a los polis y les dieron dinero, o eso nos hicieron creer. Les dieron ropa limpia y les decían que no volvieran a la corporación. Fue el viernes 30 de julio de 2010. Nosotros esperábamos que nos dejaran salir. Nos estaban preparando y todo, nos decían 'se van a ir ustedes dos. Con ustedes se acabó el pedo, no hay problema'. Nos iban a subir a la camioneta cuando recibieron una llamada telefónica y nos dicen 'pa'trás', pero nos sacaron de ahí y nos llevaron a otra casa de seguridad."

Hernández iba en la pequeña cajuela, con Javier. Alejandro piensa en las amenazas, la vida perdida en el resumidero de esos días de aislamiento, tortura psicológica, hambre, insomnio y miedo. Piensa en su familia, más que en él. Como puede se desata, abre la cajuela, intenta hacerlo con cuidado para que no se den cuenta. Saca identificaciones, llaves, fotos. Tira todo. "A la chingada", piensa. No quiere que den con su casa, sus hijos y esposa, y los maten. Ve todo perdido pero se dice "tengo que pelear". No puede quedarse así, sin intentar nada. Todos sus documentos y papeles quedan esparcidos en el terregal, en el asfalto, como epitafios sin muerto, tumba, ni cruz.

Ese día no les dieron agua ni comida. Estaban débiles, mareados. El vehículo se detuvo y bajaron del carro. Alejandro pensó que estaban en un paraje despoblado. Cuando esos hombres manejaban, iban muy rápido. Ni vados ni topes ni señales los detenían. Si no los aprehendían por secuestrar, torturar y matar, por qué iban a hacerlo por conducir a alta velocidad.

Los llevaron a una casa en Gómez Palacio; la gente andaba en la calle, los niños jugaban en las aceras. Nadie se asomó ni dijo nada. Nadie miró. En el lugar había zombis, extraterrestres, gente de mente extraviada, ciegos, locos sueltos y mudos. A los periodistas los bajaron, como quien baja las bolsas del mandado, esos hombres armados, con los fusiles automáticos terciados y las pistolas a la cintura. El poder criminal visible, igual que la deshumanización. Costales de papas que trasladan de un centro comercial a la cajuela y de ésta a una casa sin jardín y con pintura roja esparcida en suelo y paredes.

"Estaba atardeciendo y nos tuvieron ahí todo ese viernes en la noche, solos otra vez. Estaban afuera, platicando. Se oían risas, y Javier y yo decidimos salirnos. Nos quitamos las vendas de pies, manos y ojos, nos tenían encerrados en un baño sin luz. Había cucarachas o ratones que pasaban por nuestros pies. Nos encontramos unas pinzas de electricista; quité las bisagras y la puerta, ya íbamos para la puerta exterior cuando escuché un radio matrax, como esos de la policía; y estábamos a punto de salir cuando llegó el carro. Eran puros chavos de 18, 19, 20 años, seis o siete. Y ahí nos encontraron, cerca de la puerta. Y se encabronaron más. Y ahí sí nos golpearon, dijeron 'ah jijo'. Tal vez no querían dañarnos, pero ese día sí nos golpearon, aunque en la cara no. En la cabeza, las piernas, el cuerpo. Feo. Pero la adrenalina hace que te levantes; recuerdo que dijeron 'dale en la cabeza pa'que se caiga', y me dieron con una tabla. Sentí que me bañé de sangre, y la verdad sirvió para caerme, para que ya no me estuvieran jodiendo."

Los delincuentes, después de someterlos y atarlos de nuevo, se fijaron cómo fue el intento de evasión. Miraron las pinzas, las puertas tumbadas. Empezaron a platicar entre ellos, hubo como un lamento por golpear a los periodistas. Como que no querían tocarlos, sólo provocarles pánico.

"Ya no nos importó nada. Dije 'si nos van a matar, que mis hijos sepan que yo intenté pelarme. Que hice lo posible por escaparme y no dejarme matar así nada más, como mucha gente'." Javier se la pasaba rezando. Héctor, que ya no estaba con ellos, dialogó con sus captores, entre los tres se cuidaban. De alguna manera todos contribuyeron para que no les pasara nada malo. Ellos les decían, desesperados y huérfanos de esperanza, que los soltaran o los mataran, lo que decidieran. Pero ya. Estaban hartos de esas esperas en las que siempre, invariablemente, pierden.

Escuchaban que la gente pasaba por la calle. Y en cuanto pudieron empezaron a gritar: "Auxilio, ayúdennos, nos tienen sin agua, estamos encerrados." Demasiado sufrir. Gritar es jugar a la ruleta rusa, con todos los espacios ocupados, con balas con nombre y apellido. Los captores se dieron cuenta y decidieron cambiarlos a otra casa de seguridad.

"Ahí sí nos dieron un galón de agua. Estábamos en una casa con piso de mosaico. En las otras era de tierra y ahí teníamos luz. Se escuchaba música de esa 'alterada' que le llaman y nos cuidaba un chavo en una recámara como dividida con una reja, con una ventanita para pasar alimentos. Una auténtica casa de seguridad. El cuarto estaba lleno de sangre. Todo, todo, todo. Las paredes, el piso. Sangre seca. Creo que ahí torturaban. Fue la primera vez que descansamos, porque antes casi no dormimos, empezábamos a cerrar los ojos cuando llegaban y nos molestaban. Y fue ahí cuando dije 'pues, ya hice lo que tenía que hacer y no se logró'."

Policía a la vista

Muy cerca de esa casa estaba la policía. A los lejos se veían las luces encendidas de las patrullas y los uniformados, en una suerte de retén. Los delincuentes les dijeron que se bajaran y uno de ellos les explicó por dónde caminar para llegar con los agentes. "Váyanse." Cinco o seis de la mañana. Se escuchaban los ladridos de los perros entre las casas, bajo el cielo de Coahuila. Ellos, como hombres de alambre, enteleridos y rengos, débiles y apestosos, miraron a los policías como el náufrago que ve tierra firme o un barco al rescate. La salvación, los buenos, el gobierno al servicio de los ciudadanos.

Les chiflaban conforme avanzaban. Les hacían señas. Les gritaban. Nada. Los perros se alborotaban más a su paso y los agentes ni cuenta se daban. Tuvieron que avanzar varias cuadras y estar a pocos metros de las patrullas, para que los policías se percataran de que dos desconocidos, malolientes y desnutridos, se acercaban.

"Nos escucharon hasta que llegamos como a veinte metros. '¿Qué pasó? ¿Quiénes son ustedes?', preguntaron, con rostro de asombro. Les dijimos que éramos de Milenio y Televisa, y respondieron que nos buscaban desde no sé qué día. Nos limpiaron. Me dieron una pastilla para el dolor, me revisaron la herida en la cabeza. Un policía nos preguntó dónde estuvimos, se acercó otro y dijo que ahí cerca había una casa de seguridad con esas características. Y dije 'ah, cabrón'. Nos asomamos y era la casa donde nos habían golpeado, donde quitamos las puertas. Y a esa casa nos llevaron."

Cuando llegaron a la vivienda, los agentes empezaron a revisar y ordenar. Con ellos iban un fotógrafo y un camarógrafo. Empezaron a preguntarles cómo los tenían, dónde, en qué lugar exactamente, si estaban acostados o sentados. Tomaron fotos y grabaron videos. Alejandro se desconcertó. "Qué pedo", pensó.

"Preguntaban y preguntaban 'dónde los tenían, cómo estaban sentados, cómo era la venda que te quitaste', y nos tomaron foto y video, como si nos estuvieran rescatando, un montaje. Dije: '¡Ah, cabrón. Qué pedo con estos güeyes!' Le dije a uno de ellos: 'Préstame tu teléfono, para llamar a mi esposa.' 'Vete de ahí, porque no es seguro.' 'A México, ¿cómo?' 'No sé, pero allá nos vemos. No estés en la casa'." Un tío la llevó.

Permanecieron unos momentos en las oficinas de la Policía Federal en Torreón y se fueron a Gómez Palacio. Los metieron a un vehículo de la policía, conocido como rino. "En el lugar estaban unos ochenta policías que nos buscaban." Fueron los periodistas y policías a hacer un recorrido por las zonas en que los tuvieron cautivos. Alejandro le dijo a uno de ellos, que parecía el jefe, que consiguieran un helicóptero para decirles dónde habían estado. No accedió. Tumbaban puertas. Ya no había nadie.

Enfilaron hacia el aeropuerto. Ahí estaba el comandante regional, Luis Cárdenas Palomino, quien encabezó el operativo de búsqueda de los periodistas secuestrados; era amigo de Genaro García Luna, entonces secretario de Seguridad Pública Federal. Fue el jefe policiaco el que les anunció que el presidente de la República, Felipe Calderón Hinojosa, quería verlos y tenían que irse en avión a la Ciudad de México.

"Pensé que nos iban a dejar ir a la casa. Eso les iba a decir, que quería estar a gusto, bañarme, que me atendieran la herida en la cabeza y ahí muere, pero nos subieron a un avioncillo hasta la Ciudad de México y nos llevaron en helicóptero a Iztapalapa, donde está la Policía Federal. Llegamos y estos güeyes ya tenían todo preparado para una conferencia de prensa, pero no nos dijeron nada. Estaba García Luna con Facundo Rosas y todos esos güeyes de la Federal. Según nos explicaban, el rescate fue por vía satelital, nosotros entramos por aquí y por allá. Nos dijo: 'Vamos a tener una conferencia de prensa, si nos gustan acompañar.' Yo pensé: 'De qué se trata este pedo, se supone que nos deben proteger', pero ellos insistieron como diciéndonos, 'paguen, nosotros los rescatamos'. Yo no les tenía confianza y dije 'Si les decimos que no, estos güeyes son capaces de matarnos'. Van a matarnos y a decir que nos mataron otros. Andábamos bien traumados y no sabíamos lo que sería salir frente a las cámaras. Debieron protegernos. Nunca sacan a las víctimas, pero les valió madre. No sé si alguien de la empresa trató de parar eso. Pero la conferencia de prensa no debió hacerse... Pues se hizo y después habló mi familia 'Oye, ¿por qué saliste?', pues estábamos bien presionados. Mis amigos también me cuestionaron. Unos vecinos me dijeron que estaban unos güeyes armados afuera de la casa y no parecían policías. Pensé 'y ahora, cómo me regreso'. Allá nos tuvieron como veinte días (en la Ciudad de México), nos dijeron que ya se había acabado la investigación y cada quien para su casa. Pero yo no quería regresar. Yo les pedía un raite para Juárez (Chihuahua), pero no me ayudaron."

A Alejandro no le sale de la mente que era común que los policías federales, cuando lo llevaban de un lado a otro, fueran con el estéreo del vehículo encendido, con algún disco en la ranura, escuchando corridos "alterados", referentes al narcotráfico, sus sicarios y capos. Él siempre se preguntó si los agentes no serían los mismos que lo tuvieron secuestrado.

El circo

La Secretaría de Seguridad Pública (ssp) federal dio dos versiones distintas de la manera en que la policía localizó a los periodistas Alejandro Hernández Pacheco y Javier Canales, plagiados el 26 de julio en Gómez Palacio, Durango, supuestamente por un grupo del crimen organizado, que se presume relacionado con el Cártel de Sinaloa, reza una nota publicada por *La Jornada*, en septiembre de 2010.

Cuando aparecieron los periodistas el 31 de julio, durante la conferencia de prensa en que fueron presentados a los medios, el titular de la ssp, Genaro García Luna, afirmó: "Cuando llegó la Policía Federal, se acordonó el área donde estaba la casa de seguridad, se localizó a los compañeros reporteros y como primer objetivo se les da seguridad para que no fueran blanco de disparos o de alguna agresión."

Ese mismo día, durante una entrevista televisiva, Luis Cárdenas Palomino, jefe de la División de Seguridad Regional, dio otra versión: ellos (los reporteros) desarmaron una ventana para salir en la madrugada de hoy, a las 6 de la mañana, se toparon con nuestra gente.

Pero Alejandro Hernández, quien ya había solicitado asilo ante el gobierno de Estados Unidos porque su vida corría peligro y ni el gobierno mexicano ni la empresa para la que trabajaba lo respaldaron, narró en el noticiario radiofónico de Carmen Aristegui cómo fue su liberación y la de Javier Canales, luego de que los plagiarios los cambiaron de una casa de seguridad a otra. En su testimonio negó tajantemente las versiones de García Luna y de la Policía Federal.

"Los jóvenes nos llevaron en un carro, y pensamos que era para *ejecutarnos*, porque decían que nos iban a entregar a un *cártel* contrario, y entonces vimos un terreno, un baldío, y nos subieron al carro, y a unas cuadras, cuando ya iban a dar vuelta, cuando de hecho iban huyendo, ahí nos dejaron y nos dijeron: 'Ahí se van a ir a la derecha corriendo, y ellos los van a ayudar.' Salimos corriendo como dos cuadras, y entonces empezamos a chiflar a las patrullas. Íbamos chiflando a las patrullas, no sabíamos si eran de la preventiva; teníamos miedo, porque no sabíamos de qué corporación eran."

El informador aseguró que esos señalamientos están asentados en su declaración ministerial, al igual que sus captores les señalaron que "esas personas (los policías a lo lejos) los van a ayudar". Teníamos miedo que fuera un *operativo*, porque sabíamos que los de la preventiva están coludidos, y nosotros corrimos. Ellos dijeron corran, y nosotros pensamos que iban a dispararnos, que nos iban a atropellar. Corrimos y corrimos porque vimos a la policía, y porque podíamos escapar en ese momento; ellos (los plagiarios) se fueron en su carro a toda velocidad.

"Chiflé fuerte, pero era como si no nos escucharan; fue muy raro, porque estábamos desesperados. Corrimos unos tres o cinco minutos. Ya habíamos recorrido cuatro cuadras, y si hubieran estado buscándonos (los policías), ¿cómo no iban a vernos?

"Corrimos hasta que llegamos a la patrulla de la Policía Federal, en una esquina, donde después supimos estaba la segunda casa de seguridad donde nos golpearon.

"Cuando estábamos a unos ocho o 10 metros, corrieron y preguntaron: '¿quiénes son?' Les dijimos: 'somos reporteros de Televisa Torreón y Multimedios', y que acabábamos de escapar de una casa, y ya", narró Alejandro Hernández.

Asimismo, confirmó que durante la conferencia de prensa del 31 de julio, la SSP dio una versión diferente de lo sucedido; pero señaló que "no podía desmentir ahí, porque me dio miedo, y no pude decir que no fue así, eso de que llegaron a la casa, que de allí nos sacaron y que se fueron los captores".

Ese día, García Luna encabezó el acto en el Centro de Mando de la Policía Federal, y dio lectura al boletín 442, en el que de manera textual se afirma: "El día de hoy fueron rescatados los periodistas privados de su libertad el pasado 26 de julio en Torreón, Coahuila."

García Luna, como lo recordó Alejandro, dijo que usó tecnología de punta, trabajo de inteligencia y siguió las líneas de investigación, para referirse al rescate de los comunicadores. Pero tal rescate no existió. Fueron los secuestradores quienes dejaron en libertad a los plagiados.

Y no como dijo la autoridad: "Al percatarse de la presencia de elementos de la Policía Federal en los alrededores de la casa de seguridad, los plagiarios huyeron, terminando así el cautiverio de los reporteros Javier Canales Fernández (de Multimedios Torreón) y Alejandro Hernández Pacheco (de Televisa Torreón)."

Atisbos del asilo

Alejandro Hernández tenía la intención de irse con su familia a Estados Unidos. En el tiempo que estuvieron en la Ciudad de México, aprovechó para hablar con la familia que tiene en El Paso, Texas, y les comentó sobre esa posibilidad. Ellos le buscaron un abogado para ver opciones y dieron con Carlos Spector, quien desde un principio vio factible lograrlo, dada la gravedad del caso.

"Yo empecé a ver esa posibilidad porque en México vi por casualidad un programa de Discovery, relativo a unos periodistas de Chihuahua que estaban en proceso de asilo Y mis familiares me dijeron que buscarían a Carlos Spector y a él le interesó mucho mi caso. Empezamos a platicar y me dijo que era muy probable que consiguiera asilo. Me habló de dos vías: 'Llegar por el puente, sin documentos y decirle al migra que temes p Tres veces exiliado or tu vida, te persiguen para matarte, y solicitas asilo; ellos tienen la obligación de resguardarte, pero te encierran, te investigan y si no tienes un abogado que te saque de ahí te deportan, o sea que te tratan como delincuente. El otro camino es ingresar con papeles y estando en Estados Unidos iniciar el trámite.' Sólo yo tenía la visa, desde 2007; me dijo 'podemos empezar contigo y luego traemos a tu familia'. Pensé que era el camino indicado. 'Cuando llegues a El Paso me hablas', dijo, y así empezamos a hacer todo. El 22 de agosto viajamos de México a Chihuahua en avión, mis dos hijos y mi esposa. Y de ahí en camión para Juárez, donde nos quedamos con un primo mío, y al día siguiente crucé a El Paso."

El siguiente lunes pasó el resto de su familia. El carro de Alejandro, su casa y otros objetos de valor, sobre todo sentimental, se quedaron en Torreón. Ya no regresaron a México. Iniciaron el proceso de asilo en octubre y, casi al año de entrar, en agosto de 2011, se los otorgaron. Pasó otro año con esa categoría y solicitó la residencia, que finalmente les concedieron.

"Tenemos casi dos años de residentes. Somos casi de aquí, pero todo esto con la ayuda y asesoría de Carlos. Su familia nos ayudó mucho, él se preocupa por la gente. Es un ángel, es común que en el valle de Juárez atienda familias en su casa. Llegan así, sin nada de nada, y ahí los mete. Los ayuda mucho, también su esposa. Ya me dieron oportunidad de trabajar, me dieron permiso, duré como cuatro años en esa chamba…"

Ahora, Alejandro trabaja en otra empresa y está contento. No es posible mencionar dónde pero está feliz con su familia.

Estaría muerto

Héctor Salazar Gómez y Alejandro Hernández Pacheco, periodistas mexicanos asilados en Estados Unidos, dijeron en entrevista para una cadena estadunidense que en caso de estar en México cubriendo temas políticos o del narcotráfico, ya estarían muertos, de acuerdo con una nota publicada en el portal *Sin embargo*, en noviembre de 2015.

Las estimaciones indican que hay unos 250 periodistas mexicanos refugiados en Estados Unidos, que fueron amenazados, secuestrados, o víctimas de atentados en su país: "Y muchos están aquí buscando comprobarle a Estados Unidos su miedo creíble [de regresar a México]", indica la televisora.

Uno de cada tres asesinatos de periodistas documentados por la Comisión Interamericana de Derechos Humanos (CIDH) ocurrió en México. Sin embargo, muchos más son amenazados y logran sobrevivir como Alejandro Hernández, quien ahora radica en Denver, Colorado. En su momento, antes de recibir asilo en Estados Unidos, el camarógrafo se dijo decepcionado del gobierno mexicano, el cual sólo le ofreció ayuda psicológica.

En la entrevista, el periodista afirmó que su vida y la de su familia seguirían en peligro si Estados Unidos no le hubiera otorgado asilo político. "Allá, en México, estaríamos muertos", dijo.

Otro caso es el de Héctor Salazar, que en 2009 fue privado de su libertad y amenazado por cubrir temas de política en México. Ante su realidad comprobada, el gobierno de Estados Unidos le otorgó asilo político, indica la televisora.

Héctor Salazar Gómez es originario de Yautepec, Morelos, egresado de la Escuela de Periodismo Carlos Septién, y se encuentra exiliado en Denver desde 2007. El 21 de septiembre de 2011, tras dos años de seguir un juicio federal en una corte de migración en Colorado, el periodista recibió la sentencia por parte de la jueza de inmigración, Mimi Tsankov, en la que le notificaba la aceptación del asilo político.

De la basura a las redacciones

A Alejandro, Televisa le ofreció una casa para vivir con su familia. Mediante gestiones del Sindicato Industrial de Trabajadores y Artistas de Televisión y Radio –que agrupa a los empleados de Televisa y medios afines–, sus directivos le anunciaron que lo colocarían en otro medio de comunicación y no regresaría a Torreón porque corría peligro. Más tardaron en comentarle que no se preocupara, que él en darse cuenta de que no iban a cumplir. Cuando empezó a hacer llamadas para ver qué pasaba con su situación, no le contestaban.

A las pocas semanas le dijeron que difícilmente iban a formalizar lo prometido. Así que decidió irse con su familia a Juárez y buscar asilo político en el vecino país del norte. Pronto localizaron al abogado estadunidense Carlos Spector, en El Paso, Texas, con quien tuvieron una conversación telefónica.

"Televisa prácticamente me abandonó. [...] 'Si no hay respuesta con la liquidación, porque ustedes me pusieron en esta situación, me voy a poner en el puente de El Paso en huelga de hambre y voy a decir que me abandonaron.' Como que se asustaron, al día siguiente estaba un güey dándome una feria, muy poco pero ayudó. Fue bajo amenazas. De otra manera, nunca me hubieran echado la mano."

Una organización de periodistas hispanos y otra de periodistas negros, así como el organismo de Periodistas de a Pie, de México, lo ayudaron económicamente.

Alejandro Hernández Pacheco tiene 46 años y es periodista desde 1993. En Televisa Laguna, en Torreón, Coahuila, trabajó desde los cuarenta años. Alto, fornido y de mirada dura, que al mismo tiempo esconde a un niño espantado, trabajó en un canal de televisión, primero en Texas, pero también recogiendo basura, limpiando jardines y haciendo mandados a los vecinos. Le daban un dólar. Así la hizo, de dólar en dólar. Suficiente para comprar algo a los niños y sobrevivir.

"Los primeros meses, el primer año, fue difícil. No podía trabajar, estaba en un lugar extraño. No teníamos cómo mantenernos, nos apoyó la familia, los amigos, también gente buena de acá. Les ayudaba a limpiar el jardín, a sacar la basura, a pintar sus casas, me daban uno o dos dólares para los antojos de los niños. Ellos no tienen la culpa de lo que sucede", señaló Alejandro, en una entrevista que otorgó al semanario *Proceso*, en abril de 2013.

Ahora tiene trabajo formal, en Denver, Colorado, y en lo que le gusta y lo apasiona: el periodismo. Sabe trabajar, salir adelante, luchar y poner por encima de todo a sus hijos y esposa. Ahora está tranquilo, luego de dormir con una tranca en la puerta y despertarse en la madrugada, manoteando y queriendo desatarse de los recuerdos, en medio de las pesadillas.

"Me ha ido bien, esto es lo que sé hacer bien, los mexicanos sabemos trabajar, con eso no hay problema. No es como allá, que tienes que cuidarte de las balas, de los levantones, de todo. Este país [Estados Unidos] ha sido generoso con nosotros, con mi familia."

Con base en un esfuerzo descomunal, superó las consecuencias psicológicas de permanecer secuestrado cinco días y resignarse a la muerte, a manos de un grupo de sicarios del Cártel de Sinaloa.

"Los primeros días, mi esposa dice que dormido trataba de desatarme. Cruzaba un mueble en la puerta para que no entrara nadie. Desconfías de todo mundo, de policías, hasta de tu sombra. Llegando aquí eso fue pasando, porque vives otras cosas, ves otra gente, puedes caminar sin miedo en la noche."

Alejandro está convencido de que su proceso representa una esperanza para los colegas que viven y trabajan con miedo en el país mexicano. Señaló que varios periodistas mexicanos se han contactado con él para que los oriente sobre el asilo, porque temen por sus vidas, como le pasó a él.

"Mi reconocimiento a todos los periodistas en mi país, porque estar allá es ser valiente. Yo dejé el país porque no quiero arriesgarme más, tengo mis hijos y tengo miedo de que se queden solos. Me preocupan sobre todo los compañeros de mi ciudad. Los extraño. Mi solidaridad para los veracruzanos, para todos."

¿No vuelves a México?

No, ya no. Una vez cruzamos a Juárez, cuando me dieron el asilo, no más pasamos por el puente y había camionetas entrando. Eran escoltas o estaban esperando gente. No. Así como entramos, nos regresamos. Decidimos no volver, nos dio miedo. Me da nostalgia, a veces me da más coraje porque aquí está todo muy bonito, pero la verdad extraño mi casita, mi jardincito, mi familia, mis amigos. Los extraño un chingo y todos dicen "No, pues aquí a toda madre", pero no es lo mismo. Me meto al Google Maps para ver mi casa. Nadie tenía derecho de arrancarnos de ahí. Las vacas sagradas de muchos medios de México, todos me empezaron a tirar: que era un malagradecido con la policía, claro, ellos tienen guaruras y yo nada. No me puse de acuerdo con El Chapo o con la policía. Con nadie. Sólo tenía que salvarme y salvar a mi familia. Extraño mi casa, mi lugarcito, ¿qué necesidad tengo de andar pidiendo ayuda, cambiando a los niños de cuarto, de casa, moviéndonos, cuando allá cada quien tenía su recamarita? Me entra la nostalgia. Murió mi abuelita, mi tía y apechugas porque estás aquí como si no tuvieras papeles y si voy, no regreso. Hay mucha gente dolida, por envidias. Te vuelves conocido, por eso no voy ni pienso ir, aunque pueda. Las ejecuciones siguen y no queremos arriesgarnos.

Del libro *Narcoperiodismo*

Veracruz: el infierno tiene permiso

"Me están siguiendo", dice él. También ella. Y aquel.

En Veracruz, el puerto, y en Xalapa, la capital, todos los periodistas lo dicen: "Me vigilan, hay gente armada fuera de mi casa, están persiguiéndome." Y no. No es falso ni paranoia ni victimización. Es realidad. Simple, diaria, contundente e implacable, lastimosa y terrible. Así se hace periodismo o no se hace, en esa entidad de 22 reporteros asesinados en poco más de cinco años del gobierno de Javier Duarte.

Yadira vio a los muertos. Caían en el puerto de Veracruz. Los vio en las fotos, tirados a mitad de la calle, sobre un manto otrora tibio y rojo que ganaba terreno en el asfalto, con mirada de maniquí y de la era glaciar en ese rostro, ya sin brillo ni color. Yadira pensó: "Están muy lejos." Como si fueran muertos ajenos, de otros. Como si los periodistas asesinados o desaparecidos o torturados nos tocaran, si acaso, la piel y la yema de los dedos al teclear frente a la computadora; y la grabación y la historia y el trabajo de investigación y la pregunta que incomoda al poder y al poderoso, que desnuda y devela y alumbra. Se dio cuenta de que no, de que estaba en un error. Entonces, los muertos, aún los más distantes, empezaron a dolerle ahí: abajo, arriba, en el centro, a un lado, en la cabeza y el dedo gordo del pie, y a la hora de dormir y voltearse y bañarse y comer. Y no dormir ni bañarse ni comer. Porque las balas pasan cerca y la muerte anda ahí, rondando su acera.

"Los del puerto fueron los primeros en caer. Creo que no nos caía el veinte de muchísimas cosas o lo sentíamos muy lejano, porque muchos de los que murieron eran reporteros policiacos, y decíamos 'estamos fuera de eso, no cubrimos lo policiaco'. Pero creo que fue a partir de Regina Martínez (corresponsal de *Proceso*, asesinada en su casa, en Xalapa, el 28 de abril de 2012), que era una periodista de otro corte, que no era de lo policiaco, cuando dijimos 'esto va más allá'", confiesa Yadira. Y se derrumba en ese sillón que de por sí la hunde en una suerte de sopor, de nostalgia, rendición y desolación, y en ese ambiente tiene que hacer periodismo, como reportera de un medio local y corresponsal nacional.

Aquí tampoco hay nombres. No los habrá en toda la historia, a menos que los aludidos estén muertos o desaparecidos. Los que hablan frente a la grabadora o permiten que se tomen sus datos, vida y declaraciones, lo hacen a cambio de que sus identidades no sean reveladas. Tienen miedo y no poco. No hay vida nocturna ni cobertura exclusiva, pero sí una red de colaboración y cuidado mutuo, para evitar o disminuir los riesgos entre comunicadores.

"Regina se llevaba muy bien con Rubén y con nosotros. Nos sentábamos a tomar café y a resolver el mundo. Nosotros tomaríamos medidas de seguridad, pero no teníamos grandes medidas que tomar. Restringimos nuestras salidas, incluso ahora. Hasta hace como un mes fuimos a un bar, pero nosotros, desde Regina, suspendimos las discos, los bares, olvídate de tomar y agarrar el carro, porque nos parecía que era ubicarnos en condición de vulnerabilidad y restringimos eso: que si hay una reunión con amigos, vamos con ellos, sacamos nuestras botellas y nos vamos a casa, o los invitamos a nuestra casa y aquí hacemos nuestras fiestas. Pero no tenemos salidas nocturnas y nunca andamos solos.

"Cuando salimos a carretera, avisamos. Casi siempre vamos una persona y yo, viajamos y avisamos a nuestros amigos que vamos a salir, procuramos hacerlo de día. Antes evitábamos la autopista para no pagar y porque conocemos la carretera libre, pero ahora viajamos en autopista, en bola, y vamos avisando 'ya pasamos por determinado punto'."

Dijo que las reporteadas son colectivas y hay que hablar con la familia, y "aunque no se conozcan entre ellos, mi familia tiene los teléfonos de mis amigos, y éstos tienen los números de mis familiares. Si pasa algo o hay dudas, ya tendrán cómo comunicarse."

"Y que la familia sepa qué estamos haciendo, en qué consiste nuestro trabajo. Por ejemplo, hay familiares que han pedido, como mi abuelo, que deje de reportear, 'salte', me dice que me van a matar, 'veo en la tele y están matando muchos periodistas', pero yo le digo que también están matando muchas enfermeras, abogados, sacerdotes, están matando de todo y realmente así es. La cobertura política, no sólo la policiaca, se ha complicado sobremanera en Xalapa."

¿Sienten que están haciendo periodismo, a pesar de esto?
Creo que hay espacios, márgenes abiertos, a diferencia de Tamaulipas que está muy cerrado. Aquí hay canales que te permiten trabajar y creo que todavía hay reporteros policiacos, todavía salen algunas cosas y puedes trabajar el ámbito social, el tema de la seguridad pública a través de la recolección de testimonios, historias de desaparecidos, brigadas de búsqueda de desaparecidos. Por ahí se puede, pero si te metes más adentro, creo que sí hay un problema.

Si tienes información sobre el narco y sus nexos con determinado político o empresario, debes aplazar la publicación. No sabes en qué te puedes meter.

Hace poco, cuando se buscaron a los cinco de Tierra Blanca, salieron otras cosas, algo muy cerca de la Academia de Policía que está aquí, y dijeron "oye, vamos para allá". Nosotros dijimos que era muy tarde y quedamos en que íbamos a ir al otro día. Hubo compañeros que fueron y nos contaron que la policía se les puso muy pesada. Al día siguiente les dijimos "vamos", y ya estaban muy asustados y no quisieron ir.

Yadira vivió la guerra sucia. Intentos por desprestigiar a los periodistas críticos. El gobierno del estado circuló en cuentas de correo información sobre ellos. Desde el norte, centro y sur, supieron asuntos personales de algunos comunicadores y obtuvieron información que no necesariamente era cierta.

"Hacían correos clandestinos, te difamaban y los mandaban a los directores de medios de todo el estado. Metían a muchos, pero esa lista me llamó la atención. Me puse a revisarla y era en todos los medios perfectamente ordenados, de norte a sur del estado, por director, subdirector, jefe de información y reporteros. Me parecía que quien había hecho eso tenía muy buena base de datos de todos los medios y reporteros de Veracruz", dijo.

Duarte tenía pocos meses en el gobierno, y a ella ya la tenían ubicada como periodista incómoda. Llevaban apenas seis meses y tenían la osadía de escoger quién podía y quién no cubrir la fuente del gobierno del estado. Los medios, obviamente, cedieron a las presiones. A ella le tocó que le quitaran esa fuente en dos medios diferentes. Se tuvo que conformar con cubrir la Universidad Veracruzana porque Duarte y su equipo no la querían husmeando oficinas, pasillos ni actos de gobierno.

"Recuerdo que tuvimos una plática porque venía Peña Nieto como gobernador del Estado de México e iba por la presidencia, y se hizo como una hermandad con Duarte. Querían que les saliera bien y dijeron 'no queremos a estos reporteros cubriendo el evento y no los queremos y no los queremos'. Era el proceso de alta acreditación y el medio no podía porque decían 'si la acreditación es para ella, no la vas a tener'. Fue muy chistoso, yo trabajaba para una agencia de noticias, era una mesa en la que estábamos varios compañeros. A mi jefa le pasan una llamada, pone el altavoz y sigue escribiendo. Dicen es que la acreditación, y dice sí, 'va fulana ya la conoce, es la que cubre el Ejecutivo'. Y ella empieza a pelear con la jefa de prensa, 'si la mandan, no habrá acreditación'. Entonces levanta la bocina y se va a hablar con ella a solas. Regresa y me explica 'oye, no quieren que vayas al evento y si vas tú, no nos van a acreditar', y le dije 'manda a otra persona'. Y así fue. Yo trabajaba en un periódico y también ahí me bloquearon. Me mandaron a la Universidad, me dieron derechos humanos, partidos, lo que fuera, menos el gobierno del estado."

Suma cerca de diez años en el periodismo. Nunca pensó ubicarse en esta encrucijada: periodismo o muerte. Soñó con ejercer este oficio y por eso estudió esa carrera en la universidad. En clases, la ilusionaba contar historias, firmar las notas, preguntar, investigar. Estar ahí y contarle a todos por medio de sus letras que ella había estado en primera fila y escribir qué había visto, oído, sentido.

¿Es como una noche que no termina?

Esto es una locura. Jamás, jamás me imaginé en la facultad cubriendo esto, y veo a los compañeros más jóvenes y no me imagino qué debe ser tener un año, un mes, dos años de periodista y ver esta matanza. No me imagino el impacto en estos chavos. En nosotros ya hay un impacto, una desconfianza, un terror. El de al lado puede ser tu compañero de trabajo, pero un informante del narco, del gobierno, de un partido político, de un líder sindical. Les pagan por eso. Está todo contaminado. Es horrible, de eso ni me enteré, y cuando me di cuenta, yo estaba en medio. Ves cómo se cierra el círculo: en un principio vi que mataban gente y reporteros, ni leía las notas, después eran conocidos que sí leía, y luego eran amigos de mis amigos, después empezaron a matar a los míos.

Yadira descarga el llanto. Caen las lágrimas, ella también parece ir cuesta abajo en cuanto a miedo, preocupación y tristeza. Tantos amigos, conocidos, reporteros muertos, desaparecidos, torturados. Y ella en medio, escribiendo notas mientras su compañero periodista, sentado a su lado en la redacción o en una conferencia de prensa, pasa información sobre ella y lo que escribe y pregunta, lo mismo al gobierno homicida que a los homicidas que forman parte de las organizaciones delictivas que operan en esa entidad, donde las más fuertes son Jalisco Nueva Generación y Zetas.

Recuerda a Regina y más se le desbarata el corazón. En la última elección, ellas y otros periodistas hacían guardia afuera de un Oxxo, esperando que dieran las doce de la noche para que abrieran de nuevo y les permitieran comprar unas cervezas, nomás por gusto, porque no había nada qué festejar: sólo la vida. Pero Regina ya no está ni muchos otros comunicadores que fueron abatidos a tiros o levantados por comandos.

"En mi pueblo empezaron a desaparecer muchachos y gente que fue conmigo a la prepa, la secundaria."

Ya quiere que pase esto, que termine. Y si no pasa, irse. A dónde, se le pregunta. Voltea a los lados, como buscando un estado del país en el que todo esté en calma y pueda vivir en paz, hacer el periodismo que le gusta y dormir bien, sin temor ni amenazas. No. No encuentra ninguna ciudad.

"Ya quiero irme de aquí. Le he dicho a mi esposo un montón de veces 'vámonos', ya lo pido por las cosas más insignificantes. Veo los candidatos y la guerra sucia, los intercambios y el nivel discursivo de los políticos… antier sacaron un audio de un candidato que tiene una conversación sexual con su amante, no puede ser que además de la violencia física, social, que hay alrededor, todavía me obliguen a escuchar algo así de aberrante. O sea mierda sobre mierda."

¿A dónde te irías?

¿A qué parte, si todo el país está igual? Siempre digo "vamos a Europa", con esta absurda ilusión de que puede ser menos violento el asunto y pueda uno vivir. Nomás vivir.

Yadira está tan lastimada que no soporta que alguien se coloque detrás de ella. Ha estado a punto de encarar al desconocido que se ubica tras ella, pero se resiste. No soporta ni al que chifla a su lado, mientras camina. Le duelen los sonidos tanto como la indiferencia por ver tanta gente caer y que no pase nada. Hace poco cambió de casa. Lo hizo por seguridad, porque afuera de la otra vivienda había un hombre que siempre la esperaba. Respiró tranquila cuando estrenó el inmueble. Se sintió segura. Pero sólo unos días. Pronto tuvo de nuevo un desconocido, ahí, enfrente, poniéndole un plantón y avisando sobre sus movimientos.

Pasos cercanos

Carlos tiene dos amigos reporteros muertos, él debe seguir haciendo su trabajo. Cuando habla de ellos pareciera que los trae encima, como a dos pípilas con sus respectivas lozas. Carga pesada, sobre todo porque apenas llega a los treinta años, en una ciudad donde ser periodista, en toda la extensión de la palabra, es destierro y muerte.

Recordó que uno de esos amigos asesinados era Víctor Báez Chino, quien tenía una página de internet que se llamó Reporteros Policiacos. El hoy occiso convocó a otros reporteros que cubrían la nota roja y les ofreció conformar un equipo y vender la información a los otros medios, así obtendrían más dinero que si trabajaba cada quien por su cuenta.

"'Si te pagan mil 500 pesos, ya no les mandes información. La mandas aquí y nosotros como agencia la vendemos', les ofreció. Hasta que llegaron una vez unos hombres armados a su oficina, preguntando por él", manifestó.

Dijo que los testigos comentaron que los hombres se metieron a la oficina y preguntaron quién era Víctor Báez. Nadie contestó pero no hizo falta, pues él mismo se levantó de su asiento y los encaró. Les dijo que podían llevárselo, pero que al resto de los empleados no les hicieran daño. También les pidió que no lo esposaran ni lo golpearan, menos, frente a los reporteros, y que iba a hacer todo lo que le pidieran.

"Salió de la oficina y ellos tras él. Versiones extraoficiales indican que se trató de un comando del cártel de Los Zetas. Al otro día lo encontraron dentro de bolsas de plástico, junto a la oficina del periódico el *Diario de Xalapa*, en el centro de esa ciudad, en cachitos."

Evaristo Ortega es otro de sus amigos. Se fue a su pueblo, en el municipio Colipa, ubicado en el centro del estado de Veracruz, a fundar un periódico, porque ganaba muy poco en los otros diarios, en los que hacía las veces de editor. En esa comunidad no había más periódico que el suyo, así que le empezó a ir bien. Publicaba desde lo más cotidiano, hasta asuntos de seguridad pública y trabajos de investigación. Aunque en ese pueblo no pasaba nada extraordinario, lo que le perjudicó fueron sus relaciones. Había cumplido el sueño de dirigir un periódico en su pueblo natal. Tuvo vínculos con la hoy diputada y candidata del Partido del Trabajo a gobernadora de Veracruz, Leonila Méndez Herrera, quien, de acuerdo con versiones extraoficiales, estaba ligada con Miguel Ángel Yunes. Al parecer, Evaristo fortaleció sus lazos con ellos y aspiró a ser alcalde, para lo cual le ofrecieron negociar primero con la clase política local para alcanzar la postulación.

El Partido Acción Nacional, fuerza con la que Evaristo simpatizaba, decidió lanzar a Fernando Hernández Masegosa y él optó por buscar ser candidato de Nueva Alianza. Un grupo armado lo interceptó cuando viajaba en un vehículo, para llevárselo. Los hombres se identificaron como agentes de la Policía Estatal. Mediante un teléfono celular, logró avisarle a su hermana que lo llevaban esposado, rumbo al puerto de Veracruz.

"El 19 de abril de 2010 fui con al Comité Directivo Estatal del PAN en Xalapa, para hablar al respecto. Nos acompañó Andrés Anglada Morgado, aspirante a la alcaldía de Nautla, municipio contiguo a Misantla. Al mediodía salimos del encuentro, en la Hummer blanca, Francisco Mota Uribe, conocido como El Chito y yo. Íbamos camino a la capital del estado cuando una patrulla nos detuvo. Los policías nos pidieron que bajáramos de la camioneta y nos subieron a su automóvil. Me pareció muy raro lo que estaba ocurriendo, así que le envié tres mensajes por teléfono móvil a mi hermana Irene: 'avísales a todos, nos llevan en patrulla hacia Veracruz… nos llevan detenidos'.

"Los uniformados se dieron cuenta de que estaba enviando mensajes y me quitaron el aparato. En ese momento desaparecí. Nadie ha vuelto a saber de mí", reza la publicación que sobre el caso de Ortega se publicó en el sitio de internet Nuestra Aparente Rendición.

Carlos cubría casi de todo en el periódico para el que trabajó. Sabía qué molesta a los gobernantes: cubrir ciertas protestas. No importa quién las haga. Simplemente no quieren que se publiquen. La mayoría de las manifestaciones se realizan en la plaza Lerdo, frente al Palacio Municipal, cuyos vigilantes y espías se dan cuenta de quién acude primero, a quién entrevista y qué tipo de preguntas hace. Para él, tan difícil es la cobertura social o política, las protestas y otros eventos, como el narcotráfico y los hechos violentos.

¿Cómo trabajar en medio de tanta muerte?

Como los otros reporteros que te decía, los que asesinaron, pues yo trabajé con ellos, pero veía eso como algo lejano, que no me iba a ocurrir. Y después de eso, me di cuenta de que me puede pasar a mí y a otros. Sí ha cambiado mi vida, después de la represión contra plantones y otras protestas, y la cobertura realizada, cambió mi vida, mi trabajo. Tengo amigos que no trabajan en el periodismo, y les platico y se asustan, ya no quieren salir conmigo. Ya no puedo emborracharme, como en otros años, porque a lo mejor me agarran por ahí. Sí, tengo mucho miedo, eso no lo puedo negar. Aunque se pueda ver la ciudad muy tranquila, en cualquier momento puede llegar alguien, una patrulla, te van a hacer algo, te van a dañar.

Como a muchos reporteros, le tocó cubrir algunas de las manifestaciones públicas de los maestros inconformes con la reforma educativa. De cerca, vio cómo se preparaban los agentes estatales para agredir a los docentes: dos de ellos llevaban desarmadores en los bolsillos de sus chalecos, y mientras avanzan pican en espalda, costillas y panza a los inconformes. Llevan armas de fuego y toletes eléctricos. A él lo ven, lo insultan, empujan. Llama al oficial que está a cargo del operativo, para que les llame la atención a los agentes. No pasa nada.

"De repente, los policías me empiezan a agarrar de piñata, me empuja uno y luego otro, y no nos dejan pasar los polis, y uno como de cincuenta años me busca pleito, me empuja y amenaza, me dice 'yo sí te voy a partir la madre'. Yo le contesto 'si no te estoy haciendo nada'. Llega un comandante, le digo que me acaba de amenazar, lo señaló, y no hace nada. Él me seguía diciendo que me iba a partir la madre. Cuando pasó a mi lado, me dio otro empujón. Hasta que llegaron otros reporteros y me llevaron con ellos. Te está provocando, vámonos. Y nos fuimos."

A partir de 2013 y después de actos represivos de parte del gobierno de Duarte en contra de jubilados, estudiantes y docentes, empezaron a seguirlo. Es gente armada que lo espera afuera de su casa, cuando entra y sale. Lo siguen y hasta al cine lo acompañan. El lunes previo a esta entrevista, en Xalapa, la vigilancia se intensificó y ahora no lo dejan. Él cree que escucharon la conversación o leyeron los mensajes en los que decía que se encontraría con un periodista para hablar sobre su caso.

Durante la comparecencia del secretario de Seguridad Pública, Arturo Bermúdez, ante los diputados locales, los periodistas se preparan para protestar por tanta persecución y hostigamiento que sufren los comunicadores. Se juntan como abejas africanas, personal de vigilancia del Congreso del Estado trata de replegarlos y luego de negociar con ellos, consiguen que se alejen del lugar donde comparecerá el funcionario. Cuando pasa frente a ellos, los fotorreporteros le avientan una baraja de fotos en las que los agentes de la ssp golpean a periodistas y maestros con saña, aquel septiembre de 2013.

"El presidente del Congreso les dijo que permitieran la comparecencia. Se los llevaron a otro lado, y cuando ya se iba el secretario agarraron las fotos y se las aventaron... 'la foto del recuerdo, secretario', le dijeron, casi cacheteándolo con ellas. Bermúdez alzó el brazo, como intentando protegerse. Y mientras se separaban, subían y bajaban, como si las fotos tuvieran alas, aparecieron en el aire las imágenes de la represión sufrida. Iban cayendo las fotos donde se ve a los policías pegándoles a los maestros, con los toletes eléctricos. Muchas de esas fotos las había tomado Rubén Espinosa. Era diciembre de 2013."

En 2014, un fotógrafo se manifiesta solo, en la legislatura local. Entra para cubrir, pero una vez en la sala de sesiones, saca una cartulina con la leyenda "¡Justicia para periodistas!", hasta adelante. Un agente vestido de traje, pero con la insignia de la policía bajo el saco, lo empuja y golpea. Quiere deshacerse de él, arrancarle la cartulina. Los fotógrafos que están cubriendo la reunión se dan vuelo tomando fotos y video. Un par de diputados le preguntan en voz alta al secretario si ésa es la policía que se tiene en Veracruz: golpeadora de periodistas. Cuando le preguntaron, Bermúdez respondió que él no conocía al periodista que se había manifestado… ni al policía.

"Muchos policías en la calle me ubican. Me doy cuenta de que al pasar hablan por radio: 'Va para allá.' Son muy malos para hacer su trabajo porque resulta muy evidente. O tal vez se trata de eso, de que me dé cuenta. Recientemente, un amigo me contó que me vio pasar por Chedraui. Él iba con su novia y me dijeron 'no manches, atrás de ti llevabas cuatro policías', y yo que según me cuido, pero no vi nada. Me dijo 'te iban siguiendo, no iban pasando, iban atrás de ti'. Fotógrafos que tienen cierta relación con secretarios del gabinete, que me conocen, me dijeron 'ya cálmate', de qué o por qué… 'te están vigilando. Mejor bájale, éstos son bien cabrones'", cuenta Carlos.

Ahora va a su casa. Terminó su vida social, acaso un café esa tarde de lluvia. El sol se asoma un poco y los habitantes de la capital veracruzana se quejan del calor. No saben que las nubes se las llevó Carlos, quien, de regreso a casa, seguro se topará con sus vigilantes y con el policía que lo espera afuera de su domicilio, vestido de civil, acariciando las cachas de su pistola, para hacerse notar, para que lo vea: con enferma obsesión.

Chocolates

Era 2012, la parcela infernal ya se había instalado en Veracruz, en complicidad con el gobierno de Duarte, emanado del Partido Revolucionario Institucional (PRI). Activistas, periodistas y dirigentes de organizaciones sociales acudieron a un foro convocado por integrantes del movimiento YoSoy132, para abordar el tema de la libertad de expresión. Entre los asistentes estaban Daniela Pastrana, de Periodistas de a Pie, Laura Salas y Mike O'Connor, del Comité para la Protección de los Periodistas (CPJ). Algunos de ellos iban al puerto, así que decidieron dejar a O'Connor, ese viejo corresponsal de guerra y valiente defensor de los periodistas, en su hotel, en un céntrico sector de Xalapa. Lo dejaron ahí, en la esquina del edificio del hotel, a unos pasos de la entrada.

Quedaron de pasar por él a las ocho horas del día siguiente y estaba indispuesto. O'Connor –quien murió en diciembre de 2013, de un infarto, en la Ciudad de México– de origen alemán, con un español perfecto, no ingería bebidas embriagantes. Una empleada del hotel lo describió como "el gringo andaba bien borracho y acaban de subirlo al cuarto". Uno de ellos subió al cuarto y lo vio dormido: efectivamente indispuesto. A mediodía, tras varios intentos y llamadas telefónicas, lograron comunicarse con él y recogerlo, para regresar juntos a la Ciudad de México. No hablaron mucho sobre lo que había pasado, pero sí que el activista había tomado pastillas porque padecía migrañas espantosas que llegaban a tumbarlo por días y que había aparecido, de repente, una bolsa de chocolates en la mesa ubicada junto a la cama, en el cuarto de hotel, al día siguiente de su llegada.

"Después de eso regresamos, venimos platicando y ya más en serio nos dice que tenía que avisarle a Carlos Lauría –director y coordinador senior del programa del CPJ para las Américas, con sede en New York–, y ya no quiso regresar. Cada vez que le decíamos vamos a Xalapa, él respondía no, no y no", dijo una de las personas que estuvo en esa travesía.

Era muy del estilo de la policía política veracruzana: hacer ver y sentir, enterar a sus "visitantes" que saben que están ahí y qué hacen, con quién y dónde. Y para recordárselos, les mandan "detalles" como el de los chocolates.

Entrevistado vía telefónica, Lauría manifestó que en su momento O'Connor le informó sobre esto y le escribió en un *e-mail* enviado de aquella fecha: "Que bueno que dejaron chocolates… los chocolates fueron un lindo toque, como tienen cafeína los comí todos y me ayudaron con la migraña. Todo el tema no es más que un pequeño mensaje de que el Estado sabe o quiere que sepan que están alrededor. Por supuesto que es el Estado. Los chicos malos (*bad gays*, en inglés) tienen otras tácticas."

Señaló que la visita de Mike a Xalapa tuvo una connotación importante porque antes que él estuvo John Lee Anderson, corresponsal extranjero en uno de los estados más violentos del mundo, para toda la población, pero sobre todo para los periodistas. Lauría dijo que el detalle de los chocolates es "tan interesante como desconcertante", y explicó que el CPJ siempre ha tenido mucho cuidado en los movimientos que realizan sus activistas en regiones conflictivas, como México.

"Para nosotros, era mejor que no fuera a esas zonas, por los niveles de peligro y no hay que correr riesgos. Y si acaso iba, porque Mike lo hacía, a Veracruz o Tamaulipas, tenía que llamar todos los días, de mañana y en la noche, para saber que todo iba bien, a pesar de todo", sostuvo.

A activistas y periodistas que acuden a Veracruz, recordó una connotada defensora de los derechos humanos, les pasan cosas así: no hay amenazas directas, pero no hacen falta, pues se colocan desconocidos junto a ti para mostrarte que van armados y saben que estás ahí, husmeando.

"Un joven de una red de periodistas llegó al hotel un día antes que el resto de sus compañeros, en la capital veracruzana. Cuando llegamos nosotros, nos contó que había unas pisadas de la entrada de su cuarto al clóset y que ahí se perdían. Le dije 'bienvenido a Xalapa'... esas cosas pasan allá. Y las llamadas, dos personas platicando y ambos tienen llamadas del otro, o bien uno de ellos volando en avión, y tiene llamadas perdidas a pesar de que va con el teléfono apagado.

"Cuando estás ahí entiendes que no es paranoia, que sí pasan, que sí te siguen, que son cosas muy obvias y en ocasiones no es para hacer daño, sino que son para estar chingue y jode, chingue y jode, y chingue y jode, y que te hartes. Tienen mucho la costumbre de enseñarte el arma, que te dé miedo, que te des cuenta. No la sacan ni nada, sólo para que los veas."

Quiero una pistola

La reportera les anunció a sus compañeros periodistas que iba a participar en un foro internacional, quería denunciar las condiciones en que realizaban sus labores en los medios de comunicación, las amenazas del narco, los malos tratos en que incurren las empresas, la desprotección generalizada, la censura, las desapariciones y asesinatos. Preguntó a quienes la oían, qué quieren que lleve.

Ella se refería a si tenían alguna propuesta o caso que ellos querían que denunciara. Si les interesaba que tocaran alguna idea sobre la forma en que realizaban sus trabajos periodísticos, la actitud del jefe de la policía en sus tratos con los reporteros, la corrupción, los abusos, etcétera. Uno de los reporteros, quizá el más joven pero igualmente aguerrido, le respondió en seco y con dos palabras: "Una pistola."

Ella se le quedó viendo, azorada. Todos guardaron silencio. Miraban a uno y otro, expectantes. Ella respondió que no. Ni la voy a conseguir ni voy a permitir que alguien me proporcione un arma ni la voy a llevar y mucho menos la voy a usar. El silencio se hizo brumoso: todos estaban ahí, dentro de ese ambiente que parecía noria seca, abandonada y negra, en la que no se veían ni se tocaban, sólo se sentía la tensión, el temblor de las extremidades, los ojos bailando y sin moverse del centro de las cavidades.

Venían de enterrar amigos. De ráfagas cuyas balas pasaban muy cerca. Muchos sepelios juntos, todos ellos dolorosos y algunos muy profundos y desgarradores, en esos días. Activistas ahorcados en homicidios disfrazados de asalto, periodistas desaparecidos, una reportera abusada sexualmente y ultimada a tiros. Y ellos ahí, sentados en círculo, atrapados en una vorágine de sangre y muerte, de miedo y ojos quebrados por el insomnio. Saldos de sostenerle la mirada a la señora de la guadaña, que pasa a distancia de hormiga, pero pasa de largo.

"Tas pendejo. Cómo se te ocurre proponerme una pistola, güey. Es cierto que están duros los chingazos, que nos duelen los compañeros muertos, pero no podemos hacer lo mismo que ellos: matar, vengarnos, hacer justicia por mano propia. Entiendo que estamos todos encabronados, impotentes, pero no creo que ésta sea la solución. Además, qué puedes hacer con una pistolita si ellos usan cuernos de chivo y aerrequince. Pos nada."

El joven aludido escuchó con atención. Se sacó las manos de las bolsas del pantalón y dijo que el arma no la usaría para defenderse. Explicó. Lo hizo con una parsimonia de tortuga y una claridad científica: "Ese día que vengan por mí, no me van a llevar… la pistola la quiero para salvarme, para pegarme un tiro antes de permitir que me lleven."

Botón de pánico

Carlos es uno de los pocos periodistas que en el país tiene un botón de pánico. Es un aparato de la mitad de tamaño de un teléfono celular, con varios botones. Uno de ellos, el de pánico, significa que está en peligro. Es entonces cuando funcionarios de la Secretaría de Gobernación, de quien depende este programa de protección hacia comunicadores, intervienen, intentan ubicarte, llaman por teléfono y buscan la manera de guarecerte. Suman veinte periodistas y activistas que lo tienen a nivel nacional, varios de ellos en Veracruz. Pero Carlos, quien ya lo ha usado, cree que es un fracaso y una forma de espiarlos. En nadie, asegura, se puede confiar.

"Yo estoy en el mecanismo, tengo mi botón de pánico, pero también tiene un modo espía y aunque no lo traiga activado, Segob escucha todo: abre las bocinas (micrófono) y sin que me dé cuenta, escucha mi conversación. La otra vez iba llegando a mi casa, aplasté el botón de pánico y tardaron como diez minutos en responder. Cuando uno no contesta, ellos abren la bocina para escuchar la conversación, es una función fantasma. Ellos escucharon la conversación", contó.

Si aprietas el botón –explicó–, se supone que te marcan por teléfono inmediatamente y te preguntan si estás bien, pero si no contestas activan el modo fantasma y abren el micrófono, escuchan todo.

"Hicimos una prueba y no me llamaron. Todos se han quejado de eso, que no funciona. Me quieren mandar a la policía estatal y son ellos con los que tengo problemas. Tardaron como diez minutos en contestar, y mientras le platicaba a mi amigo, me contestaron, luego preguntaron, 'cómo no contestó', les dije que no me habían marcado, y me respondieron 'pero activamos el modo fantasma y escuchamos que le explicaba a su amigo lo del botón'."

Comité de recepción

Es un editor con experiencia en medios nacionales de la Ciudad de México. En diciembre de 2015, fue invitado a fungir como editor del diario *La Opinión*, de Poza Rica, Veracruz. Al parecer, el medio estaba inmerso en una crisis que podía provocar el cierre de la empresa, a lo que se agregaban conflictos entre la familia de los dueños y las agresiones del crimen organizado en la región.

"Uno de los dueños se había apoderado del periódico y tenían una bronca familiar fuerte, pero nos ofrecieron trabajar en ese proyecto. Desde el primer día estuvo todo muy accidentado, nos instalamos y nos presentaron, fuimos por el equipaje, pero cuando regresamos había gente con armas de alto poder en el periódico y no nos dejaron entrar. Nos fuimos y nos volvieron a llamar diciéndonos que ya había condiciones para regresar y regresamos, pero tres meses después", recordó.

Aunque los hombres armados no portaban uniformes y evidentemente no formaban parte de ninguna corporación policiaca, todo parecía indicar que eran personas del crimen organizado y que éste estaba a favor de uno de los bandos en pugna.

"Volvimos sin problema después, cuando José Reygosa subió a la dirección y yo a la subdirección… pero siguieron los problemas, aun cuando llegamos y nos instalamos, no había condiciones para quedarnos. Nos tuvimos que enclaustrar. No podíamos salir y teníamos que andar con todo el cuidado posible: de la casa al periódico y del periódico a la casa, con seguridad. Nos asignaron escoltas por parte de la empresa", dijo.

Al principio –agregó– no temían porque creían que todo estaba resuelto, pero luego hubo agresiones contra un reportero, después contra el contador, más tarde contra el jefe de información y el siguiente iba a ser él.

"Hubo un ataque directo. En abril tenía que salir a la Ciudad de México y la persona que me asignaron había dejado su arma, porque creía que no era necesario y estábamos muy cerca. Me iba a trasladar a la central camionera y gente de los malosos se vinieron encima de inmediato. Nos tuvimos que escabullir y perdernos, me dejó en la central camionera, ya resguardado. Tuve que ausentarme varios días para saber cómo estaban las cosas. Nos dijeron que el objetivo era agredir al escolta… pero no me la creo."

Muchos reporteros de *La Opinión* de Poza Rica tienen entre quince, veinte y hasta cuarenta años en ese periódico, y así, con las condiciones de inseguridad y los cacicazgos del sindicato petrolero, realizan sus labores.

"Cabe mencionar que Veracruz es donde Duarte tuvo la desfortuna de decir en su discurso que los periodistas se anduvieran con cuidado. Bajo esa amenaza uno tiene cuidado, hay que andarse con cuidado. El periodismo es complicado en estas regiones: porque es zona petrolera en declive estrepitoso, hay la posibilidad de que se convierta en tierra de nadie, por el desempleo, los caciques petroleros que se quedaron son prepotentes, el presidente municipal de Poza Rica es secretario del sindicato de petroleros, un día despacha como petrolero y otro como alcalde, y hay una miseria que se expresa con más fuerza."

Entonces, ¿por qué quedarse?
Fue un reto personal. Mi intención no era quedarme, pero quiero saber cómo trabajan los compañeros en una situación de riesgo de esta naturaleza; donde he estado ha sido un poco cómodo, y quise tomarlo como experiencia, sin caer en el riesgo total. Pero también es solidaridad con los compañeros, hay alrededor de 250 trabajadores que dependen directamente y mínimo cada uno mantiene a tres personas. Se iba a cerrar el periódico, le apostaban a eso, y fue una aventura.

Los compañeros están hartos de que los empresarios estén peleando, que los afecte el momento, y el crimen organizado. Hay crisis, muchos de ellos no tendrían a dónde ir, tienen veinte años y sin título. Los otros periódicos son muy chicos y están cerrando, y ellos dicen "¿para dónde nos hacemos?"; yo quise experimentar, ver qué se podía hacer, cómo convivir, hacer periodismo, con el mismo riesgo y al mismo tiempo trabajar de manera solidaria, para que el riesgo fuera disminuyendo, y así ha sucedido para el medio, pero no para los periodistas, porque siguen ahí los mismos grupos de poder.

La vida, los días, la muerte coqueta, en los trajines
de una reportera nobel

El 21 de julio del 2011, llegué a laborar al periódico, como todos los días. El ambiente estaba enrarecido. Entonces escuché "mataron a Milo"; yo tenía poco más de seis meses de reportera en un periódico local y aún me faltaba mucho por conocer, pero sí sabía quién era Milo: un conocido columnista y jefe del *Notiver*, el medio con más tiraje a nivel local. Pero fue hasta que escuché a uno de mis compañeros llorar, decir desesperado, también mataron a Misa (hijo de Milo), quien tenía mi edad, veintiún años, y habíamos coincidido en algunas salidas nocturnas con los compañeros más jóvenes del gremio. Ahí me quedé sin aliento.

Los detalles que durante el día comencé a escuchar del crimen me ponían la piel de gallina cada vez que lo mencionaban. Comencé a tener miedo. Conforme pasaron los días, el sentimiento de temor se apoderó de todos, y más de los compañeros de la fuente policiaca.

Fue un mes después, el 26 de julio, cuando verdaderamente pasé uno de los días más aterradores de mi vida. Era muy temprano, me dirigía al diario en el que laboraba, entonces una compañera me llamó a mi teléfono móvil. Sonaba muy asustada y desesperada. Me dio sólo una indicación: "No llegues al periódico, no te acerques. Luego te explico, por teléfono no puedo."

Estaba en un curso, muy cerca de la oficina donde pasaba prácticamente todo mi día, y ahí me enteré: el cuerpo de Yolanda Ordaz, reportera de nota roja de *Notiver*, había sido arrojado en la puerta de entrada.

Ese día, todos los que laborábamos en el pequeño diario, que tenía poco de haber sido fundado, lloramos. Yo no la conocía, lloré de miedo. El mensaje era clarísimo. Los dueños intentaron hablar con los altos mandos policiacos del estado. No sirvió de nada. Uno de mis mejores amigos había sido también amenazado y con él el editor del diario. Nos prohibieron salir solos. A ellos los enviaron custodiados por la policía. Tenían que desaparecer unos días y esperar a que todo se calmara.

El 28 de abril de 2012 celebraba mi cumpleaños, riendo, cuando un mensaje llegó al celular de uno de mis amigos. Se puso pálido. Sólo dijo "mataron a Regina", y estuvo texteando cinco minutos más, se despidió y salió disparado a la capital del estado, a una hora y media de donde estábamos. Regina Martínez, corresponsal de *Proceso*, había sido asesinada en su vivienda.

Los asesinatos siguieron. Muchos compañeros se fueron del estado con sus familias, temían por sus vidas. Con el tiempo volvieron; algunos de ellos fueron asesinados tiempo después: Gabriel Huge Córdoba, Guillermo Luna Varela y Esteban Rodríguez; con ellos también encontraron el cuerpo de Irasema Becerra, empleada administrativa de un periódico. A ellos los conocía, sobre todo coincidimos en las manifestaciones. Sus cuerpos cercenados fueron hallados en cuatro bolsas en el canal de La Zamorana, cinco días después del asesinato de Regina.

La violencia contra periodistas se ha vuelto costumbre, pero no sólo por los delincuentes, también ciudadanos de a pie, manifestantes y policías agreden a los reporteros, fotógrafos y camarógrafos, mientras realizamos nuestra labor.

Durante las manifestaciones en contra de la reforma educativa, varios fuimos agredidos por miembros del Movimiento Magisterial Veracruzano. Nos cerraron el paso, intentaron volcar las unidades móviles, nos bajaron y comenzaron a gritarnos "¡vendidos!", a los que habíamos ido a cubrir su movimiento. Explicarles que la línea editorial de nuestro medio no depende de nosotros, era inútil. Seguían las agresiones verbales, hasta que comenzaron los empujones, entonces entre todos nos defendimos y salimos de ahí rápido. Era una veintena de periodistas contra cientos de maestros.

Como estos altercados hay muchos. Contra profesores, contra policías que siempre nos toman fotografías con sus teléfonos celulalres, nos graban y si hacemos grabación en video de ellos, se molestan y amenazan incluso con quitarnos los equipos de grabación.

Han pasado seis años desde que comencé mi labor periodística en Veracruz, pero el riesgo para nosotros parece no disminuir. Con la desaparición de los cinco jóvenes de Tierra Blanca tuve el encargo –como la mayoría de mis compañeros–, de encontrar el rancho El Limón, donde presuntamente fueron hallados miles de fragmentos óseos; era una carrera entre nosotros, porque todos los medios querían la primicia.

Con tres compañeros nos dimos a la tarea de buscar el sitio, usando las informaciones hasta el momento publicadas. Viajamos más de hora y media, y durante por lo menos cuarenta y cinco minutos fue en caminos de terracería, veredas y entre cañales; siguiendo las indicaciones de los lugareños, que nos guiaban hacia donde habían visto a la Gendarmería Nacional.

Cuando pensábamos que volveríamos sin nada, vimos el encintado amarillo en un lugar donde no había señal de teléfono y no podíamos ubicar en el GPS; observamos a lo lejos un par de patrullas de la Policía Estatal y nos estacionamos justo en la entrada principal.

Comenzamos a caminar, éramos cuatro; rodeamos el perímetro, tomamos video y fotografías, sin problema, sólo con la extraña sensación de que alguien nos seguía entre la tupida vegetación.

Escuchamos un grito, no recuerdo ni qué dijeron. Vi desde la parte de afuera de la valla como a diez policías corriendo hacia nosotros, en formación, y cubriéndose entre los árboles y usando las rocas como barricada; uno de mis compañeros, el más alto, se puso frente a nosotros y levantó ambos brazos con su cámara fotográfica en una de ellas y gritó, "¡Somos prensa!, ¡somos reporteros!", una y otra vez.

Los policías se habían acercado mucho más, nos apuntaron y cortaron cartucho. Sólo podía pensar "aquí nadie nos va a encontrar jamás". Los dos chicos se pusieron frente a nosotras, éramos dos reporteras, un camarógrafo y un fotógrafo. Los policías seguían agazapados, gritándonos, hasta que el comandante se acercó y les dijo que bajaran las armas. Uno de ellos lo ignoró y siguió apuntando. Estaba frente a mí. Nos rogó para que nos moviéramos de ahí, repitiendo una y otra vez que era muy peligroso. No sabía quién tenía más miedo, si ellos o nosotros.

Nos escoltaron, bordeando la valla, hasta donde estaba el auto. Nos regañó por no haberles avisado de nuestra presencia. Pidió nuestros nombres y medios, los anotó en una libreta y nos dio información que fue muy útil para la nota. Ahí nos enteramos de que no era el rancho El Limón, sino otro más que estaba asegurado. Entonces nos pidió que nos fuéramos.

Cuando salíamos entre los cañales, nos topamos de frente con un convoy de la Gendarmería Nacional. Se abrían paso a toda velocidad.

Los reporteros de Veracruz nos cuidamos. A través de grupos, estamos pendientes de los que tienen alguna encomienda. Hemos aprendido a laborar con la situación de inseguridad e impunidad. Mientras, la mayoría de los medios sigue pagando sueldos bajísimos, sin dar a sus trabajadores prestaciones y exigiéndoles cada vez más. Somos alfiles dentro de un ajedrez, en el que los dueños y los políticos tienen los roles principales.

Del libro *Narcoperiodismo*

Coincidencias. Cerrar ciclos. Paradojas de la vida frágil y potente, valiente y temeraria de los periodistas: como señalamos al principio en una nota, Javier Valdez nos informa mientras cerrábamos editorialmente *Miss Narco* de un atentado a las oficinas de *Ríodoce*. Al cerrar la edición de *Narcoperiodismo* nos mandó un mensaje que decidimos incluir sobre el asesinato de dos periodistas: Zamira Bautista Luna y Elidio Ramos Zárate. Dos avisos crueles, contundentes al cierre del primero y último libro que trabajamos con este periodista lamentablemente desaparecido, así remató su aviso final: "No hay manera de contar tanto dolor."

Periodismo en tiempos violentos

Imaginen que llegan a su oficina, su trabajo, a ese lugar en el que ustedes entregan parte de su vida, en muchas ocasiones con pasión, para salir adelante. Imaginen que una mañana llegan y la puerta está abierta y hay residuos de una explosión: tal vez hollín, rastros de quemaduras en la entrada, la cortina de acero destruida, algunos muebles con daños, con boquetes y abolladuras.

Imaginen que el azoro agranda sus ojos. Los latidos aumentan y los poros se inundan de sudor. Los labios tiemblan. Porque al revisar esa escena de guerra, encuentran restos de un aparato explosivo: una o dos granadas de fragmentación calibre 40 milímetros, la cáscara acerada, la espoleta. Entonces todo empieza a aclararse y luego de breves momentos llegan a la conclusión de que su oficina, su trabajo, fue víctima de un ataque, un atentado cobarde y atroz.

Imaginen, solamente. Porque espero que no les pase y porque fue lo que a nosotros nos pasó en septiembre de 2009. Eso de llegar al trabajo, encontrar muebles destruidos, saberte víctima de un atentado y soltar el aire en poco tiempo fermentado: ese aire que indica "estoy a salvo", que los reporteros, secretarias, fotógrafos, directivos –en realidad no somos tantos– del semanario *Ríodoce* no estaban ahí, porque el ataque fue alrededor de las 2 horas y sólo provocó daños materiales. Sueltas el aire y dices "esto pasa por ejercer la libertad de expresión, por hacer tu trabajo, por apasionarte y creer en el periodismo, hacer periodismo".

En ese momento llevábamos más de 200 ediciones y en cada edición al menos uno o dos trabajos fuertes de investigación. Cada uno de estos reportajes podía ser una línea de investigación que nadie siguió porque no hubo pesquisas, porque el gobierno es cómplice y está metido con los narcos o subordinado al narco. ¿A quién se puede responsabilizar de este atentado en una sociedad armada, tomada por el narco, con militares desfilando por las calles, como en un eterno 20 de noviembre, y policías rendidos y cómplices?

Yo no estudié periodismo, pero siempre me ha interesado lo humano y lo que pasa en ciudades como Culiacán o Xalapa, Chilpancingo o Laredo. Los seres humanos, las personas, han estado en el centro de mis textos. Son mi mayor insumo, la savia de mis historias. Reflejo esta preocupación, una mirada cálida, en mis historias publicadas en *Ríodoce* y *La Jornada*, en las crónicas del narcotráfico.

Me hice reportero a punta de chingazos, cayendo y levantándome, y en ocasiones no sabía qué preguntar o a quién entrevistar, pero fui encontrando mi camino: el de las personas en el centro, sus hábitos y rituales públicos, la vida pública, la calle, el transporte colectivo, los testimonios, esa heroicidad sin medallas de la gente de abajo, en las colonias, los barrios, las zonas perdidas de la ciudad.

Duré ahí cerca de ocho años, y luego renuncié para irme a al periódico *Noroeste*. Lo hice sabiendo que iba a ganar cerca del 10 por ciento de lo que ganaba en la televisora, pero contento porque estaba ante la oportunidad de crecer, de hacer periodismo, de ir más allá, de salirme de la rutina de ese periodismo anodino e inofensivo, oficial, de casi todas las televisoras del país. Las notas aburren, parecen las mismas sólo con datos y entrecomillados nuevos, como un molde que hay que llenar todos los días. Pero no veo vida ni latidos ni emociones y ni siquiera el elemental ejercicio de la descripción, básico en el ejercicio periodístico. ¿Cómo contamos tanta muerte y tanta vida en medio de los cadáveres perforados?, con un buen periodismo, uno humano, en el que se vea la gente, no los políticos ni los poderosos.

Ríodoce se ha especializado en la cobertura del narcotráfico. Nunca nos lo propusimos. Hay una frase de Ismael Bojórquez, director fundador del semanario, que dice "Fundamos *Ríodoce* para hacer periodismo y punto. Porque hacer periodismo es investigar, ir más allá, confirmar los dichos, mirar más arriba en busca del bosque y no del árbol". Pero en una región en la que todos los caminos conducen al narco, no hay manera de evadir el tema. Uno escribe estas historias o se hace pendejo, es una especie de condena en regiones en las que todos los caminos conducen al narco. Como periodista no es posible escribir de jardines, el atardecer, las mujeres portentosas, los ríos, la venta de vehículos, la agricultura de exportación, mientras en las calles de la ciudad caen personas muertas, perforadas, sangrantes, en medio de la injusticia, la impunidad, el terror sembrado por quienes jalan el gatillo de los AK-47, comúnmente llamados cuernos de chivo. Es vergonzoso reproducir el discurso de los poderosos, de que no pasa nada, de que hay democracia y libertad y estado de derecho, si la autoridad no tiene preocupación por aplicar la ley, si Sandra Luz Hernández, una madre de familia y activista que buscaba a su hijo Édgar al mismo tiempo que vendía productos *avón*, fue asesinada a balazos en Culiacán, y el responsable de su muerte sale libre por falta de pruebas. Si no hay justicia y va ganando espacio el olvido, cómo guardar silencio.

En *Ríodoce* hemos apostado no por contar muertos, el llamado ejecutómetro, sino por contar historias. He preferido contar historias de vida en medio de la muerte, ponerle nombre y apellido a las víctimas, escribir sobre sus sueños y amores y odios e ilusiones, preguntar a los hijos de los desaparecidos y a las esposas y viudas de los ejecutados. Me veo buscando entre los escombros, después de la tormenta, del sismo de 8.5 grados del tableteo de las ametralladoras, de la lluvia de balas, los restos de vida, los despojos, lo que queda de lo que fuimos y somos, en estos pueblos y ciudades cuyos fachadas, banquetas y calles están manchadas de sangre.

Ejercer este derecho a escribir estas historias, para que la gente esté informada, el derecho a la libertad de expresión para que la gente sepa cómo jugarse la vida y qué ruta seguir para evadir proyectiles y retenes y camionetas de lujo, es una tarea apenas posible, en condiciones imposibles.

Hacer periodismo en la boca del lobo, con el enemigo en casa, el narco como vecino, como padre de los chavos que van con los hijos de uno a la escuela, con el tío o sobrino o primo metido en el negocio de las drogas, es una combinación explosiva entre algo de locura, de inteligencia y prudencia, de acrobacia informativa, ética, responsabilidad y profesionalismo: algo así como manejar un automóvil pisando el freno y el acelerador al mismo tiempo. Investigar una historia, por ejemplo, debe contar con el antecedente de que uno sabe qué suelo pisa, tiene información de contexto y conoce quién manda en la ciudad y con quién se entiende en la policía, saber si al capo se le puede nombrar por su apodo o por su nombre. Una cosa u otra puede ser la diferencia entre la vida y la muerte. ¿De qué hablamos?, de aprender a ubicar qué parte de la historia no se va a publicar, para seguir escribiendo. Esa parte de la historia, esa censura, no será cancelada, sino suspendida, guardada, en añejo. Esa censura es un ejercicio de sobrevivencia, no de control político. Es un acto inteligente, de autocercenación, que nos puede mantener con vida para seguir contando estos eslabones de tragedia.

Ahora recuerdo a una buena amiga mía. Había sido periodista, tenía dos hijos y se casó con un militar, con quién yo tenía cierta cercanía. Ella era mi amiga, de esas que te dejan una muesca eterna en el corazón. Carina vendía productos caros, perfumes y joyas, y tenía como clientes a varios narcos y sus esposas. Ella me decía muy seguido que me cuidara, que había muchos morros locos en las calles, a quienes les resultaba fácil y hasta placentero matar. Me decía mucho, mi Carina: "Si me entero que te van a matar, voy a avisarte para que te salgas de la ciudad, el estado o del país. En ese momento, con el pasaporte a la mano, te vas al aeropuerto. Si me entero, me decía. Si sé que te quieren matar." Y la mataron a ella y a su esposo.

Mucha gente valiosa ha muerto y no necesariamente porque eran periodistas, pero sí por su preocupación ante la inseguridad y la violencia, por los medios valientes y el buen periodismo. Este es el precio por la libertad de expresión, por buscar una mejor sociedad, una que esté informada y que cuente con gobiernos honestos. Este es el precio y es muy alto, no tiene fin ni números. Hemos retrocedido tanto en esto, que cuidamos lo que se publica y mucha información la ocultamos, para seguir escribiendo.

Este es un pasado que duele, que esculca en mis heridas sólo de recordar su fidelidad con el buen periodismo, su cercanía con *Ríodoce*, su amistad conmigo. Pero también un presente, una lucha vigente, valiosa, en la que muchos estamos empeñados, a pesar de las acechanzas, como esa en la que un ex militar de la Policía ministerial fue a mi casa, la casa de ustedes, para amenazarme, tomar fotos de la vivienda, de mi carro, no sé. Yo había publicado sobre sus desmanes, los abusos, las amenazas de muerte a un periodista de Los Mochis. A los meses el ex militar fue asesinado luego de quedar en medio de las pugnas entre dos grupos criminales del Cártel de Sinaloa, en 2008. Cuando eso pasó, no me dio gusto. Pero sí pude soltar el aire enervado, turbio, aterrado, insomne, por sentirme en peligro de muerte.

Uno se siente como un funámbulo, un acróbata del periodismo: haciendo malabares para no quedarse callado, guardar silencio. Y uno grita en los mítines, las protestas, "no nos callarán". En realidad ya lo hicieron. Ya entraron a la redacción y nos callaron. A medias o totalmente, como en Tamaulipas o en Sinaloa o en Chihuahua. Ya mandan y no somos nosotros los que tecleamos en las computadoras a la hora de hacer las notas, son ellos los que eligen las letras, las palabras, los párrafos y fotos de nuestras historias.

Recuerdo que hubo un accidente en Culiacán y pudo haber quedado así, como un percance automovilístico más. Pero en este accidente hubo una persona muerta y otra que hubiera quedado parapléjica: un automóvil deportivo tipo camaro se estrelló con cerca de diez vehículos estacionados en un parque de la ciudad. Los que venían en el camaro habían ingerido alcohol, por lo menos. Iban a exceso de velocidad y chocaron también con quienes circulaban por una de las calles, cerca de un parque. En este vehículo, un Nissan tipo Tsuru, iba un joven matrimonio: él quedó muerto ahí, prensado, y ella salió viva pero con lesiones graves. Cuando investigué, supe quiénes iban en el vehículo deportivo y quién era el propietario, que habían ido a rescatarlos sus amigos y que éstos no hicieron nada por los heridos que estaban en el otro carro. Publiqué la historia y le di seguimiento en dos o tres publicaciones más. La mujer, una joven que no pasaba de los 30, murió luego de una larga agonía. Y a mí me dijeron, a través de un enviado, que debía dejar de investigar, porque si no me iban a matar. ¿Y qué hice? Dejé de escribir. Es frustrante, se siente uno impotente, molesto. Pero yo había llegado hasta ahí y no podía hacer más.

En México cada vez es más difícil hacer periodismo. Son tiempos violentos, convulsos, de una decadencia galopante y una descomposición espantosa que no permite una vida digna. Y si en el país no hay condiciones para una vida digna, menos para hacer periodismo. A finales del año pasado publiqué mi más reciente libro, *Narcoperiodismo*. Llegó la hora de cerrar las historias, porque el libro debía ir a impresión. Pero justo cuando quería ponerle el punto final, surgían nuevos casos de periodistas asesinados o desaparecidos, amenazados. Pensé: "No hay forma de ponerle punto final a una muerte que no cesa, a los casos impunes, a la nueva guadaña de censura fatal." Es un libro con historias que no tienen fin. Fue difícil cerrarlo y entregarlo al editor. Aún ahora me duele haberle puesto un punto final que se diluye, se mancha de sangre y dolor.

En el panorama nacional, lo que antes sólo sucedía en algunas regiones como Sinaloa, Tamaulipas, Michoacán o Veracruz, el periodista hace su trabajo sobre un suelo de muchos filos, de arenas movedizas y diversas acechanzas: de un lado los narcos, que mandan en la redacción, del otro lado los políticos y gobernantes, muchos de ellos promovidos y auspiciados por criminales, que son intolerantes y no tienen cultura política ni cultura de medios, y que suelen responder con amenazas y represión a los medios y periodistas incómodos. Lamentablemente muchos de los dueños de los medios de comunicación son empresarios ligados al gobierno o involucrados en operaciones delictivas como lavado de dinero. Todos ellos responden coartando la libertad de expresión, dictan lo que se debe publicar y lo que no, quitan a reporteros incómodos para sustituirlos por dóciles y corruptos, y se involucran en negocios diversos, asociados con personajes del gobierno, para volverse intocables.

En este ambiente, los periodistas y el periodismo valiente y digno son más frágiles y vulnerables. Además, hay una sociedad que no cobija, que no acompaña el periodismo valiente en México. Esta condición se da sobre todo en medios de regiones diversas. Por eso, hacer periodismo en estas condiciones es un acto de resistencia, de ejercer la libertad de expresión en medio de muchas amenazas y muchos periodistas tienen a un espía del narco en las redacciones o están amenazados por los criminales de dentro y fuera del gobierno y parecen teclear las historias con un fusil automático apuntándoles. En muchos de los casos, para estos periodistas valientes, que se la juegan, autocensurarse ya no es un acto de control político y gubernamental, sino un ejercicio de resistencia y sobrevivencia. Así nos movemos, sobre estos muchos filos amenazantes, del otro lado del hocico negro de los AK-47, en un escenario en el que durante 2016 cada mes fue asesinado un periodista y en el sexenio de Javier Duarte, en Veracruz, fueron 19 los comunicadores muertos violentamente y otro tanto está desaparecido.

Este 2017, en marzo, fueron tres los reporteros asesinados en México, entre ellos mi compañera y amiga Miroslava Breach Velducea, quien recibió ocho balazos cuando salía de su casa. En un mensaje que le dejaron los homicidas decía "por lengua larga". Y si a esas vamos, todos los periodistas valientes en este país, dignos, que hacen este periodismo de acróbatas, tenemos la lengua larga. Que nos maten a todos, si la condena por hacer este periodismo es la muerte.

Es inevitable sentir que uno muere, aunque sea un poco, cuando hay este tipo de asesinatos. Miros, como llamábamos a Miroslava, era corresponsal de *La Jornada* en Chihuahua, como yo en Culiacán. Sentí su muerte cerca. Uno dice, fue allá, en Chihuahua. Pero no, en realidad fue aquí, cerquita, a centímetros de estos dedos que escriben, de esos ojos que leen periódicos, de esas historias que sin los periodistas no sabríamos. Si muere Miros, morimos nosotros también. La sociedad entera sufre amputaciones de oídos y ojos y manos que critican, denuncian, investigan y publican en los medios de comunicación. No es un periodista más, es una sociedad herida en la muerte de cada periodista.

Es eso, la muerte barata, automática, a la vuelta de la esquina, que en muchas regiones se ha normalizado, se asume como algo cotidiano y normal, o resistir, esquivar las balas, saber dar dos pasos atrás y darle tregua a las letras y las historias y las investigaciones, o abandonarlo todo y huir, o buscar asilo en Estados Unidos y otros países de Europa, como lo hizo Alejandro Hernández Pacheco, el reportero televisivo, en Torreón, Coahuila, que tuvo que buscar asilo en Estados Unidos, donde empezó como recolector de basura o mesero o limpiando los patios y jardines de los norteamericanos, y ahora es de nuevo camarógrafo en una televisora de ese país. Suman unos 250 periodistas que han solicitado asilo en años recientes al gobierno estadunidense, porque en México se acabaron los escondites, porque la vida es todo lo que les queda, porque tiene dignidad y familia, y escribir es como respirar y no hacerlo es otra forma de morir.

No puede ser uno periodista del silencio porque entonces no se es periodista, pero qué importante es saber qué es lo que no puedes publicar o cuándo detenerte para no perder la vida, pero nunca quedarse callado. Ubicar esa parte de la historia es seguir escribiendo: esconderla, guardarla, posponerla, que no cancelarla, es también una forma de resistir, de sobrevivir. Estamos hablando de un ejercicio ciudadano, de un derecho social, de un derecho humano, el de la libertad de expresión. De ejercerlo a través de los blogs, de las redes sociales, de pancartas y gritos en las calles, de silencios que lesionan oídos y gargantas. No es un asunto de los periodistas, sino de todos los ciudadanos. Y hay que defenderlo y la mejor manera de hacerlo es ejerciéndolo: es un derecho ciudadano, un derecho humano, y vale la pena, en tiempos tan sombríos y convulsionados, levantar la palabra escrita y hablada, que muchos nos quieren arrebatar para imponernos el silencio. Para mí, dejar de escribir es morir, es dejar de caminar, de sentir, de experimentar la vida. El silencio es una forma de complicidad y de muerte. Y yo, ni soy cómplice ni estoy muerto.

Periodismo en tiempos violentos

Es un texto que Javier Valdez Cárdenas preparó para la invitación que le hizo TED^{X}Polanco cuyo tema en ese encuentro de diversos profesionales era "cultivando cambio". La cita era para el 4 de junio de 2017, el periodista murió poco más de dos semanas antes y ante el deceso TED^{X}Polanco le dedicó las actividades de ese día a su valiosa trayectoria periodística, la lectura de su texto sirvió para entrar a otros ámbitos de la cultura y la sociedad de nuestro país.

Epílogo

Testimonios

Julio Hernández López:
Javier Valdez fue un periodista valiente y valioso, generoso en la compartición de los datos y la experiencia que iba acumulando, responsable y cuidadoso para tratar de eludir la furia asesina de capos y sicarios. Con entereza profesional cubría la nota diaria para Ríodoce, La Jornada y la Agence France-Presse (Afp), al mismo tiempo que acumulaba apuntes y bocetos para los libros que fue publicando con un éxito notable, convertido en un relator afinado y atinado de los procesos económicos, sociales y culturales derivados del predominio del crimen organizado y, desde luego, los delicados entretelones de la convivencia entre ese crimen dominante y los actores y factores políticos. Javier supo descifrar y mostrar las circunstancias del negocio criminal compartido por *cárteles* y políticos mediante un lente gran angular que recurriendo al relato con nombres y detalles cambiados, recuperando habla, modismos e historias populares, puso a la vista de los mexicanos, pero también de muchos extranjeros (era muy apreciado por directivos y activistas de organizaciones defensoras del ejercicio periodístico y por corresponsales y periodistas extranjeros), el complejo mural de la delincuencia organizada, el aparato político docilitado y la sociedad acoplada de diversas formas a esa realidad ineludible.

Luis Hernández Navarro:

Para Javier Valdez Cárdenas contar el mundo del narcotráfico, esa sucursal del infierno en la tierra, era como ser un nuevo Pípila cargando una enorme losa sobre las espaldas. Era su tarea como periodista. Para él era eso o hacerse tonto. "No quiero que me digan —me explico una mañana de octubre del año pasado en Ciudad de México— ¿qué estabas haciendo tú ante tanta muerte? No quiero que me recriminen: ¿si eras periodista, por qué no contaste lo que estaba pasando?"

Para llevar esa pesada carga a cuestas, recurría al diván del sicoanalista que le ayudaba a administrar el dolor y la tristeza, al cobijo familiar, a los cuates entrañables, a la amistad y calidez de sus colegas, a bailar solo y a los whiskies sin agua mineral ni hielo. Y, cuando el insomnio devoraba sus sueños, echaba mano de algún antidepresivo.

Diego Petersen:

La muerte de Javier no es más importante que la del resto de los colegas asesinados, pero sí más trascendente. Su libro Los huérfanos del narco en Editorial Aguilar, le dio rostro a una tragedia no atendida, echó luz sobre una realidad de la que nadie había hablado en estos años de violencia cruel: los niños que perdieron a sus padres en estos enfrentamientos terribles, una generación completa en Sinaloa y en todo México que comparte una misma tragedia. En el último libro, Narcoperiodismo: la prensa en medio del crimen y la denuncia, Valdez Cárdenas hizo una radiografía de cómo el crimen organizado comenzaba a tocar de manera definitiva a los medios de comunicación, cómo muchos periodistas fueron eliminados por publicar las noticas que no aprueban los narcos, como éstos compran y someten a comunicadores con dinero o amenazas.

La muerte de Javier es un punto de no retorno. Nada volverá a ser igual en México. El miedo rondará las redacciones y hará dudar los dedos sobre los teclados.

Blanche Petrich:

Javier Valdez nunca quiso acostumbrarse a recibir una tras otra las noticias −"duras como martillazos"− de los colegas que caen abatidos en las regiones del país donde El estado ha perdido el control frente al crimen organizado.

A mediados de 2015 decidió meterse de lleno en una investigación para un nuevo libro de su larga bibliografía, Narcoperiodismo: la prensa en medio del crimen y la denuncia. En esa ocasión el trabajo lo llevó más allá de las fronteras de Sinaloa.

Fue a Tamaulipas, donde, solía platicar, fue bajar 50 escalones en el infierno después de Culiacán. A Veracruz lo definió como "la conjunción de todos los males". Y fue a Chihuahua, entidad tan acostumbrada al peligro, un año antes de que asesinaran a su colega Miroslava Breach.

A propósito de ese golpe, escribió en Twiter: "A Miroslava la mataron por lengua larga. Que nos maten a todos, si esa es la condena de muerte por reportear este infierno. No al silencio." Y Nuevo León, Coahuila, Ciudad de México, porque estaba empeñado en descifrar el mensaje oscuro en el asesinato de Rubén Espinosa en el multihomicidio de la Narvarte.

Juan Villoro:

El 15 de mayo, doce tiros acabaron con la vida de una de las mejores personas del país. Formado como sociólogo, fundador de la publicación independiente Ríodoce, que dirige Ismael Bojórquez, corresponsal en Sinaloa del periódico La Jornada, autor de libros imprescindibles sobre la violencia en México (Miss Narco, Levantones, Malayerba), Valdez Cárdenas luchó contra la indiferencia en un entorno anestesiado por el miedo y describió el horror sin dejarse influir por él. Cuando presentamos su libro Huérfanos del narco en Culiacán, en 2015, destacó la principal lección que recibió de los niños que perdieron a sus padres en la absurda "guerra contra el narcotráfico": ninguno de ellos hablaba de venganza. Las ausencias, el espanto y el sinsentido no los habían llevado al rencor. Él actuaba con el mismo temple de sus informantes; sabía que la mejor forma de superar a los adversarios consiste en no ser como ellos. En medio de la tormenta, preservaba el sentido del humor, el afecto, la empatía por los demás. Su conciencia crítica no estaba animada por el odio, sino por la búsqueda de la verdad. Durante medio siglo vivió para mejorar un país que no supo protegerlo y que lo ha convertido en uno de sus mártires.

Periodismo escrito con sangre de Javier Valdez Cárdenas
se terminó de imprimir en julio de 2017
en los talleres de
Litográfica Ingramex, S.A. de C.V.
Centeno 162-1, Col. Granjas Esmeralda, C.P. 09810
Ciudad de México.